湖南师范大学博士出版基金、湖南师范大学政治学省级重点学科资助

武装组织规范学习的动力与进程研究

颜 琳◎著

Armed Groups'
Motivation and Process of
Norm Learning

时事出版社
北京

本书得到湖南师范大学博士出版基金、湖南师范大学政治学省级重点学科的资助,在此感谢!

序
PREFACE

　　冷战之后的世界发生了深刻的变化，但制度安排和秩序理念明显滞后，致使全球治理赤字严重。当今世界，安全威胁性质发生的重大变化对全球治理提出了新的挑战和要求。冷战之前，安全威胁主要涉及国家，是国家制造、国家认知、国家应对的威胁，是国家对国家的威胁，也就是现在称之为传统安全威胁的概念。冷战结束之后，传统安全威胁依然存在，在一些地区甚至十分严重，但国家间战争频率明显减少，国际体系的整体层面发生重大战争的可能性减弱。同时，非传统安全威胁则明显加强，国内武装冲突爆发的次数和频率则大幅上升。武装组织作为国内武装冲突方之一，在很多情况下，挑战了国际人权规范，威胁人、国家与地区的安全与和平。因此，关注武装组织的治理与国际儿童兵规范的传播，既有重要的理论意义，也有很强的实践意义。

　　颜琳博士的专著重点研究了武装组织规范学习的动力与进程。她在书中提出了一个有意义的研究问题：如何说服武装组织接受和遵守国际人权规范，保持行为克制？可以观察到的事实是，有的武装组织选择接受和遵守儿童兵规范。那么，它们为什么选择接受和遵守儿童兵规范？这揭示了武装组织治理有哪些重要特点？就此问题，颜琳博士的基本观点是：鼓励武装组织参与和平进程有助于说服武装组织学习和接受国际规范。在武装组织越积极参与国际、国内和平进程中，其参与程度越高，它们的反馈就越积极，也就越有可能接受和遵守国际儿童兵规范。

　　从学理意义上讲，该书拓展了现有规范传播研究的理论范畴。在国际规范传播理论研究中，国内外学者的研究大多集中在"国家中心"层面，强调国际组织向国家行为体传播"好规范/好规则"，却忽视了对武装组织这类非国家行为体的规范传播和教育。该书一个重要的理论创新之处是：重视对武装组织这类非国家行为体的规范传播和教育。在冷战后的国内武装冲突中，武装组织犯下诸多践踏国际规范、侵害基本人权的恶行。在不改变武装组织国际法律地位的前提下，国际社会与主权国家政府有必要鼓励它们学习和遵守基本的国际人道主义规范。简而言之，该书以武装组织规范学习作为理论突破口，强调国际规范传播与武装组织规范学习之间的互动，呼吁学术界、国际社会与主权国家政府重视武装组织的规范治理。

　　从实践意义上而言，该书突出了参与进程要素对武装组织规范治理的重要性。治理本身是一个对话协商过程，是一个共同参与、身份重塑和规范内化的过程。参与进程强调各方的参与、接触、对话和谈判，重视过程性因素，核心是"交感而化"。主权国家政府、国际社会同武装组织的接触与对话，有助于武装组织了解和学习新规范与新规则，培育信任与合作意识，进而影响武装组织的行为和利益选择。可以说，武装组织的规范治理模式就是，主权国家政府、国际社会与武装组织进行积极的接触与对话，武装组织了解与学习新规范、新规则，催生信任与合作意识，进而主权国家政府与武装组织能够放下武装，共同塑造集体身份，共同参与国家制度的设计、制定和实施，最终实现国家的和平与重建。

颜琳博士是我曾经指导过的博士生，现在已经是湖南师范大学的一名教师。从攻读博士学位到毕业后从事教学科研工作，她一直专注于武装组织的治理研究，在《世界经济与政治》《国际安全研究》等刊物上陆续发表了相关论文，其研究成果突出问题意识，遵守学术规范，重视学理创新。目前，国内对武装组织的系统研究还不多见，所以我期望该书的出版能够加强对国际规范的理解，深化对国内武装组织研究，更好地认识参与实践过程对国家、地区乃至全球治理的重要意义和实际作用。

2018 年 3 月

目录
contents

导论　"治理"武装组织　/　001
　　一、研究问题与既有解释　/　002
　　二、理论框架和研究设计　/　009
　　三、案例验证　/　017
　　四、资料来源　/　020
　　五、结构框架　/　020

第一章　武装组织招募和使用儿童兵：政治经济学的视角　/　023
　　一、儿童与武装冲突　/　023
　　二、武装组织招募和使用儿童兵的动因分析　/　031
　　三、问题提出与现有解释　/　038

第二章　社会性克制：武装组织行为的规范性分析　/　049
　　一、儿童兵规范的发展历程　/　049
　　二、国际社会与儿童保护　/　058
　　三、社会性克制：概念界定与辨析　/　067

第三章　参与进程：社会性克制的动力与进程　/　075
　　一、规范传播的文献梳理　/　075

二、参与进程：概念界定与辨析 / 085

三、基本假定 / 088

四、变量操作化与假设推导 / 096

第四章　布隆迪胡图族武装组织——成功的参与进程 / 113

一、1993年内战 / 114

二、胡图族武装组织 / 124

三、国内和平进程 / 131

四、国际和平进程 / 146

五、验证与分析 / 154

第五章　"上帝抵抗军"——失败的参与进程 / 163

一、北乌干达冲突以及"上帝抵抗军"的背景介绍 / 163

二、"被遗忘的"国际和平进程 / 169

三、朱巴和平进程 / 177

四、验证与分析 / 194

结语　放下武器，走向和平 / 218

参考文献 / 222

后　记 / 247

| 导论 |

"治理"武装组织

冷战后,国家内部冲突明显多于国家之间的战争。按照武装冲突的参与者进行划分,国家间战争属于"旧战争",国家武装部队与非国家行为体之间的武装冲突被称为"新战争"。① 值得注意的是,冷战后的国家内部武装冲突与内战通常会引发大规模的人道主义危机,"人的安全"随之成为国际政治实践与研究的一个重要议题。在内部冲突中,国家武装部队和武装组织都存在招募和使用儿童兵的现象。② 然而,国家武装部队的招募行为通常受到国际法、国内法、国际规范的限制和约束,而许多武装组织招募和使用儿童兵的行为在一定程度上无法得到有效的管理和制止。换言之,武装组织经常是人权的侵犯者和施暴者,有

---

① "新战争"的特征是:越来越多非国家行为体的参与、战斗呈非传统形式、轻小武器的非法扩散、恐怖主义国际化、袭击目标不区分战斗人员与平民。本书主要研究武装组织与主权国家政府之间的战争,不考虑恐怖组织等非国家行为体与主权国家政府之间的战争。参见 Edward Newman, "The 'New Wars' Debate: A Historical Perspective is Needed," *Security Dialogue*, Vol. 35, No. 2, 2004, pp. 173 – 189; Mark Duffield, *Global Governance and the New Wars: The Merging of Development and Security*, London and New York: Zed Books, 2001.

② 武装部队(armed forces)一般是指隶属于主权国家政府的武装力量,而武装组织(armed groups)是不隶属于国家政府的,且通常挑战了主权国家政府的权威。在本书中,武装团体、反叛团体与武装组织是相互通用的概念。本书关注的是武装组织招募和使用儿童兵问题,而不考虑武装部队、亲政府民兵使用和招募儿童兵的情况。

时还对大规模的人道主义危机负有不可推卸的责任。① 学界也开始讨论非国家行为体在武装冲突中的人权保护义务。② 其中，武装组织强制招募和使用儿童兵的行为引起了国际社会的重点关注。③ 可以说，武装组织招募和使用儿童兵不仅严重地威胁和侵害了儿童的发展、教育、身心健康等权益，也对当地社会、国际法乃至国际和平与安全构成重大威胁。因此，本书试图从规范传播的角度，探讨武装组织的治理问题。

一、研究问题与既有解释

本书的核心理论问题是：武装组织为什么会接受和遵守国际人权规范，保持行为克制？具体包括：如何说服武装组织等非国家行为体接受和遵守国际规范？与国家社会化及其机制相比，国际规范向武装组织传播的过程与机制有什么不同之处？为什么有的武装组织接受儿童兵规范，保持行为克制，而有的武装组织仍在招募和使用儿童兵呢？④

该问题源于理论与现实经验的困惑。从社会学意义上看，规范传播

---

① Reed M. Wood, "From Loss to Looting? Battlefield Costs and Rebel Incentives for Violence," *International Organization*, Vol. 68, No. 4, 2014, pp. 979-999; International Council on Human Rights Policy, *Ends & Means: Human Rights Approaches to Armed Groups*, 2000, p. 1, http://www.inernational-coucil.org.

② Andrew Clapham, *Human Rights Obligations of Non-State Actors*, New York: Oxford University Press, 2006.

③ 联合国儿童基金会（UNICEF）对"儿童兵"的定义：任何不满18周岁，在任何情况下被武装部队或者武装组织招募或使用的人，这包括男童与女童，被用做战斗者、炊事员、信差、通信员、间谍或者提供性服务。"儿童兵规范"是指，禁止武装部队或者武装组织招募和使用未满18周岁的儿童直接参与敌对武装斗争，或者承担了诸如炊事员、信差、通信员、间谍、提供性服务等支持性任务。参见 UNICEF, *The Paris Principles: Principles and Guidelines on Children Associated with Armed Forces or Armed Groups*, 2007, p. 7, http://www.un.org/children/conflict/_documents/parisprinciples/ParisPrinciples_EN.pdf. 国家武装部队招募儿童兵的行为受到国际法、国际规范的限制和约束，因此不在本书讨论范畴。

④ 本书研究的核心问题是国际规范如何传播与扩散至武装组织，而不是讨论如何解决武装组织招募和使用儿童兵这一具体问题。本书选择武装组织放弃招募和使用儿童兵这一"最不可能"案例，是用来说明国际规范向武装组织传播与扩散的过程与机制。

更多地属于社会化的范畴。在国际政治中，社会化更多地是关注国家行为体，促使国家接受国际规范，改变自己的行为。20世纪80年代末90年代初，伴随着建构主义的兴起，建构主义学者对规范的作用以及社会化进行了理论与实证研究。本书的文献梳理主要包括两个方面。一是区分规范社会化过程中不同行为体所扮演的角色，主要是老师—学生，并分析了"老师"在向"学生"传播规范时所采用的社会化机制。在规范传播过程中，国际组织通常充当了"老师"的角色，而国家及其决策者则是需要进行社会化的"学生"。为促使"学生"不断地学习并认可规范所具有的价值和意义，"老师"通常会采取诸多社会化机制，包括教化与说服机制、议题联系机制以及议题非法化机制、点名与羞辱机制。二是探讨国家对国际规范国内化的反应和应对机制。国家虽然是国际规范的学习者与接受者，但是这并不意味着"学生"只能被动地听从老师的教诲，接受和遵守规范。相反，国家的内部结构——国内制度、国内利益和国内规范影响国际规范的传播。国家在内化国际规范后，仍有可能违反规范，导致规范的退化甚至消亡。

有关国家社会化以及传播机制的研究虽然取得了丰硕的成果，但仍存在三大局限。一是角色的固化与二元化。在规范社会化进程中，"老师"拥有信息、知识、技术和道德权威，他们发现和倡导新观念和新规范，并负责将先进、正确、普世的思想、观念和文化传播给"学生"，改造"学生"的观念和行为。"学生"往往被假定是落后者、边缘人，甚至是（潜在的）麻烦制造者，需要进行教化与改造。这种角色固化与二元化造成了不平等、非对称的"师生"关系。然而，由于国家主权等政治敏感性因素以及武装组织非国家行为体的身份，联合国等国际组织通常无法与武装组织进行直接接触和对话。这样，武装组织就被排除在国际规范传播进程之外，无法成为国际组织的"学生"。而主权国家政府通常将武装组织视为其统治权威与合法性的挑战者和颠覆者，他们更倾向于使用武力解决问题。二是"国家中心"与"西方中心"，忽视了武装组织等非国家行为体的参与和影响。联合国等国际组织作为国际规范的主要倡导者和传播者，其规范传播的对象主要是国家。然而，国家对国际规范的内化通常并不意味着武装组织也会认可和遵守国际规范。作为非国家行为体，公民社会与全球倡议网络在规范研究议程中扮演了规范倡导者与传播者的角色，发挥了积极作用，而武装组织、恐怖主义组织等非国家行为体则很少出现在规范研究议程中。但是，武装组织等暴力型非国家行为体的行为往往直接威胁到现有的国际人道主义规范，破坏了国际社会中基本的规则、文化、价值观，因此应该引起重视。此外，现有的国际规范基本上来自西方，其不可避免地反映了西方的文化、价值观念、利益，而与非西方的文化、观念和利益存在不适与冲突。三是进程研究的缺失。国际规范是在一定的国际社会环境和国内政治环境中产生、发展和传播的，而规范的兴起、发展和传播不是一蹴而就的，而是经历了较长时期的发展和互动过程。离开了对进程的观察和思考，就难以深刻地了解规范兴起、传播的社会环境要素，也难以理解规范传播者与规范接受者的互动过程。就武装组织的规范研究来说，需要分析武装组织与国际规范传播者、国家及其政府之间的互动关系和过程，剥离出影响武装组织接受和遵守规范的重要因素，进而对此进行阐述和论证。

从经验现实层面来说，在国内冲突中，主权国家政府与武装组织通常是武装冲突当事方，但是二者在儿童兵（child soldiers）的招募数量与招募方式方面存在极大的差别。绝大多数国家加入并签署了《儿童权利公约》（1989）、《国际劳工组织关于禁止和立即行动消除最恶劣形势的童工劳动的182号公约》（1999）、《儿童权利公约关于儿童卷入武装冲突问题的任择议定书》（2000）。这些国际条约明确禁止国家及其武装部队招募和使用儿童兵。越来越多的国家也签署和批准了《国际刑事法院罗马规约》（1998），并相应地修改和颁布了本国的法律条文，明确禁止招募和使用未满18周岁的人直接参加敌对行动，但允许未满18周岁的人自愿应征加入国家武装部队。

但是，武装组织招募和使用儿童兵的现象仍十分严重。大量的研究和报告显示：武装组织持续、有组织、大规模地招募和使用儿童兵，且招募方式一般是绑架（abduction）或者强制招募（forced recruitment）。据统计，世界上129个非国家武装力量中有69个招募和使用了儿童兵。[1] 据统计，自冷战结束以来，全世界的军队、反叛武装、准军事团伙和民兵团伙大概征募了30万18岁以下的儿童作为士兵参加战斗行动。[2] 在局势动荡、冲突频繁的非洲，大约有10万儿童兵，几乎所有的武装组织都存在强制招募和使用儿童兵的行为。[3] 2015年联合国秘书长在儿童与武装冲突问题报告的附件中列出了57个有严重侵犯儿童权益行为的团体，其中有49个是非国家武装团体。[4]

武装组织招募和使用儿童兵充斥着政治、经济成本与收益的计算，具有强烈的理性、现实的特征。本书将主要从武装组织的战争动机、兵源招募成本、士兵控制管理三个方面来分析武装组织招募和使用儿童兵的动因。第一，逐利、贪婪的战争动机促使武装组织更倾向于招募儿童兵。第二，从招募成本来说，儿童兵源更加充足且更为廉价。第三，从控制管理来说，儿童兵更易于控制和操纵。可以说，道德污名（moral opprobrium）是武装组织唯一要承担的风险。但是，有罪不罚使得武装组织可以无视法律，继续招募和使用儿童兵。上级指挥官可能说他们部队禁止招募和使用儿童兵，但战地指挥官通常招募看起来像成人的儿童来规避规则。即便存在准确的出生登记或者身份文件，武装组织也可能因有罪不罚而忽略这些登记和文件，甚至形成"将儿童作为士兵的系统

---

[1] Peter W. Singer, *Children at War*, New York: Pantheon Books, 2005, p. 30.
[2] 联合国：《1996—2000年马谢尔审查：关于加强保护受战争影响的儿童方面取得的进展和遇到的障碍的严谨分析》（A/55/749），2001年1月26日，第12页，http://www.un.org/zh/documents/view_doc.asp?symbol=A/55/749。
[3] Peter W. Singer, *Children at War*, New York: Pantheon Books, 2005, pp. 19–21.
[4] 联合国：《儿童与武装冲突：秘书长的报告》（A/69/926–S/2015/409），2015年6月5日，第44—47页，http://www.un.org/ga/search/view_doc.asp?symbol=A/69/926&Lang=C&Area=UNDOC。

偏好"。① 简而言之，在当代武装冲突中，武装组织招募和使用儿童兵的成本和风险很低。②

鉴于此，对于武装组织来说，放弃招募和使用儿童兵是非理性的、难以想象的。然而，一个"非理性""不可思议"的趋势是：越来越多的武装组织承诺放弃招募和使用儿童兵，遵守儿童兵规范，保持行为克制。2014年联合国秘书长在儿童与武装冲突问题报告的附件中列出了59个有严重侵犯儿童权益行为的团体，其中有51个是非国家武装团体。报告还指出，尽管在同非国家武装团体进行接触与对话并制止其严重侵害儿童行为方面存在诸多挑战，但是越来越多的武装组织发表公开声明和指挥令，承诺放弃招募和使用儿童兵，遵守国际规范和尊重人权。③ 例如，截至2010年年底，布隆迪境内11393名儿童（8624名男童与2769名女童）已脱离武装部队和武装组织，并在联合国各机构、基金和方案的资助下重返社会。④ 随之，保卫民主全国委员会—保卫民主力量（National Council for the Defense of Democracy-Forces for the Defense of Democracy，CNDD‐FDD）、胡图人民解放军—全国解放力量（Party for the Liberation of the Hutu People-National Liberation Front，PALIPEHUTU‐FNL）等武装组织也相继从"黑名单"上除名。⑤ 此外，联

---

① Alcinda Honwana, "Children of War: Understanding War and War Cleansing in Mozambique and Angola," in Simon Chesterman, ed., *Civilians in War*, Boulder, CO: Rienner, 2001, p. 128.

② Peter W. Singer, *Children at War*, New York: Pantheon Books, 2005, p. 52.

③ 联合国：《儿童与武装冲突：秘书长的报告》（A/68/878‐S/2014/339），2014年5月15日，第3、43—46页，http://daccess-dds-ny.un.org/doc/UNDOC/GEN/N14/315/82/PDF/N1431582.pdf? OpenElement。

④ 联合国：《解除武装、复员和重返社会：秘书长的报告》（A/65/741），2011年3月21日，第8页，http://documents-dds-ny.un.org/doc/UNDOC/GEN/N11/239/10/pdf/N1123910.pdf? Open Element。

⑤ 联合国安理会第1379号决议（2001）第16段请秘书长在报告中列出一份关于招募或使用儿童的武装冲突当事方名单。2002年11月，联合国秘书长科菲·安南（Kofi Annan）在向安理会提交的报告中列出了招募和使用儿童兵的武装冲突当事方，随后每年的报告中都附有相关名单。

合国也在积极同武装冲突当事方进行接触与对话，督促后者放弃招募和使用儿童兵。2015年12月28日，儿童与武装冲突问题特别代表在向人权理事会提交的报告中说明了联合国同哥伦比亚、苏丹、缅甸、中非共和国、菲律宾境内相关武装组织进行接触以及取得进展的情况。①

上述实践引出了一个很有意义的理论问题：武装组织为什么会学习和遵守国际人权规范，保持行为克制？现有的解释大致可以分为四类：武力打击；法律威慑与惩罚；间接政治施压和经济制裁；儿童兵解除武装、复员和重返社会进程。

第一，武力打击。由于武装组织的叛乱和暴行通常是在一国境内进行的，并对该国政府的统治造成了重大威胁，因此该国政府有着比较强烈的意愿来打击武装组织，维护政权统治的稳定。当武装组织逃往邻国境内时，在获得邻国政府的许可下，主权国家政府也会派遣武装部队进入邻国境内，或者联合邻国武装部队，共同采取军事行动打击武装组织。

第二，法律威慑与惩罚。已有相关条约与法律条文呼吁或禁止武装组织招募和使用儿童兵。1995年12月，第26届红十字会和红新月会国际联合大会特别建议冲突当事方采取一切可行措施，确保不满18周岁的儿童不参加敌对行动。《国际刑事法院罗马规约》（1998）规定，在非国际性武装冲突中，武装部队或武装组织征募不满15周岁的儿童，或利用他们参加敌对行动，严重违反了国际法，并构成战争罪。②《儿童权利公约关于儿童卷入武装冲突问题的任择议定书》（2000）严重关切并谴责武装组织在国境内外招募、训练和使用儿童参加敌对行动，并

---

① 联合国：《儿童与武装冲突：特别代表的年度报告》（A/HRC/31/19），2015年12月28日，第10—11页，https：//documents-dds-ny.un.org/doc/UNDOC/GEN/G15/292/71/PDF/G1529271.pdf？OpenElement。

② 联合国：《国际刑事法院罗马规约》，http：//www.un.org/chinese/work/law/Roma1997.htm。

确认在这方面招募、训练和使用儿童的人所负的责任；武装组织在任何情况下均不得招募或在敌对行动中使用不满18周岁的人。① 联合国安理会也曾多次专门讨论儿童兵问题，并形成了一系列决议，主要有第1261号决议（1999）、第1314号决议（2000）、第1379号决议（2001）、第1460号决议（2003）、第1539号决议（2004）、第1612号决议（2005）、第1882号决议（2009）、第1998号决议（2011）、第2068号决议（2012）、第2143号决议（2014）和第2225号决议（2015）。

第三，实施间接政治施压与经济制裁。一般来说，国际社会难以直接地对武装组织进行法律制裁和武力打击，但是可以采取其他方法，间接地影响和约束武装组织招募和使用儿童兵的行为。这主要包括两个方面：一是向武装组织的外部支持国进行舆论、政治施压；二是对与武装组织有着经济贸易往来的跨国公司采取舆论施压、道德攻势和经济制裁。简而言之，对武装组织的外部支持国与跨国公司施加压力，切断武装组织的政治支持、资金、武器和贸易链，进而影响武装组织的经济成本与收益计算，最终便其放弃招募和使用儿童兵。

第四，开展儿童兵解除武装、复员和重返社会的进程，并为他们治疗战争创伤。儿童兵解除武装、复员、重新融入社会进程（Disarmament，Demobilization，Reintegration，DDR）应成为战后和平协议的优先事项。这不仅有助于帮助儿童兵放下武器、重新融入社会、重建未来，更重要的是有助于结束冲突，并预防战争与武装冲突的再次爆发。有学者从社会心理学、社会生态学的视角分析了战争对儿童造成的身心创伤，强调家庭、社区、同龄人、教育、宗教仪式、当地文化、国际社会支持等因素对于治愈儿童心理创伤、儿童兵重返社会以及融入社会的重

---

① 联合国：《儿童权利公约关于儿童卷入武装冲突问题的任择议定书》，http://www.un.org/chinese/hr/issue/docs/26.PDF。

要作用。① 还有学者以莫桑比克与安哥拉为例说明了净化仪式（cleansing rituals）、社区仪式（community rituals）、敬畏先祖灵魂（honoring the ancestral spirits）、安置死者不安的灵魂（setting the unquiet spirits of the dead）等做法对于治愈儿童战后心理创伤、儿童兵重返社会以及当地社区重建的重要意义。② 而构筑系统性预防战略，加强家庭、社区、社会的能力建设以及国际层面的努力，统筹法律、政治、经济、社会、文化以及社会心理等范畴与资源，有助于防止儿童兵的招募与重新招募。③

然而，上述解决措施都存在一些不足。主权国家政府通常有着强烈的动机来打击武装组织，但武力打击往往很难完全消灭武装组织，而且在一定程度上促使武装组织招募更多的儿童兵。尽管国际人道法对武装组织等非国家行为体保护人权义务的界定、禁止武装组织招募和使用儿童兵的法律发展进程，对武装组织有一定的法律威慑效力，但是这很难直接、有效地惩罚和制止武装组织的行为。外部支持国与跨国公司可能缺乏充足的资源、政治意愿来迫使武装组织放弃招募和使用儿童兵。开展儿童兵解除武装、复员与重返社会的进程，治疗儿童兵的战争创伤，一般都是在战后才开始进行的，具有实效滞后性，并不能及时地将儿童从武装组织中解救出来，也难以预防武装冲突对儿童兵造成的战争创伤。

二、理论框架和研究设计

在梳理和分析现有研究的基础上，本书提出以"参与进程"为核

---

① Neil Boothby, Alison Strang and Michael Wessells, eds., *A World Turned Upside Down: Social Ecological Approaches to Children in War Zones*, Kumarian press, Inc., 2006.
② Alcinda Honwana, *Child Soldiers in Africa*, Philadelphia: University of Pennsylvania Press, 2006, pp. 104–134.
③ Michael G. Wessells, *Children Soldiers: From Violence to Protection*, Cambridge, MA: Harvard University Press, 2006, pp. 233–257.

心概念的理论分析框架，旨在探讨武装组织接受国际规范和规则，放弃招募和使用儿童兵，保持行为克制的动力与进程问题。

（一）概念界定

1. 参与进程

参与进程是指，行动者参加、维持和发展社会实践与社会意义的动态关系。在参加社会实践活动的过程中，行动者同其他行动者交往互动，学习新规范和新规则，培育信任与合作意识，进而营造、持续和发展具有社会意义的动态关系。参与进程模式的核心是"交感而化"，即在一定的时空、认知、文化和情感背景下，通过交往互动促使行动者逐渐了解和学习新事物、建构新的认知框架、重新界定行动意义与利益，进而导致渐进式变化，保持行为克制。

2. 儿童兵及其儿童兵规范

本书采纳了联合国儿童基金会对"儿童兵"的定义：任何不满18周岁的，在任何情况下被武装部队或者武装组织招募或使用的人，这包括男童与女童，被用做战斗者、炊事员、信差、通信员、间谍或者提供性服务。[①]"儿童兵规范"是指，禁止武装部队或者武装组织招募和使用未满18周岁的儿童直接参与敌对武装斗争，或者承担了诸如炊事员、信差、通信员、间谍、提供性服务等支持性任务。无论儿童是自愿应征入伍还是被强制招募，武装部队或者武装组织招募未满18周岁的儿童入伍，都是不人道的、非法的。儿童兵应被视为受害者，在和平谈判、和平协议议程中应优先考虑和保护他们的权利。国际社会还需采取积极措施，促使武装部队和武装组织释放儿童兵，启动儿童兵解除武装、复员和重返社会的进程。

---

① UNICEF, *The Paris Principles: Principles and Guidelines on Children Associated with Armed Forces or Armed Groups*, 2007, p. 7, http://www.un.org/children/conflict/_documents/parisprinciples/ParisPrinciples_EN.pdf.

3. 社会性克制

社会性克制是指：有能力、有意愿招募和使用儿童兵的武装组织放弃招募和使用儿童兵，选择接受国际人道主义规范，保持自我行为克制。武装组织的社会性克制应同时具备三个基本要素：武装组织有招募和使用儿童兵的能力与意愿；儿童兵对武装组织具有重大的经济与政治意义；采取实际行动释放儿童兵，且得到联合国的核实与确认。武装组织的社会性克制具有三大特征：参与性、自愿性和修正性。

（二）核心假设

本书的基本假设是：参与进程是说服武装组织学习和遵守新规范的关键自变量（参见表1）。参与进程强调参与实践及其进程的重要性。第一，参与实践是武装组织规范学习的前提条件。参与进程强调行为体的多元化，为各行为体间的行动与交往提供平台和互动机制，促进武装组织在参与过程中学习新规范、维持互动进程。第二，武装组织的参与实践与规范学习是一个长期的互动和信任培育过程。在接触和互动过程中，武装组织、国际组织和主权国家政府就特定问题发表各自的观点，表达自身的利益诉求。尽管各方存在观念与利益的冲突，但是这有助于各方了解其他行为体的原则和立场，为各方的协调、妥协奠定基础。多轮的沟通、协调、学习、互动，将有助于规范各行为体的行为、增进信任、催生合作意识。第三，武装组织的参与程度影响其接受规范的程度。一开始，武装组织参与国内外和平进程，可能是为了获得国际援助和身份承认。但是，在该进程中，武装组织的认知、行为和利益也得以整合和重新界定。其间，武装组织仍会进行成本与收益计算，为谋求获得更大的权力和利益而违背诺言。但是，这并不意味着其可以任意脱离该进程。随着参与进程的深化，武装组织同国际组织、主权国家政府之间不断接触互动、讨价还价，进而做出承诺，调整自身认知和行为，接受某些国际规范。

表 1　武装组织的参与进程与规范学习

参与程度	自变量（参与进程）		因变量（规范学习）
	参与实践		
	国内层面	国际层面	国际规范的接受程度
不参与	武装组织与主权国家政府之间不存在停火协议	武装组织与国际组织之间没有接触和对话	不接受国际规范
低程度参与	双方达成停火协议，重视儿童保护	参与对话，国际组织向武装组织宣传儿童兵规范	了解国际规范
	武装组织与主权国家政府进行和平谈判	承诺释放、停止招募儿童兵	做出规范承诺，但可能不履行
高程度参与	签订和平协议	签署行动计划	履行国际规范承诺
	组建新政府，参与战后重建	执行行动计划，并接受核查与监督	规范制度化

资料来源：作者自制。

武装组织的参与进程包括其在如下四个领域的参与实践。

（1）国内参与进程，指武装组织与主权国家政府进行对话与谈判。双方之间达成停火协议、进行和解，有助于保护受武装冲突影响的儿童，说服武装组织释放儿童兵并停止招募，进而结束冲突，参与战后重建。这可分为四个阶段。阶段一：达成停火协议，重视儿童保护。阶段二：参与和平谈判。阶段三：签订和平协议。阶段四：组建新政府，参与战后重建。不参与国内和平进程是指武装组织同主权国家政府之间不存在任何旨在实现停火、结束冲突的对话。在国内和平进程中，低程度的参与主要集中在阶段一、二。武装组织同主权国家政府之间达成停火协议，这虽然在短时间内实现了停火，但双方并没有完全放弃使用武力等暴力手段，而且在权力分配，战后重建，战斗员（包括儿童兵）解除武装、复员和重返社会，政治解决框架等关键问题上并没有达成共识。在和平谈判初期，双方也难以就上述问题进行妥协，达成一致。但是，实现停火、参与谈判毕竟为和平解决国内武装冲突、加强国内人权保护提供了沟通与交流的平台。高程度的参与至少需要达到阶段三，即武装组织签署了和平协议。和平协议体现了武装组织与主权国家政府之间就关键、敏感问题达成了妥协与一致。组建新政府，进行冲突后重建，进而推动国内司法改革与建设，批准相关国际人权条约，则从根本上提高了国内人权的保护意识和标准，并为国际规范传播和加强人权保护提供了坚实的国内基础。

由此推导出分假设一：

H_1：武装组织参与国内和平进程的程度越高，其越愿意释放并停止招募儿童兵；其参与实践的程度越低，越不可能做出承诺、遵守儿童兵规范。

（2）国际参与进程是指武装组织同联合国等国际组织进行直接接触与对话。在对话过程中，国际组织向武装组织宣传国际人道主义规范的概念、内涵和意义，督促武装组织停止针对儿童等无辜、弱势群体的袭击，并采取实际行动履行人权保护义务。这又分为四个阶段：阶段一：参与对话；阶段二：承诺释放、停止招募儿童兵；阶段三：签署行动计划；① 阶段四：执行行动计划，并接受核查与监督。武装组织不参与国际进程是指武装组织与联合国等国际组织之间不存在直接的接触与对话。低程度的参与主要集中在阶段一、二。在低程度参与过程中，武装组织虽然同国际组织开展了对话和谈判，了解了相关的国际人道主义规范，但缺乏正式的制度来保障和落实承诺。武装组织也可能表面上做

---

① 行动计划包括：（1）停止有关侵害儿童的行为。（2）通过武装组织指挥系统正式下令，停止侵害儿童行为，并对犯罪者采取惩戒措施。（3）武装组织与联合国或其他国际组织共同商定一个合作方式，以处理严重侵害儿童的行为。（4）国际组织人员进入武装组织控制的领土、基地、营地、训练设施、招募中心或其他相关设施，不断监督武装组织的遵守情况；准入框架由国际组织与武装组织共同商定。（5）提供可核实的资料，确保追究犯罪者的责任。（6）武装组织设立相关预防战略，以防止日后侵害儿童的行为。（7）在武装组织的军事结构中指定一个高级别协调中心和协调人，负责协调和履行行动计划。参见联合国：《儿童与武装冲突：秘书长的报告》（A/64/742 - S/2010/181），2010 年 4 月 13 日，第 38 页，http：//documents-dds-ny. un. org/doc/UNDOC/GEN/N10/311/27/pdf/N1031127. pdf? OpenElement。

出承诺，但并不采取实际、有效的行动履行承诺。高程度的国际参与至少应该达到阶段三，即武装组织证明了其履行承诺的诚意，签署了具有一定"法律效力"的行动计划，并采取实际行动停止或阻止不人道行为和不法行为。阶段四所采取的核查与监督措施则是为了进一步保证和推动武装组织执行行动计划。当武装组织按照行动计划履行义务、接受和遵守国际规范的情况得到核实后，联合国秘书长才会在相关报告中将其"除名"。

由此可以推导出分假设二：

H_2：武装组织在国际层面的参与实践程度越高，其越有可能学习和遵守国际规范；其参与实践的程度越低，越不愿意接受国际规范。

（3）国内和国际参与进程的相互联系。值得注意的是，武装组织在国内、国际层面的参与进程不是相互割裂、相互排斥的；相反，二者是相辅相成、密不可分的。一方面，武装组织参与国内和平进程具有至关重要的意义。武装冲突各方之间的停火、和解、结束冲突将会减少武装组织不人道行为、犯罪行为的规模和数量。而各国政府默认和接受联合国与武装组织进行直接接触和对话也十分重要。另一方面，武装组织同联合国的对话有可能促使它做出承诺，接受相关国际规范与规则。而联合国也非常重视国内和平进程，并为启动国内和平进程提供谈判平台和解决方案。如果武装组织拒绝参与某一层面的合作进程，或者被挡在某一层面和平进程之外，那么这势必会不利于另一层面参与进程的开展。低程度的双重参与分为两种情况：一是武装组织没有参与国内、国际和平进程，或者只参加了一个层面的和平进程；二是武装组织在国内、国际的参与实践和进程都集中在阶段一、阶段二。高程度的双重参与是指武装组织在国际、国内两个层面的参与实践都至少要达到阶段三，才能更有效地解决儿童兵问题，推动国际规范的传播。

由此推导出分假设三：

H_3：武装组织的双重参与实践及其进程的程度越高，其越容易接受国际规范；其双重参与实践及其进程的程度越低，越不可能接受国际规范。

（4）机制设置，包括制度设计、监测与报告机制。这是敦促武装组织学习和遵守规范的重要保障机制。① 在确保武装组织参与对话、履行承诺方面仍然存在各种挑战。在国际层面，有些武装组织即便做出了承诺甚至签署了行动计划，也存在背弃诺言、拖延或拒不执行的可能。在国内层面，也存在武装组织拒不执行或者撕毁和平协议，并再次发起武装冲突的可能。因此，应进行合理的制度设计，并建立强大的监督和报告机制，以确保武装组织持续参与对话，督促他们放弃暴力行为、履行承诺与和平协议。②

制度设计既需要为国际组织同武装组织直接接触和沟通提供制度保障，也应为武装组织参与国内政治和平进程提供制度框架（参见表2）。在国内层面，制度设计有助于加强对儿童的保护，促进国内和平进程的启动，主要包括：在和平协议中设立保护儿童、解决儿童参与武装冲突的特别条款；设计有效的和平协议。③ 在国际层面，制度设计主要涉及两个方面：儿童在国际和平与安全议程中占主流位置；鼓励和支持联合

---

① 从时间顺序上看，机制设置一般滞后于参与实践。随着参与实践的深入，相关机制设置对前期实践活动与举措予以确认和制度化，确保实践活动的进一步开展。

② 联合国：《儿童与武装冲突：特别代表的报告》（A/62/228），2007年8月13日，第20—21页，http://www.un.org/zh/documents/view_doc.asp?symbol=A/62/228。

③ 有效的和平协议应该包括两个因素。一是领导人之间的协议。有效的和平设计需要考虑主权国家政府、武装组织领导者在战后的权力与利益分配，能促使双方领导者相互妥协，达成某种协议。如果主权国家政府或者武装组织领导者认为和平协议分配不公，可能剥削自己的权力与利益，那么他们通常会阻扰或拒绝执行该和平协议。因此，主权国家政府与武装组织领导者之间的权力、利益交换和共识是构建和平的核心要素。二是新产生的、合法的领导者能平衡各方利益。仅仅在领导者之间达成协议还不够，根据协议而产生的合法的领导者还需具有领导力，能平衡各组织派系及其成员的利益，协调各方之间的矛盾与冲突。简而言之，内战的永久性解决方案应该降低武装冲突各方的冲突动机，鼓励他们的和平动机。有效的和平协议需要创造一种和平，这种和平能够平息和驱散人们诉诸战争和暴力的各种欲望与怨恨。这不仅需要在战后和平时期进行政治与经济重建，更需要倾听和解决人们心中的各种怨恨。创造一种将怨恨心理考虑在内的和平是一项意义深远的政治举措。参见David Keen, "Incentives and Disincentives for Violence," in Mats Berdal and David M. Malone, eds., *Greed and Grievance: Economic Agenda in Civil Wars*, London: Lynne Reinner Publishers, 2000, p.39。

国专门机构及其负责人同武装组织进行系统的对话与合作。

表2 制度设计

国际层面	儿童保护在国际和平与安全议程中占主流位置
	鼓励联合国等国际组织与武装组织进行对话与谈判
国内层面	把儿童保护纳入和平谈判与执行机制的主流
	设计有效的和平协议

资料来源：作者自制。

监测与报告机制是利用联合国系统的专门知识以及各国政府、各区域组织、各非政府组织和民间社会行动者的贡献，就招募和使用儿童兵等严重侵害儿童权益的行为提供及时、客观、准确、可靠的信息，并为日后采取适当行动提供建议和方案。监测和报告活动涉及武装团体招募和使用儿童兵的资料、武装组织有关不招募也不在敌对行动中使用不满18周岁儿童的书面或口头承诺、武装组织签署和执行国家行动计划的进展、对武装组织释放儿童兵行动的核查。

机制设置可以分为存在或不存在。如果存在机制设置，那么又可以进一步分为明确或模糊。明确的机制设置是指：监测与报告机制体系完整，制度设计包括具体、可操作的议程。模糊的机制设置是指：监测与报告机制体系不完整，或制度设计没有具体、可操作的议程，或者二者兼备（参见表3）。

表3 机制设置的衡量标准

程度	内容	
	监测与报告机制	制度设计
明确	完整	具体、可操作的议程
模糊	不完整	议程不清晰或难以操作

资料来源：作者自制。

从上述分析中，可推导出分假设四：

H₄：机制设置越明确，武装组织越愿意参与和平进程、履行承诺与协议；机制设置越模糊，武装组织越不愿意参与和平进程、履行承诺与协议。

三、案例验证

检验假设和理论的方法主要有实验法、分析法和正式建模法。① 在国际政治研究中，由于社会科学的特性，主要采用分析法，这包括大数据统计和案例研究。尽管案例研究法与统计法、正式建模法在方法论上有所不同，但三种研究方法在认识论逻辑上是相似的：都试图发展逻辑一致的模型或理论，从理论中推导出可观察的结论，用经验观察或标准来检验结论，利用检验结果推断促进被检验理论的修正和完善。本研究主要采用了比较案例的研究方法。

本书首先对参与进程的不同进度、指标和结果进行了区分和细化。参与进程分为国际、国内参与进程，而国际、国内参与进程又各可以细分为四个逐渐递进的进度，每个进度从低到高分别依次是阶段一、二、三、四。高程度参与至少应该到达阶段三，低程度的参与则主要集中在阶段一、二。不参与是指武装组织同联合国等国际组织、主权国家政府之间不存在任何直接接触与对话。此外，机制设置可以分为存在或不存在。如果存在机制设置，那么又可以进一步细分为明确或模糊。通过对武装组织的参与程度、机制设置进行细化和操作化，有助于观察武装组织的参与进程与保持行为克制之间存在的相关性关系。

其次，"最不可能案例"以及比较案例验证。由于不同类型的案例

---

① ［美］斯蒂芬·范埃弗拉，陈琪译：《政治学研究方法指南》，北京大学出版社2006年版，第25—26页；Alexander L. George and Andrew Bennett, *Cases Studies and Theory Development in the Social Science*, Massachusetts: The MIT Press, 2005, p. 6。

对理论的贡献不同，因此应根据研究需要选取案例。案例包括重要案例（crucial cases）、最可能案例（the most-likely cases）和最不可能案例（the least-likely cases）三种类型。[1] 重要案例要么是完全符合某一理论，并对理论的正确性有充分的信心，要么与某一理论的任何假设和规则都相矛盾。但是，完全符合或不符合某一理论的重要案例难以排除所有的"异常"因素。因此，哈利·埃克斯坦（Harry Eckstein）建议退而求其次，使用最可能案例和最不可能案例来检验理论。在最可能案例中，某一理论假定的自变量有力地断定某种结果。最可能案例一般用来质疑和否定理论的解释力。在最不可能案例中，理论假定的自变量仅是微弱地预测了某结果，从而支持和肯定了该理论的解释力。一般来说，在当代的武装冲突中，许多武装组织为控制和争夺政治、经济资源而强制招募和使用儿童兵。这严重地侵害了基本的国际法与人道主义规范。选取武装组织放弃招募和使用儿童兵行为作为最不可能案例，这将有助于证明参与进程对武装组织选择社会性克制的重要性。

在案例研究中，可以通过受控比较、相符性程序、过程追踪三种方法对理论假设进行检验。[2] 本书主要采用相符性程序和过程追踪的验证方式。相符性程序是指通过案例分析来考察自变量和因变量的观察值与被检验值所做出的预言值是否一致。相符性程序又可分为与标准值相比较和多重案例内比较两类。[3] 本研究采取的是与标准值相比较的相符性程序，即考察和比较两种较极端案例：（1）成功案例：参与程度高，导致规范被接受程度高；（2）失败案例：参与程度低或者不参与，导致规范被接受程度低或者不被接受。过程追踪是通过考察案例

---

[1] Harry Eckstein, "Case Studies in Political Science," in Fred Greenstein and Nelson Polsby, eds., *Handbook of Political Science*, Vol. 7, Reading, Mass.: Addison-Wesley, 1975, p. 118.

[2] ［美］斯蒂芬·范埃弗拉，陈琪译：《政治学研究方法指南》，北京大学出版社2006年版，第53页。

[3] ［美］斯蒂芬·范埃弗拉，陈琪译：《政治学研究方法指南》，北京大学出版社2006年版，第53—60页。

导论　"治理"武装组织

的初始条件如何转化为案例结果来探究系列事件或决策的过程。[①] 本研究将武装组织的放弃招募和使用儿童兵的发展过程进行分解，并分别对每一个阶段、机制和环节进行验证。本研究还将对武装组织的经济动机、政治动机、规模等干扰变量进行控制，以突出参与进程变量的重要性。

最后，案例选择标准。案例选择还应该符合以下四个标准。第一，武装组织曾经或正在招募和使用儿童兵参与敌对行动，该行动对儿童的安全与发展等权益造成了严重的侵害。第二，为了解决儿童兵问题，国际组织、主权国家政府与武装组织之间存在或曾经存在相应的沟通机制与制度设计。第三，武装组织参与或曾经参与了国际、国内和平进程。第四，武装组织最后接受，或者拒绝接受规范。

本书选取了冷战后布隆迪与乌干达境内的武装组织作为对比案例。布隆迪境内的武装组织主要是保卫民主全国委员会—保卫民主力量、胡图人民解放军—全国解放力量。[②] 通过参与国际、国内进程，他们最后都放弃招募和使用儿童，释放了部队内的儿童兵，因此从"黑名单"中被删除。与此形成鲜明对比的案例是乌干达"上帝抵抗军"。联合国仍未同"上帝抵抗军"进行直接接触与对话，而乌干达人民国防军的军事行动宣告朱巴和平进程失败。迄今，"上帝抵抗军"仍在招募和使用儿童兵，并犯有杀戮、残害、强奸等侵害儿童的罪行。[③] 上述案例表明：武装组织在国际、国内和平进程的参与程度越高，越容易接受规范；武装组织在国际、国内和平进程的参与程度越低，越不容易接受规范。

---

① ［美］斯蒂芬·范埃弗拉，陈琪译：《政治学研究方法指南》，北京大学出版社2006年版，第53—60页。
② 联合国：《儿童与武装冲突：秘书长的报告》（A/59/695 – S/2005/72），2005年2月9日，第32页，http：//www.un.org/zh/documents/view_doc.asp? symbol = A/59/695。
③ 联合国：《儿童与武装冲突：秘书长的报告》（A/59/695 – S/2005/72），2005年2月9日，第35页，http：//www.un.org/zh/documents/view_doc.asp? symbol = A/59/695。

四、资料来源

有关武装组织招募和使用儿童兵的名单和数据主要来源于联合国儿童与武装冲突秘书长特别代表办公室、联合国儿童基金会网站及其公布的相关报告和论著。大赦国际、人权观察——儿童权利、制止使用儿童兵联盟、战争中的儿童、艾塞克斯大学——儿童与武装冲突、拯救儿童联盟、国际危机集团等非政府组织在倡导和传播儿童兵规范、报告和监测儿童兵问题、帮助儿童兵开展解除武装、复员与重返社会进程等方面的实地活动与考察为本研究提供了翔实的资料。此外，有关布隆迪和乌干达境内武装冲突的历史、武装组织的情况以及和平发展进程的学术成果有助于本研究梳理儿童兵问题的发展脉络。

五、结构框架

第一章：武装组织招募和使用儿童兵：政治经济学的视角。在内战与武装冲突中，儿童沦为武装组织袭击和招募的目标。武装组织招募和使用儿童兵有着理性的经济成本与利益计算：儿童兵兵源充足、成本低廉、容易控制、可塑性强、风险低。但"不可思议"的是，越来越多的武装组织放弃招募和使用儿童兵，释放儿童兵，保持行为克制。对此，本书大致归纳了四种解释：一是武力打击；二是法律威慑与惩罚；三是间接政治施压和经济制裁；四是开展儿童兵解除武装、复员与重返社会的进程，治疗儿童兵的战争创伤。然而，上述解决措施都存在一定的局限性。出于保护儿童权益的目的，国际社会和各国政府还需要与武装组织进行对话、沟通，积极推动国际、国内和平进程。

第二章：社会性克制：武装组织行为的规范性分析。本章提出了"社会性克制"概念，认为儿童兵规范的传播，有助于说服武装组织放弃招募和使用儿童兵，保持行为克制。从国际社会层面上看，武装组织的社会性克制行为有利于加强对儿童权益的保护，促进国际规范与规则的传播，进而改善全球治理的方式和结构。从国内政治层面上看，武装组织的社会性克制行为不仅有助于开启国内和平进程，结束内战与武装冲突，而且在一定程度上改善了武装组织的负面形象。

第三章：参与进程：社会性克制的动力与进程。在梳理现有规范研究成果与不足的基础上，提出了以"参与进程"为核心概念的理论分析框架，旨在探讨武装组织放弃招募和使用儿童兵，接受和遵守国际规范的动力与进程问题。参与进程是指行动者参加、维持和发展社会实践与社会意义的动态关系。本书的核心假设是：参与进程有助于说服武装组织学习和接受新规范、放弃招募和使用儿童兵、保持行为克制。参与进程强调接触、对话和谈判，重视过程性因素。通过监测和报告机制、制度设计两大规范传播机制，武装组织在国际、国内和平进程中的参与实践有助于推动武装组织学习新规范，催生信任与合作意识，重新界定行动意义与利益，进而导致渐进式变化，保持行为克制。此外，武装组织的参与程度也影响其接受和遵守规范的程度。

第四章：布隆迪胡图族武装组织——成功的参与进程。作为胡图族最主要的武装组织，保卫民主力量全国委员会—保卫民主力量、胡图人民解放军—全国解放力量在武装冲突中大量招募和使用了儿童兵。为结束布隆迪内战、保护儿童权益，国际社会、布隆迪政府与保卫民主力量全国委员会—保卫民主力量、胡图人民解放军—全国解放力量开展了接触、对话和谈判，最终说服后者释放儿童兵，开展儿童兵解除武装、复员与重返社会进程。从中可以看出，参与进程及其参与程度的深入有助于说服武装组织接受和遵守规范，保持行为克制。

第五章："上帝抵抗军"——失败的参与进程。在北乌干达冲突中，"上帝抵抗军"强制招募和使用了大量的儿童兵。遗憾的是，国际组织与"上帝抵抗军"之间缺乏直接的接触和沟通。"上帝抵抗军"同乌干达政府之间的冲突持续了几十年，虽然启动了朱巴和平进程，但一直未能签署全面和平协议。近年来，"上帝抵抗军"越来越多地在刚果民主共和国、南苏丹共和国和中非共和国活动，强制招募和绑架儿童、袭击和杀害平民，对当地的安全、稳定与和平构成了严重威胁。这一案例从反面说明了参与进程对说服武装组织放弃招募和使用儿童兵、保持行为克制的重要性。

　　结语：放下武器，走向和平。保护受武装冲突影响的儿童、制止武装组织的不人道行为和非法行为已成为主权国家政府、国际社会的重要责任。从学理意义上说，参与进程拓展了规范传播理论的研究层次、研究对象，强调了规范传播的参与实践和进程。从政策意义上说，参与进程为武装组织等非国家行为体参与全球治理提供了一种可能的新路径。武装组织与国际组织、主权国家政府之间的接触与互动，有助于促使武装组织学习新规范、改变认知框架、保持行为克制。

| 第一章 |

武装组织招募和使用儿童兵：政治经济学的视角

在当代内战与武装冲突中，战争的残酷、恐怖程度不仅没有随着冷战的结束以及国际社会、人类文明的发展而减轻。相反，儿童沦为武装组织袭击和招募的对象，而战争中平民受害者的比例从5%急剧升至90%。① 武装组织系统招募和使用儿童兵的行为不仅违反了国际人权规范，极大地侵害了儿童的权益，而且使得武装冲突的持续时间更长、更血腥，从而引起了国际社会的关注和重视。

本章的结构安排如下：第一部分首先分析了儿童与武装冲突之间的关系。鉴于武装组织是招募和使用儿童兵的主要行为体，第二部分论述了武装组织招募和使用儿童兵的动机。第三部分评估了现有约束和控制武装组织招募和使用儿童兵措施的进展与不足。最后对本章进行小结。

一、儿童与武装冲突

冷战结束后，"世界新秩序"并没有到来，现实的情况是"西方和平，其他地区战争"。② 从海德堡国际冲突研究所对1945年至2010年国

---

① 联合国：《武装冲突对儿童的影响》（A/51/306），1996年8月26日，第14页，http://www.un.org/zh/documents/view_doc.asp?symbol=A/51/306。

② Mark Duffield, "Africa's Military Time Bomb," *Johannesburg Financial Mail*, December 11, 1998.

内与国家间重大武装冲突的统计图中可以看出：国内武装冲突基本呈现出上升的趋势，且国内武装冲突的数量远远多于国家间武装冲突的数量；相较其他年份，1990 年至 1995 年期间，国内爆发武装冲突的数量激增（参见图 1—1）。

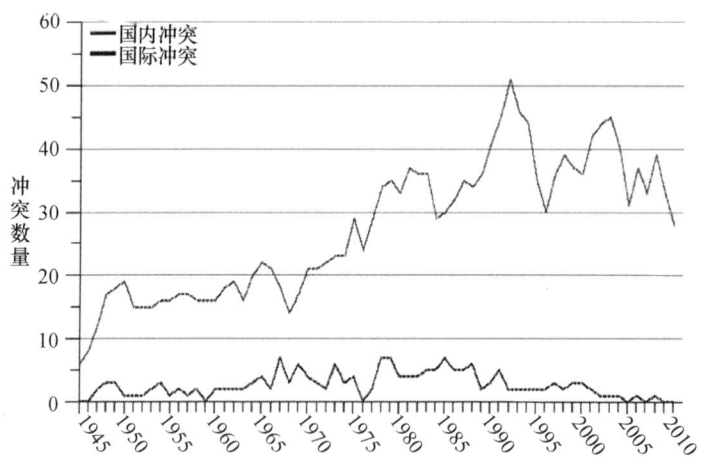

图 1—1　1945—2010 年国家内部与国家间的重大武装冲突

资料来源：Heidelberg Institute for International Conflicts Research，*Conflict Barometer* 2010，p. 2，http：//www.hiik.de/de/konfliktbarometer/pdf/ConflictBarometer_2010.pdf.

据乌普萨拉冲突数据库统计，1989 年至 2008 年，共发生了 128 场冲突，有 120 场是发生在一国政府与反政府武装之间，其中包括 93 场国内冲突（intrastate conflict）和 27 场国际化冲突（internationalized conflict）。[1] 1990 年至 2004 年，每年发生的国内武装冲突占当年全部武装冲突比例的 70% 以上，15 年的平均值达到 80% 以上。[2] 内部冲突的增加以及长期化具有两个非常重要的影响。一方面，内部冲突与战争通常

---

[1] Lotta Harbom and Peter Wallensteen，"Armed Conflicts，1946—2008，" *Journal of Peace Research*，Vol. 46，No. 4，July 2009，p. 578.

[2] 熊玉祥：《冷战后全球国家内部武装冲突》，军事科学出版社 2007 年版，第 21 页。

第一章　武装组织招募和使用儿童兵：政治经济学的视角

模糊了战斗员与平民、前线与后方之间的界线。国内冲突与战争越来越呈现出非常规的特征，平民被卷入暴力、军事活动中。前联合国负责儿童与武装冲突问题特别代表奥拉拉·奥图诺（Olara Otunnu）写道："当代内部冲突是彼此熟悉的人之间的战斗：同胞与同胞、邻居与邻居之间相互厮杀……在当今两败俱伤的战争强度与亲密程度中，村落变成了战场，平民成为首要的攻击目标。"① 在内战与武装冲突中，儿童、妇女等弱势群体很容易成为武装组织袭击、绑架的目标。

另一方面，为了赢得内战与武装冲突，或者是保存组织的实力和战斗力，武装组织必须招募更多的士兵，而儿童就成为其招募的重要对象。在残酷、漫长的武装冲突中，不仅有大量的平民被杀戮，而且成年人力资源也日益耗尽，光通过招募成人已经不能满足武装组织的需求，也无法补充他们部队的损失。为维持组织的生存与发展，武装组织必须寻找新的士兵来源，这样，儿童就成为他们招募的对象。在过去的20年时间里，在安哥拉、卢旺达、科特迪瓦、利比里亚、莫桑比克、塞拉利昂等国的内部战争与武装冲突中，武装组织招募了大量的儿童兵。2004年至2007年，在乍得、苏丹、布隆迪、索马里、乌干达、中非共和国、刚果民主共和国，大量儿童被招募成为士兵。② 此外，在战争区，儿童通常构成了当地人口比例的一半或者更多，这也使得武装组织能够更加容易地获取现成的儿童兵源。通过简单的训练，武装组织可以将儿童变成士兵，进而将一支不显著的力量改造成一支军队。儿童甚至成为武装组织主要的战斗力量。例如，"上帝抵抗军"的核心成员刚开始不到200人，也不受当地民众欢迎。但是，通过绑架儿童，将1.4万名儿童改造成士兵，"上帝抵抗军"能够与乌干达武装部队进行长达20多年的内战。据统计，自1986年以来，"上帝抵抗军"强制招募了大约

---

① Olara Otunnu, "Innocent Victims: Protecting Children in Times of Armed Conflict," *United Nations 2000*, London: Agenda Publishing, 2000, p. 1.

② Myriam S. Denov, *Child Soldiers: Sierra Leone's Revolutionary United Front*, Cambridge: Cambridge University Press, 2010, pp. 24–25.

2.5万名男童与女童,① 儿童占据了其整个部队势力的80%到90%。② 20世纪80年代末期,斯里兰卡的主要武装组织——泰米尔伊拉姆猛虎解放组织(Liberation Tigers Of Tamil Eelam, LTTE)就存在战斗员短缺的问题。因不受当地百姓的支持,他们无法招募到足够的成人战斗员。为保持和增强战斗力,他们开始招募和使用9岁到12岁的儿童。③

战争与武装冲突对儿童的生活与发展造成了严重的影响,侵犯了儿童的各项权利:生命的权利、健康的权利、发展个性的权利、获得营养和保护的权利、同家庭和社区在一起生活的权利。

首先,战争和武装冲突对儿童的直接影响主要表现为:强制招募、杀戮和致残、性暴力、流离失所、家人离散、缺乏教育。在20世纪90年代,估计有30万儿童兵、200多万儿童在武装冲突中被杀害,有600多万儿童遭受重伤或终身致残,其中有许多是因为踩踏到地雷而变成重残,还有无数儿童被迫目睹甚至参与恐怖的行动。④ 女童则更容易遭受性侵害和性暴力。约2000万的儿童流离失所,成为难民。⑤ 在非洲,几乎80%的儿童兵见证了他们家乡周围的战斗,70%的家庭被毁,超过59%的儿童至少有一名家庭成员成为战争的伤亡者。⑥ 在乌干达,因为学校被烧毁、教育资源被破坏以及教师成为袭击的对象,流离失所的儿童很难接受到教育。⑦ 在阿富汗,约90%的儿童没有入学的机会,30%

---

① Coalition to Stop the Use of Child Soldiers, *Global Report*, London: Coalition to Stop the Use of Child Soldiers, 2008.

② Kathryn C. Troyer, "The Mental Health Needs of Child Soldiers in Uganda: a Case Study of Structural Violence," *The Applied Anthropologist*, Vol. 25, No. 2, 2005, pp. 135-146.

③ Peter W. Singer, *Children at War*, New York: Pantheon Books, 2005, p. 55.

④ 联合国:《武装冲突对儿童的影响》(A/51/306), 1996年8月26日, 第8页, http://www.un.org/zh/documents/view_doc.asp?symbol=A/51/306。

⑤ 联合国:《1996—2000年马谢尔审查:关于加强保护受战争影响的儿童方面取得的进展和遇到的障碍的严谨分析》(A/55/749), 2001年1月26日, 第8页, http://www.un.org/zh/documents/view_doc.asp?symbol=A/55/749。

⑥ Peter W. Singer, *Children at War*, New York: Pantheon Books, 2005, p. 40.

⑦ UNICEF's Humanitarian response to Children, Jan.-Dec. 1999, p. 3, http://www.unicef.org/cap/sleone.pdf.

甚至45%的加入武装组织，参加敌对战争。① 许多儿童7岁至8岁时就开始了军事学徒（military apprenticeships）生涯，成为信差、间谍、随从，或者搬运食物、弹药和伤员。战争对儿童所造成的间接影响也同样可怕，包括丧失水源、环境卫生、保健和教育等基本服务，这导致贫穷、营养不良以及疾病发病率增加。② 还有一些儿童被迫卷入战争及武装冲突，成为直接的战斗者。贫穷、缺乏教育、社会政治经济及法律秩序的崩溃、武装组织的暴力招募、针对平民及学校的袭击、轻小武器的走私与泛滥、暴力冲突受到经济利益与政治妥协逻辑的驱动，都使得儿童易于卷入战争与武装冲突。为寻求安全、保护、食物、报复，以及追求社会公正，有些儿童"自愿"加入武装组织，从"受害者"变成"施害者"。③

其次，轻小武器技术的改进与泛滥，使得儿童能够成为战场上有用的一分子。轻小武器包括步枪、手榴弹、轻机枪、轻便迫击炮、地雷和其他便携式武器。随着轻小武器技术的进步，儿童也能够使用这些武器，成为像成人那样具有杀伤力的士兵。一名12岁的儿童说道："当我们到达基地时，叛乱分子训练我如何使用枪。他们向我展示了如何拆卸和组装武器。他们教我如何开枪、清理枪。他们教我在枪往后弹回时如何确保自己不受到伤害。"④ 调查显示，儿童30分钟就能学会如何使用AK-47自动机枪。北乌干达一名被绑架的儿童兵说："与反叛分子在

---

① Rachel Brett, Margaret McCallin, and Quaker United Nations Office, eds., *Children: The Invisible Soldiers*, Geneva: Radda Barnen, Swedish Save the Children, 1996, p. 53.

② Jo Boyden and Jo de Berry, eds., *Children and Youth on the Frontline: Ethnography, Armed Conflict and Displacement*, Studies in Forced Migration 14, New York: Berghahn Books, 2004.

③ Michael G. Wessells, *Children Soldiers: From Violence to Protection*, Cambridge, MA: Harvard University Press, 2006, pp. 18-23；联合国：《儿童与武装冲突：特别代表的报告》（A/66/256），2012年8月6日，第9—10页，http://www.un.org/ga/search/view_doc.asp?symbol=A/67/256&Lang=C&Area=UNDOC。

④ "Child Soldiers," *Radio Netherlands*, 21 January 2000, http://www.rnw.nl/humanrights/index.html.

一起的时候，我确实学到了某些东西。我学会了怎样开枪，怎样埋设杀伤人员的地雷，怎样过逃亡的生活。我尤其知道怎样使用12英寸口径的AK-47自动步枪，不用一分钟的时间，我就能拆卸组装。我12岁时，他们给了我火箭推进榴弹，因为我在战斗中证明了自己的能力。"[1] 更严重的是，冷战结束后，非法轻小武器走私与交易变得更加泛滥。在乌干达，可以用一只鸡的价钱购买一支AK-47自动步枪；而在肯尼亚北部，可以用一只山羊买到这种枪。[2] 可以说，轻小武器的扩散不仅使得儿童能够很快地转变成士兵，而且让他们在数分钟就能杀死几百名手无寸铁的平民。[3] 据统计，在当代的战争中，90%的伤亡是由轻小武器造成的。在西非，近十年就有200多万人被轻小武器杀死。[4]

再次，儿童兵的出现，导致武装冲突和战争更加血腥、更难结束。儿童兵的出现，加剧了当地原本就脆弱的政治、经济、社会、道德秩序的全面崩溃。[5] 当儿童成为战斗人员的一个新来源，武装组织更易于发起叛乱与战争，争夺政治权力和经济资源。武装组织还强迫和怂恿儿童兵对平民犯下骇人听闻的暴行，例如强迫儿童杀害亲人、强行招募、有组织地实施强奸、抢劫与屠杀平民、摧毁农作物和在井中下毒等"焦土"战术。最终，他们成为暴力的"齿轮"，而非能够建设和平的公民。残酷、持久的战争还严重地破坏了人们的价值观和经济秩序。通过灌输暴力和极端思想，大多数儿童将暴力和战争视为常态，并将加入武装组织看做是保障自身安全的一种必要手段。在某些地区，旷日持久的暴力冲突本身成为目的，战争经济、援助经济主导着当地社会的发展。

---

[1] 联合国：《1996—2000年马谢尔审查：关于加强保护受战争影响的儿童方面取得的进展和遇到的障碍的严谨分析》（A/55/749），2001年1月26日，第36页，http://www.un.org/zh/documents/view_doc.asp? symbol=A/55/749。

[2] 联合国：《武装冲突对儿童的影响》（A/51/306），1996年8月26日，第15页，http://www.un.org/zh/documents/view_doc.asp? symbol=A/51/306。

[3] Peter W. Singer, *Children at War*, New York: Pantheon Books, 2005, pp. 46-47.

[4] Robert Neild, "Expose the Unsavory Business Behind Cruel Wars," *International Herald Tribune*, 17 February 2000.

[5] Peter W. Singer, *Children at War*, New York: Pantheon Books, 2005, pp. 94-115.

第一章 武装组织招募和使用儿童兵：政治经济学的视角

一名乌干达的记者指出："在过去，阿乔利人种植了很多庄稼，他们很富足。他们从不会乞求援助，不劳而获。这是一种乞讨行为。他们宁愿饿死也不愿乞讨。现在，我们有一整代人只知道他们必须乞求援助来维持生存。"①

最后，儿童成为暴力的"齿轮"。在人格发展与转型时期，儿童作为士兵加入了战斗，处在充斥着暴力、残酷、无情的社会环境中。武装组织的军事训练和军事思想对儿童身份、价值观的建构和发展造成了极大的影响。在战争结束后，儿童从军与杀戮的经历仍严重影响他们日后的正常生活。在战争与武装冲突中，儿童见证了屠杀、致残、性暴力等血腥、恐怖行为，身心受到了有形的或无形的创伤，不利于儿童的身体、情感、道德、认知的健康发展。从军与杀戮的经历还导致他们受到亲人、同龄人以及社区的排斥，难以真正融入当地社会人际关系网络，重新开始平静的日常生活。即使当一国的武装冲突结束后，一些对平民生活看不到未来、缺乏工作技能、受到社会排斥的儿童兵仍有可能选择继续战斗的暴力生活，甚至跨越边境，成为邻国的雇佣军。利比里亚一名前儿童兵说道："因为我拿过枪，干过坏事，我是个坏人，所以社区会认为我不能跟我的兄弟姐妹一起生活。"乌干达的一名儿童兵说道："他们（难民营中的难民）称我们为杀手和坏人，说不欢迎我们住在这里……当我想与同龄人交朋友时，他们的父母就会出来反对和阻止，并说'不要把你的丛林生活带给我的孩子'……许多和我一样有着儿童兵经历的孩子也面临着众人的疏远和不信任，很多人说他们感觉回到了丛林生活……我看见了那些我曾杀害的人，他们哭着求我饶了他们。当这些梦魇来临时，我想我应该返回丛林，因为这里已经没有什么事情值得留恋了……我现在住在一个难民营里，我的一个弟弟和两个妹妹也住在这里，但他们因为我亲手杀害了父母而很少和我说话。大部分时间，

---

① Peter H. Eichstaedt, *First Kill Your Family: Child Soldiers of Uganda and the Lord's Resistance Army*, Chicago: Lawrence Hill Books, 2009, p. 5.

我都是独自一人。"①

　　有学者对儿童兵问题的流行看法持不同意见。他们中有的人回顾了儿童兵从好名声向坏名声演变的历史过程：儿童兵曾在历史上被认为是勇敢、光荣、奋斗、牺牲、值得尊敬的代名词，但在当代被灌上坏名声。儿童兵的坏名声是人为建构的：儿童兵危机是后殖民国家的危机；国际人道主义以及人权团体共同体、主权国家政府曾是国家解放战争军队的支持者，现在重新将反叛者及其领导者定义为非政治性罪犯和儿童侵害者（apolitical criminals and child abusers）。② 另外一种观点认为，儿童自愿加入武装组织、参与战斗是理性的选择，并具有强烈的经济利益计算。该观点摧毁了将儿童视为无辜者、受害者的神话，将儿童描绘成施害者、理性人，认为他们有着很强的施动者意识，并且能够进行选择。但是，上述观点忽视了一个根本的事实：儿童是被迫加入武装组织，卷入武装冲突的，在战争区成长的儿童可能看不到社会中的积极现象。在他们生活的情境中，他们受到压迫，很少或者没有机会受到教育，感觉无权、被排斥，并且被积极的生活选择拒之门外。结果，暴力成为一种取代现存社会秩序，争取社会正义、积极经济与政治机会的必要工具。如果否认他们接受教育和获得保护的权利，儿童兵通常会变成持续武装斗争的一种工具，致使暴力的恶行循环。③ 还有研究表明，拥有更高的男性入学率、人均收入与经济增长率的国家爆发内战的风险程度更低，因为机会成本在该社会中更高；当人们能失去的东西越少时，叛乱的机会成本就相对更低，因此叛乱也就更容易发生。④

---

① Peter H. Eichstaedt, *First Kill Your Family: Child Soldiers of Uganda and the Lord's Resistance Army*, Chicago: Lawrence Hill Books, 2009, pp. 5 – 6.

② David M. Rosen, *Armies of the Young: Child Soldiers in War and Terrorism*, New Brunswick, New Jersey, and London: Rutgers University Press, 2005, p. 14.

③ Michael G. Wessells, and Carlinda Monteiro, "Psychosocial Interventions and Post-War Reconstruction in Angola," in Daniel J. Christie, Richard V. Wagner, and Deborah D. Winter, eds., *Peace, Conflict, and Violence*, Upper Saddle River, NJ: Prentice Hall, 2001, pp. 262 – 275.

④ Paul Collier and Anke Hoeffler, "Greed and Grievance in Civil War," *Oxford Economic Papers*, Vol. 56, No. 4, 2004, pp. 563 – 596.

二、武装组织招募和使用儿童兵的动因分析

在20世纪90年代的武装冲突中，武装组织招募和使用儿童兵成为最显著的特征。那么，武装组织为什么倾向于招募和使用儿童兵呢？本书将主要从武装组织的战争动机、兵源招募成本、士兵控制管理三个方面来分析武装组织招募和使用儿童兵的动因。可以说，武装组织招募和使用儿童兵是理性经济利益计算的产物。

第一，武装组织逐利、贪婪的动机促使其更倾向于招募儿童兵。按照叛乱分子的目标，内战可被划分为取代型内战与合法型内战。[1] 在取代型内战中，武装组织是为了更迭现有政府，并取而代之，所以保持了国家与社会之间原有的关系。在合法型内战中，武装组织进行叛乱和革命是为了彻底地改变国家与社会之间的关系。据统计，1960年至1999年，世界上发生的大部分内战都是取代型内战。[2] 也就是说，叛乱分子与武装组织的动机更多的是贪婪和逐利，其目标是为了取代政府，并不是为了获得对整个国家的支配权，彻底地改变国家与社会之间的关系。他们更倾向于掌控一定的权力，并利用该权力来攫取更多的社会资源，积累个人财富。对于武装组织来说，暴力具有七个直接的经济功能：一是抢劫得来的成果通常被用来补充甚至替代士兵或其他军事指挥官的薪水和工资；二是向那些深受暴力折磨或毫无抵抗力的平民收取保护费；三是垄断或控制当地资源的开采和贸易；四是加速对劳动力的剥削；五是宣布对土地的直接占领权；六是打劫国际人道主义援助，从中攫取利益；七是向加入武装组织的成员提供一定的安全、

---

[1] David Sobek and Caroline L. Payne, "A Tale of Two Types: Rebel Goals and the Onset of Civil Wars," *International Studies Quarterly*, Vol. 54, No. 1, 2010, pp. 213–240.

[2] David Sobek and Caroline L. Payne, "A Tale of Two Types: Rebel Goals and the Onset of Civil Wars," *International Studies Quarterly*, Vol. 54, No. 1, 2010, pp. 227–228.

生存保障。[1]

此外，武装组织的攻击目标转向了缺乏武装的平民。对平民使用暴力，更多的是为了恐吓、抢劫平民，而非赢得人心。[2] 因此，从经济成本与收益计算来说，武装组织并不需要发展强大的武装力量，他们仅需要一些能够使用武器控制平民的士兵就行。这样，武装组织就更倾向于招募和使用儿童兵。通过征召儿童，给儿童配备简单的武器，命令儿童去村庄抢劫村民，武装组织就能谋取相应的经济利益和控制权力。例如，在安哥拉、塞拉利昂、刚果民主共和国，击败敌人赢得战争已变成次要目标；相反，武装组织更热衷于开发"战争经济"，进行有组织、有一定规模的暴力活动，掠夺资源、剥削平民，从而在战争中谋利。[3]

第二，从招募成本来说，儿童兵源更加充足、更加廉价，甚至不用支付薪水。对于武装组织而言，儿童是非常有吸引力、低成本的招募对象和替代选择。使用儿童兵的武装组织将儿童视为可塑的和可消耗的资产，并认为损失和战亡的儿童兵从整体而言是可承受的，并且非常容易替代。一般而言，招募儿童的费用要比成人低很多，而且儿童比成人更容易控制。而随着轻小武器的泛滥，儿童通过短期的训练也能使用该武器，并且更容易卷入暴力、实施暴行。[4] 例如，在20世纪90年代，"哥伦比亚革命武装力量"（Revolutionary Armed Forces of Colombia，FARC）曾面临着其他具有竞争力的准军事武装组织兴起的挑战，准军事武装组织每个月向其招募对象支付350美元。而"哥伦比亚革命武装力量"并没有向其成员支付薪水，因此它必须在招募战中找到一种保持同步竞争力的方法。它的解决方法就是增加对儿童的招募，从而使得组

---

[1] David Keen, "Incentives and Disincentives for Violence," in Mats Berdal and David M. Malone, eds., *Greed and Grievance: Economic Agenda in Civil Wars*, London: Lynne Reinner Publishers, 2000, pp. 27–31.

[2] Peter W. Singer, *Children at War*, New York: Pantheon Books, 2005, p. 51.

[3] UNICEF, *Children Affected by Armed Conflict: UNICEF Actions*, New York, 2002, p. 3.

[4] "To Child Soldiers, War Was 'Shoot or be Killed'," *Reuters*, 12 June 2001.

织成员的数量翻番。①

在内战与武装冲突中,儿童兵通常都是来自最贫穷和最脆弱的家庭。为了招募更多的儿童,武装组织招募者通常会向儿童与家长承诺支付薪水、提供衣物和食宿、保障安全、进行军事技能培训等。这对贫穷、缺乏安全保护的儿童和家庭具有强大的吸引力。例如,在塞拉利昂,"革命联合阵线"(Revolutionary United Front,RUF)向贫穷的农村男孩承诺,战斗将有助于他们逃离贫困与痛苦。一名儿童战斗员说道:"他们告诉我们,我们所有人都将拥有我们自己的汽车。他们告诉我们,他们将为我们建造房子。他们告诉了我们很多东西。"② 布隆迪武装组织在招募过程中声称,儿童能在乌干达、卢旺达、坦桑尼亚获得很多金钱、高报酬的工作以及好的生活条件,从而"诱使"肯尼亚"街头男孩"加入布隆迪胡图族和卢旺达胡图族的武装团体。每150名"街头男孩"被送往武装团体以及相关军事组织,就能获得500美元的报酬。③ 武装组织还可以直接向贫困家庭支付少量的金钱,就能带走一名儿童。饥饿与贫困甚至可能迫使一些父母主动送其子女参军。塞拉利昂很多母亲甚至为她们年仅10岁的孩子穿着军装、扛着AK–47自动机枪而感到高兴和自豪。对一些家庭来说,儿童兵将抢劫得来的财物带回家,能够补贴家用,这又进一步坚定了父母将更多儿童送往战场前线、争夺稀缺生活资源的信念。④ 其他的诱惑要素还包括蛊惑和宣传。在哥伦比亚,武装游击队派出形象上富有吸引力的儿童兵充当招募者,让他们"现身说法",美化军队生活,吸引其他儿童、同龄人加入武装组织。在菲律宾,武装组织派儿童兵去散布宣传单、号召儿童加入武装组织,

---

① John Otis, "Rebel Held: Child Soldiers," *Houston Chronicle*, 3 August 2001.

② "Child Soldiers," *Radio Netherlands*, 21 January 2000, http://www.rnw.nl/humanrights/index.html.

③ Coalition to Stop the Use of Child Soldiers, *Global Report on Child Soldiers*, 2001, p.94, http://www.child-soldiers.org/library/global-reports?root_id=159&directory_id=165.

④ Center for Defense Information, CDI, "The Invisible Soldiers: Child Combatants," *Defense Monitor*, Vol.26, No.4, 1997, http://www.cdi.org/dm/1997/issue4.

进行武装斗争。①

然而，一旦儿童被招募加入武装组织，武装组织通常不会兑现先前的承诺。一般来说，成人有能力要求武装组织履行承诺、支付报酬，但儿童可能缺乏这样做的能力，或者可能因害怕受到恐吓而不敢询问。布隆迪一名16岁的儿童兵说道："我们被告知，直接去布琼布拉，我们将获得5万布隆迪法郎（Burundi francs，Fbu）（约50美元），以后还可以获得4百万布隆迪法郎。而当去了布琼布拉，我们被告知必须去兵营才能拿到钱。"② 像很多被招募的儿童一样，他遭受了残酷的军事训练，经常挨打，但没有报酬，武装组织甚至把他丢弃在沙漠。对儿童兵的一项调查发现，在布隆迪仅6%的儿童兵曾拿到部分现金，在刚果民主共和国东部地区，仅10%的儿童兵曾被支付过薪水。③

第三，从控制管理来说，儿童兵更易于控制和操纵。武装组织蓄意招募儿童兵，认为他们"更加服从，对命令不加质疑，而且比成年士兵更容易控制"。④ 武装组织会对新加入的儿童进行"社会化"改造，重塑儿童的行为、角色、身份和价值观。⑤ 在"社会化"过程中，武装组织首先不是传授军事与生存技能，而是向儿童灌输暴力、死亡等极端军事思想。这种"社会化"旨在切断儿童与日常社会生活的联系，使其抛弃过去的生活经历，学会在武装组织中的生存法则。例如，塞拉利昂

---

① Yvonne E. Keairns, *The Voice of Girl Child Soldiers: Philippines*, New York: Quaker United Nations Office, 2003.

② Save the Children, *Fighting Back: Child and Community-kd Strategies to Avoid Children's Recruitment into Armed Forces and Groups in West Africa*, London: Save the Children UK, 2005; Amnesty International, *Rape the Hidden Human Rights Abuse*, 2004, http://web.amnesty.org/library/, pp.6-7.

③ International Labor Office, *Wounded Childhood: the Use of Children in Armed Conflict in Central Africa*, Geneva, 2003, p.26.

④ Rachel Brett, Margaret McCallin, and Quaker United Nations Office, eds., *Children: The Invisible Soldiers*, Geneva: Radda Barnen, Swedish Save the Children, 1996, p.88.

⑤ Jessica Schafer, "The Use of Patriarchal Imagery in the Civil War in Mozambique and its Implication for the Reintegration of Child Soldiers," in Jo Boyden and Jo de Berry, eds., *Children and Youth on the Front Line*, New York: Berghahn, 2005, pp.87-104.

"革命联合阵线"的指挥官通常会强迫儿童屠杀亲人和社区平民,将此作为他们加入武装组织的仪式,从而防止他们逃离武装组织,重返家园。在武装组织战斗的生涯中,许多儿童学会冷漠地看待暴力与死亡、追求军事荣誉、建构士兵的新身份、起更具有暴力色彩或者男子气概的名字。

利用儿童易屈服的特性,武装组织还常常使用恐吓、野蛮的手段来控制他们。儿童由于刚刚加入武装组织,进入一个充满危险的新世界,并认识到自身对组织规则的无知以及生存技能的缺乏,所以会将服从命令作为一种生存战略。而武装组织的指挥官通常也利用儿童社会生活经历有限、易于屈服的特性,向儿童施加暴力或者暴力威胁,迫使儿童无条件地遵守指挥、服从命令。这一方法可能对许多成人是无效的,因为成人可能会反抗或者规避危险。为促使儿童向战斗员身份转变,并进行更好的控制和管理,武装组织会对儿童进行一系列残酷的军事与战术培训、非人性化的体能训练、纪律控制、与世隔绝、政治洗脑、意识形态控制。[1] 许多曾加入争取安哥拉彻底独立全国联盟(National Union for the Total Independence of Angola,UNITA)的儿童兵都提到了侏拉仪式(Jura)。侏拉仪式是一种"庆祝"儿童加入组织的仪式,儿童被迫彻夜地唱歌和跳舞,使他们忘记家庭和亲人。被暴力招募的男童还通常会遭到较长时间的隔离、毒打和恐吓,使他们放弃逃回去的念想。而高强度的心理压力则用来改造他们的儿童身份。儿童在训练中获得武器,不是取决于他们已学会了如何使用武器,而是取决于他们已展示了杀戮的意愿。[2]

一些武装组织的指挥官倾向于使用儿童兵,因为可以利用儿童的不

---

[1] Michael G. Wessells, *Children Soldiers: From Violence to Protection*, Cambridge, MA: Harvard University Press, 2006, pp. 58 – 71; Peter W. Singer, *Children at War*, New York: Pantheon Books, 2005, pp. 70 – 93.

[2] Michael G. Wessells, *Children Soldiers: From Violence to Protection*, Cambridge, MA: Harvard University Press, 2006, pp. 58 – 71; Peter W. Singer, *Children at War*, New York: Pantheon Books, 2005, pp. 58 – 59.

成熟去执行各种危险的任务，甚至包括一些成人认为是非常危险的任务。儿童的道德认知、观念原则正处于形成时期，比成人更易于接受"新观念"（通常是具有暴力色彩的意识形态和思想观念）。因此，武装组织故意向儿童灌输暴力、杀戮观念，扭曲他们的道德、价值观，把他们变成冷血、机械的战争工具。从心理上讲，儿童正处于心理发展的早期阶段，生活经历有限，这也使得他们难以充分地评估一些特定任务的危险，并且可能对死亡缺乏认知。在武装组织的暴力训练和强压下，10岁的男孩可能愿意接受危险的任务，来向武装组织或者同龄人证明他们已具备了勇敢、暴力等男子汉气概。在斯里兰卡，泰米尔伊拉姆猛虎解放组织招募儿童，对他们进行洗脑，灌输牺牲、暴力、荣誉等极端思想，然后让他们充当人肉炸弹。[1] 一些武装组织甚至强迫儿童喝酒或者服用麻醉品，使得他们变得极端兴奋、忘记恐惧。一名缅甸士兵回忆道："有许多男孩冲进阵地，像女鬼一样尖叫，就好像他们不会死，或者刀枪不入，或是在执行什么特殊任务。我们向他们射击，但他们还是不停地冲上来。"[2] 同样，儿童比成人更加理想化，更容易产生狂热的个人崇拜、暴力崇拜、宗教崇拜，从而被诱骗去参与战斗、牺牲自我。武装组织向儿童展示了某种理想主义、选择的开放性，鼓吹推翻一个不公正的政权，建立一个新的基于社会公正原则的社会体系。然而，许多儿童兵的理想主义被武装组织的现实生活所击碎，甚至丧命。[3] 例如，在黎巴嫩和斯里兰卡，一些成年人招募和训练儿童充当人肉炸弹。[4] 在阿富汗境内，包括塔利班在内的武装组织及反政府各派分子也越来越多地招募儿童执行自杀式袭击、安放爆炸物、运输弹药等任务。而儿童在

---

[1] Peter W. Singer, *Children at War*, New York: Pantheon Books, 2005, pp. 127 – 129.

[2] Rachel Brett, Margaret McCallin, and Quaker United Nations Office, eds., *Children: The Invisible Soldiers*, Geneva: Radda Barnen, Swedish Save the Children, 1996, p. 53.

[3] Michael G. Wessells, *Children Soldiers: From Violence to Protection*, Cambridge, MA: Harvard University Press, 2006, pp. 35 – 36.

[4] Rachel Brett, Margaret McCallin, and Quaker United Nations Office, eds., *Children: The Invisible Soldiers*, Geneva: Radda Barnen, Swedish Save the Children, 1996, p. 31.

第一章　武装组织招募和使用儿童兵：政治经济学的视角

不知情或者受到教唆的情况下去执行该任务，这不仅危及自身的生命，还往往会造成平民和其他儿童的死亡。①

武装组织还根据需要来利用儿童从事各种任务。部分儿童成为战斗员，直接参与战斗，但更多的儿童承担了炊事员、搬运工、通信员、间谍、保镖、照顾伤员、放哨、寻找食物与水等工作。② 例如，由于儿童的体型很小，不容易被敌人发现，武装组织通常命令儿童去做间谍，搜集情报。争取安哥拉彻底独立全国联盟的指挥官喜欢使用儿童作为搬运工，因为他们能够比卡车和其他运输工具更安静地搬运沉重的物资。③

综上所述，武装组织招募和使用儿童兵具有理性的经济利益计算。充足、便利的儿童兵源，儿童兵廉价与易于操控，贪婪与逐利动机等因素导致武装组织更倾向于大规模招募和使用儿童兵。道德污名是武装组织唯一的风险。然而，有罪不罚使得武装组织能够规避风险，继续招募和使用儿童兵。上级指挥官可能说他们部队禁止招募儿童，但战地指挥官经常通过招募那些看起来像成人的儿童来规避规则。即便存在准确的出生登记或者身份文件，武装组织也可能因有罪不罚而忽略这些登记和文件，甚至形成"将儿童作为士兵的系统偏好"。④ 简而言之，在当代武装冲突中，武装组织招募和使用儿童兵的成本和风险很低。

---

① 联合国：《儿童与武装冲突：秘书长的报告》（A/65/820 – S/2011/250），2011 年 4 月 23 日，第 11 页，http://www.un.org/zh/documents/view_doc.asp?symbol=S/2011/250。

② Ilene Cohn and Guy Goodwin-Gill, *Children Soldiers: the Role of Children in Armed Conflicts*, New York: Oxford Clarendon Press/Henry Dunant Institution, 1994; International Labour Office, "Democratic Republic of the Congo Survey," *Wounded Childhood: the Use of Children in Armed Conflict in Central Africa*, Geneva, 2003, p. 39.

③ Vivi Stavrou, *Breaking the Silence: the voices of Girls Forcibly Involved in Armed Conflict in Angola*, Children's Rights International Development, Palgrave Macmillan VS, zon.

④ Alcinda Honwana, "Children of War: Understanding War and War Cleansing in Mozambique and Angola," in Simon Chesterman, ed., *Civilians in War*, Boulder, CO: Rienner, 2001, p. 128.

三、问题提出与现有解释

武装组织放弃招募和使用儿童兵是非理性的、难以想象的。然而，一个"不可思议"的现象是：越来越多的武装组织选择接受和遵守儿童兵规范，放弃招募和使用儿童兵，保持行为克制。例如，经联合国核实，截至 2009 年 4 月，布隆迪境内的武装组织——全国解放力量已经释放了组织内所有的儿童兵，且没有收到有关布隆迪境内其他武装组织招募和使用儿童兵的报告，因此秘书长在儿童与武装冲突年度报告（S/2010/181）的"黑名单"中删除了布隆迪。① 2010 年 7 月 21 日，联合国同苏丹达尔富尔地区的主要反叛武装——"正义与平等运动"（Justice and Equality Movement）在日内瓦签署了一份协议。"正义与平等运动"在协议中承诺：停止招募和使用儿童兵以及其他侵害儿童的行为，保障人道主义救援行动畅通无阻。② 2010 年，11393 名儿童（8624 名男童与 2769 名女童）已脱离武装部队和武装组织，并在联合国各机构、基金和方案的资助下重返社会。③ 截至 2011 年 8 月，联合国已与 8 个国家（乍得、苏丹、乌干达、科特迪瓦、尼泊尔、阿富汗、菲律宾、斯里兰卡）中的 15 个武装冲突当事方签署了制止在武装冲突中招募和使用儿童的行动计划。④

那么，为什么有的武装组织接受儿童兵规范、保持行为克制，而有

---

① 联合国：《儿童与武装冲突：秘书长的报告》（A/65/820 – S/2011/250），2011 年 4 月 23 日，第 13 页，http：//www. un. org/zh/documents/view_doc. asp？symbol = S/2011/250。
② 联合国：《联合国与苏丹达尔富尔主要叛军签署保护儿童协议》，http：//www. un. org/chinese/News/fullstorynews. asp？newsID = 13810。
③ 联合国：《解除武装、复员和重返社会：秘书长的报告》（A/65/741），2011 年 3 月 21 日，第 8 页，http：//documents-dds-ny. un. org/doc/UNDOC/GEN/N11/239/10/pdf/N1123910. pdf？Open Element。
④ 联合国：《儿童与武装冲突问题：秘书长特别代表的报告》（A/66/256），2012 年 8 月 6 日，第 4 页，http：//www. un. org/ga/search/view_doc. asp？symbol = A/67/256&Lang = C&Area = UNDOC。

第一章 武装组织招募和使用儿童兵：政治经济学的视角

的武装组织仍在招募和使用儿童兵呢？从理论层面来说，国际社会如何说服武装组织等暴力型非国家行为体接受和遵守国际规范？与国家社会化及其机制相比，说服武装组织接受和遵守国际规范的过程与机制有什么不同之处呢？

目前，大致有四种解释：武力打击；法律威慑与惩罚；间接政治施压和经济制裁；儿童兵解除武装、复员和重返社会。第一，武力打击。由于武装组织的叛乱以及暴行通常都是在一国国内进行的，并对该国政府的统治造成了重大威胁，因此该国政府有着比较强烈的意愿来打击武装组织，维护政权统治的稳定。据资料显示，1992年至2005年，布隆迪图西族控制的政府军对胡图族武装势力进行了镇压和屠杀。但是，军事打击不仅没能消灭胡图族武装势力，反而加深了胡图族对图西族的仇恨，进而导致胡图族武装势力同图西族政府军进行了长达十多年的武装冲突与战争。乌干达政府同"上帝抵抗军"之间的冲突也持续了几十年。乌干达政府投入了大量的人力、物力和财力来打击"上帝抵抗军"。但是，武力打击不是万能的。武力打击不仅无法彻底消灭"上帝抵抗军"，更无法充分地保障北乌干达及其周边邻国的和平与稳定。2008年12月14日，乌干达人民国防军联合刚果民主共和国武装力量、南苏丹人民解放军，在刚果民主共和国的加兰巴国家公园（Garamba National Park）向"上帝抵抗军"发起联合军事行动。但是，这次联合军事行动仍然无法彻底消除"上帝抵抗军"的威胁。"上帝抵抗军"以小组形式分散在南苏丹共和国、刚果民主共和国、中非共和国。2009年至2013年，"上帝抵抗军"对平民进行了报复性攻击，包括杀戮、绑架、强行招募儿童、强奸和抢劫，从而造成大量儿童死亡和失踪，几十万人流离失所。需要强调的是，在政府军与武装组织之间的战斗中，儿童兵可能是冲突双方势力中重要的战斗力量，武力与战争不仅难以解决儿童兵问题，反而使儿童更加深入地卷入国内武装冲突。换言之，主权国家政府往往很难通过军事打击来消灭武装组织，更难以通过武力来威慑武装组织，使其放弃招募和使用儿童兵。

第二，法律威慑与惩罚。已有相关条约与法律条文呼吁或禁止武装组织招募和使用儿童兵。1995年12月，第26届红十字会和红新月会国际大会特别建议冲突当事方采取一切可行措施，确保不满18岁的儿童不参加敌对行动。《国际刑事法院罗马规约》（1998）规定，在非国际性武装冲突中，武装部队或武装组织征募不满15周岁的儿童，或利用他们参加敌对行动，严重地违反了国际法，并构成战争罪。①《儿童权利公约关于儿童卷入武装冲突问题的任择议定书》（2000）严重关切并谴责武装组织在国境内外招募、训练和使用儿童参加敌对行动，并确认在这方面招募、训练和使用儿童的人所负的责任；武装组织在任何情况下均不得招募或在敌对行动中使用未满18周岁的人。② 联合国安理会也曾多次专门讨论儿童兵问题，并形成了一系列决议，主要有第1261号决议（1999）、第1314号决议（2000）、第1379号决议（2001）、第1460号决议（2003）、第1539号决议（2004）、第1612号决议（2005）、第1882号决议（2009）、第1998号决议（2011）、第2068号决议（2012）、第2143号决议（2014）和第2225号决议（2015）。例如，第1379号决议（2001）第16段请秘书长在报告中列出一份关于招募或利用儿童的武装冲突当事方名单。随后，联合国秘书长科菲·安南在2002年11月向安理会提交的报告中列出了招募和使用儿童兵的武装冲突当事方。对武装冲突当事方的点名旨在羞辱他们，敦促他们遵循条约和国际法的义务。第1460号决议（2003）扩大了儿童兵招募者的名单。联合国安理会第1612号决议（2005）要求建立一个系统性的监测与报告机制，列出在武装冲突中侵害儿童权益，包括招募儿童兵的当事方。第1882号决议（2009）第3段指出：除了第1379号决议（2001）禁止招募和使用儿童兵外，请秘书长也把武装冲突局势中违反适用的国

---

① 联合国：《国际刑事法院罗马规约》，http：//www.un.org/chinese/work/law/Roma-1997.htm。
② 联合国：《儿童权利公约关于儿童卷入武装冲突问题的任择议定书》，http：//www.un.org/chinese/hr/issue/docs/26.PDF。

际法、有杀害和致残儿童以及（或）对儿童实施强奸和其他性暴力行为模式的武装冲突方列入其报告附件，同时考虑到所有其他侵害和虐待儿童的行为。

国际刑事法院、特别法庭、各国刑事法院也加强了对招募和使用儿童兵的武装冲突当事方的领导人进行法律起诉和审判的力度。其中，国际刑事法院是专门用来调查和起诉国家法院无法或者不愿起诉实施种族屠杀、反人类罪、战争罪的人。将招募和使用儿童兵作为战争罪进行起诉的观念在联合国设立的特别法庭生了根。2002年6月，塞拉利昂特别法庭宣布起诉前利比里亚总统查尔斯·泰勒（Charles Taylor）等高官。他们被指控犯有11项战争罪和反人类罪，包括在敌对行动中招募和使用未满15周岁的儿童。2005年10月13日，科尼等5名"上帝抵抗军"领导人被指控犯有战争罪和反人类罪，包括谋杀、强奸、奴役、性奴役、强制招募和使用15周岁以下的儿童参与作战。2006年3月20日，国际刑事法院宣布起诉刚果爱国者联盟（Uniondes Patriotes Congolais，UPC）的领导人托马斯·卢邦加·迪伊洛（Thomas Lubanga Dyilo）犯有战争罪、征募未满15周岁的儿童入伍并派他们参加战斗。另外，刚果民主共和国的国家军事法庭在南基伍（Sud-Kivu）按照国家审判程序，成功地起诉了让·皮埃卡·比尤尤（Jean-Pierre Biyoyo）少校。他因招募和使用儿童参与武装冲突而被定罪、判刑。2009年1月26日，国际刑事法院以招募和使用儿童兵构成战争罪为由，首次开庭审理刚果民主共和国前叛军领袖托马斯·卢邦加·迪伊洛。[①]

国际人道法对武装组织等非国家行为体保护人权义务的界定，以及禁止武装组织招募和使用儿童兵的法律发展历程，表明了国际社会对该问题的关注和重视，也在一定程度上对招募和使用儿童兵的武装组织产生了警示和威慑作用。但是，通过具有国际法律效力的条约以及安理会决议，来制止武装组织招募和使用儿童兵的成效仍值得推敲。现实的情

---

① 联合国：《秘书长特别代表将在首例因募用儿童兵被控战争罪案件的庭审中作证》，2010年1月，http://www.un.org/chinese/News/fullstorynews.asp?newsID=12795。

况是，仍有大量的武装组织存在系统、持续、大规模招募和使用儿童兵的行为，且许多国家局势中，对儿童犯下的严重罪行几乎完全不受惩罚。① 许多武装组织曾承诺不再招募和使用儿童兵，但是背后仍在继续招募和使用儿童兵。例如，斯里兰卡泰米尔伊拉姆猛虎解放组织就违背了其停止招募和使用儿童兵的誓言。② 在点名和羞辱方法实施期间，北乌干达、布隆迪和刚果民主共和国等地方，儿童兵招募的数量反而增加了。③ 国际刑事法院起诉"上帝抵抗军"领导人的决定虽然在国际上引起了热烈的反响，但是阿乔利（Acholi）人对此决定的反应很复杂、很矛盾。阿乔利人认为特赦"上帝抵抗军"的领导人和成员、与"上帝抵抗军"进行谈判、缔结和平协议能更有效地结束冲突，而国际刑事法院的起诉和发出逮捕令则会降低他们参与谈判的意愿。④ 2010 年 7 月 15 日，国际刑事法院第一审判分庭宣布释放托马斯·卢邦加·迪伊洛，原因是法庭不能仅凭猜测扣押被告，但法庭不排除未来续审此案的可能性。⑤ 上述例子说明，当武装组织无视、违反国际法及国际规则时，国际法、国际条约、联合国决议难以有效地约束和管制武装组织的暴力行为。此外，很多国家仍未签署和批准《国际刑事法院罗马规约》和《儿童权利公约关于儿童卷入武装冲突问题的任择议定书》，这也使得

---

① 联合国：《儿童与武装冲突：秘书长的报告》（A/64/742 – S/2010/181），2010 年 4 月 13 日，第 7—9 页，http://documents-dds-ny.un.org/doc/UNDOC/GEN/N10/311/27/pdf/N1031127.pdf? OpenElement。

② Human Rights Watch, *Living in Fear*, New York, 2004.

③ Ilene Cohn, "Progress and Hurdles on the Road to Preventing the Use of Children as Soldiers and Ensuring Their Rehabilitation and Reintegration," *Cornell International Law Journal*, Vol. 37, No. 3, 2004, pp. 531 – 540.

④ Tim Allen, *Trial Justice: the International Criminal Court and the Lord's Resistance Army*, New York: Palgrave Macmillan, 2006; Tim Allen, *War and Justice in Northern Uganda*, London: London School of Economics, 2005; Phuong Pham, Patrick Vinck, Marieke Wierda, Eric Stover, and Adrian di Giovanni, *Forgotten Voices*, Berkeley, CA: International Center for Transitional Justice and Human Rights Center, 2005; Refugee Law Project, *Whose Justice?* Kampala, 2005.

⑤ 联合国：《招募儿童兵受国际审判，卢邦加因证据不足或被开释》，2010 年 7 月 15 日，http://www.un.org/chinese/News/fullstorynews.asp? newsID = 13779。

国际条约和规则在一定程度上很难直接、有效地追究、惩罚和制止武装组织的暴力行为。

第三，间接政治施压与经济制裁。孤立和谴责武装组织的外部支持国与贸易伙伴，进而影响武装组织招募和使用儿童兵的经济成本与收益计算，约束武装组织招募和使用儿童兵的行为。一般来说，国际社会难以直接地对武装组织进行法律制裁和武力打击，但是可以采取其他方法，间接地影响和约束武装组织招募和使用儿童兵的行为。例如，曾任儿童与武装冲突问题特别代表的奥拉拉·奥图诺先生就曾呼吁会员国采取措施，以参与冲突的国家或者非国家行为体是否遵守保护武装冲突中的儿童为国际标准，来决定是否向他们提供政治、外交、财政、物资和军事援助；吁请各会员国采取行政措施和法律措施，在其管辖范围内劝阻公司不要同违反国际标准的武装冲突方有商业往来；建议安理会制裁非法贩卖自然资源和轻小武器的国家。① 这主要可概括为两个方面。一是向武装组织的外部支持国进行政治施压。在内战与武装冲突中，武装组织可能会向其他主权国家政府寻求资源、资金、装备、培训等援助，以增加他们维持生存、反抗本国政府的能力。② 而外部支持通常受到外国供给方（the supply side）以及武装组织接收方（the demand side）两方面因素的影响。③ 对于外国供给方而言，外部支持国政府更愿意选择资助那些有能力对目标国政权施加可靠威胁、同支持国政府偏好一致性程度更高的武装组织。武装组织接受方通常也必须放弃某些目标和战术的控制权，用来换取外部的支持。④ 因此，国际社会可以对外部支持国

---

① 联合国：《儿童与武装冲突：秘书长的报告》（A/55/163 – S/2000/712），2000 年 10 月 3 日，第 5 页，http://www.un.org/zh/documents/view_doc.asp?symbol=A/55/163。
② Idean Salehyan, *Rebels without Borders: Transnational Insurgencies in World Politics*, Ithaca, NY: Cornell University Press, 2009.
③ Idean Salehyan, Kristian Skrde Gleditsch and David E. Cunnigham, "Explaining External Support for Insurgent Groups," *International Organization*, Vol. 65, Fall 2011, pp. 709 – 735.
④ Idean Salehyan, Kristian Skrde Gleditsch and David E. Cunnigham, "Explaining External Support for Insurgent Groups," *International Organization*, pp. 715 – 717.

发起舆论、道德攻势，谴责外部支持国支持了武装组织招募和使用儿童兵、屠杀无辜平民、袭击人道主义救援人员等侵害人权行为。这些措施破坏了外部支持国的国际道义形象，对外部支持国造成政治压力和孤立，进而迫使外部支持国向武装组织施加压力和影响。例如，外部支持国在向武装冲突方提供军事、经济或政治援助时，可以将尊重和保护儿童权利作为援助条件。但是，孤立和谴责武装组织的外部支持国，可能也难以改变武装组织的行为。研究结果表明，实力中等的武装组织更有可能获得外部支持，而实力最强和实力最弱的武装组织都不大可能获得外部支持。① 实力最弱的武装组织往往缺乏强有力的领导核心与控制能力，缺乏足够的金钱、装备、培训、战斗人员，对主权国家政府构成的挑战有限。因此，外部支持国政府也不大愿意向他们提供支持，那么也就无法向实力最弱的武装组织施加影响。而实力最弱的武装组织要维持生存，最可能、最有效的手段就是掠夺当地平民、抢劫国际救援物资、强制招募和使用儿童兵补充兵源。对于实力最强的武装组织来说，他们通常不愿意受制于外部支持国政府，而外部支持国政府一般也不愿意资助无法施加有效控制的武装组织。实力最强的武装组织通常有能力抵抗政府军的打击，甚至能够将政府力量驱逐出去，控制一定的领土，并从他们控制的领土上征收税赋、招募组织成员、开采自然资源来维持其生存与军事行动。② 这样，外部支持国也无法控制和约束实力最强的武装组织，要求后者解决儿童兵问题。最后，外部支持国只能对实力中等的武装组织施加影响力和压力。然而，外部支持国为了本国的政治经济利益，很可能顶住国际舆论的压力，而不愿向实力中等的武装组织施加影响，要求他们放弃招募和使用儿童兵。即便外部支持国要求其支持的武装组织放弃招募和使用儿童兵，后者也可能抵制此压力，或者口头承诺

---

① Idean Salehyan, Kristian Skrde Gleditsch and David E. Cunnigham, "Explaining External Support for Insurgent Groups," *International Organization*, pp. 715 – 717.

② Päivi Lujala, "The Spoils of Nature: Armed Conflict and Rebel Access to Natural Resources," *Journal of Peace Research*, Vol. 47, No. 1, 2010, pp. 15 – 28.

第一章　武装组织招募和使用儿童兵：政治经济学的视角

但不采取实际行动。二是对与武装组织有着经济贸易往来的跨国公司进行舆论道德攻势、采取经济制裁，进而切断武装组织的资金、武器与贸易网络。有研究证明，武装组织的叛乱与暴力行为主要是为了垄断或控制当地资源的开采，并通过向外出口石油、木材、钻石等初级产品，谋取经济收益和购买武器。武装组织向外出口初级产品，就必然要与跨国公司或者其他国家进行贸易往来。因此，国际社会也日益关注跨国公司在解决内战与武装冲突方面所发挥的重要作用，认为跨国公司的参与能够更好地控制或减少经济贸易与内战之间的联系，阻断武装组织的贸易链、资金链与武器来源,[1] 进而迫使武装组织放弃招募和使用儿童兵。有学者认为，国际社会应协调一致，在国际政治、经济领域建立黑名单，阻止初级产品贸易的犯罪化，从而阻止武装组织轻易地获得合法的国际贸易渠道。[2] 具体措施又包括降低支持冲突的初级产品交易、监控产品的交易渠道、冻结武装组织的银行账户。例如，为了控制塞拉利昂国内武装组织对外的钻石贸易，国际社会发起了"金伯利进程"（Kimberley Process）、反对"血钻"贸易运动，加强了对钻石来源地的追踪机制，监控钻石的交易渠道。[3] 考虑到轻小武器的泛滥使得武装冲突更易于爆发、持续的时间更长，国际社会也开始遏制和禁止非法的轻小武器的交易，从而切断武装组织的武器来源。简而言之，强调跨国公司在武装冲突中的经济影响力，以及在当地冲突预防、人权、人道主义关注中的责任，为解决儿童兵问题提供了一个新的思路。但是，跨国公司的作用仍值得质疑。跨国公司是以盈利为目的的，经济利益是其行动的导

---

[1] Virginia Haufler, "Corporations in Zones of Conflict: Issues, Actors, and Institutions," in Deborah D. Avant, Martha Finnemore, and Susan K. Sell, eds., *Who Governs the Globe*? Cambridge: Cambridge University Press, 2010, pp. 102–130.

[2] Indra de Soysa, "The Resource Curse: are Civil War Driven by Rapacity or Paucity?" in Mats Berdal and David M. Malone, eds., *Greed and Grievance: Economic Agenda in Civil Wars*, London: Lynne Reinner Publishers, 2000, p. 126.

[3] 联合国：《儿童与武装冲突：特别代表的报告》（A/58/328），2003 年 8 月 29 日，第 9 页，http://www.un.org/zh/documents/view_doc.asp?symbol=A/58/328。

向。在恐将危害其自身经济利益的条件下，跨国公司通常难以对武装组织实施强硬的制裁。另外，跨国公司也没有能力彻底地解决武装冲突地区的人权侵害、腐败、不平等和不稳定问题，这也不利于儿童兵问题的解决。

对武装组织进行经济制裁也可能导致非本意后果。经济制裁可能导致当地保健和教育基础设施崩溃、经济机会减少、婴儿患病率和死亡率增加。因此，需要权衡长期制裁可能带来的好处与儿童为之付出的代价。例如，联合国秘书长曾在报告中指出，鉴于对布隆迪的区域性制裁给儿童和家庭造成了过分的不良影响，应终止这一制裁；并建议：安理会在按照《联合国宪章》第41条实施措施时，应制订一套综合办法，主要包括进行人道主义豁免、对制裁的非本意后果进行评估、采取补救措施和监测措施，以尽量减少制裁对平民，特别是儿童的非本意后果；强调制裁的对象国以及武装组织的责任，以确保他们对儿童和平民进行人道主义保护。[1]

第四，开展儿童兵解除武装、复员与重返社会进程，治疗儿童兵的战争创伤。儿童兵解除武装、复员、重返社会进程应成为战后和平协议的优先事项。这不仅有助于减少战争与武装冲突对儿童的消极影响，帮助儿童兵放下武器、重返社会、重建未来，更重要的是有助于预防战争与武装冲突的再次爆发。例如，1996年11月至1997年2月，利比里亚匆匆遣散了约2.1万名战斗人员，其中包括4300名儿童兵。尽管联合国儿童基金会和非政府组织做出了最大的努力，但给儿童兵提供的帮助很少。据统计，还有数千名利比里亚儿童兵根本没有正式复员，他们仍受到军队长官的控制，并在塞拉利昂边境一带作战。[2] 20世纪90年代中期，联合国筹集了3400万美元用于前线战斗员的解除武装、复员和

---

[1] 联合国：《儿童与武装冲突：秘书长的报告》（A/55/163 – S/2000/712），2000年10月3日，第8—9页，http://www.un.org/zh/documents/view_doc.asp?symbol=A/55/163。

[2] 联合国：《儿童与武装冲突：秘书长的报告》（A/55/163 – S/2000/712），2000年10月3日，第14页，http://www.un.org/zh/documents/view_doc.asp?symbol=A/55/163。

重返社会进程,其中仅有96.5万美元用来开展儿童兵解除武装、复员、重返社会进程。但是,在塞拉利昂内战中,有几十万名儿童兵。最后,和平进程并未充分发挥作用,大多数前儿童兵重新加入武装组织,导致塞拉利昂再次爆发内战。① 直到1999年的《洛美和平协议》(Lomé Accords)才正式承认了儿童兵,并设置了儿童兵重新安置与重返社会的特别条例。此后,儿童兵解除武装、复员、重返社会进程成为战后和平协议中的一个重要组成部分。但是,儿童兵解除武装、复员、重返社会进程有许多值得借鉴的经验与教训。

儿童兵解除武装、复员与重返社会进程以及心理创伤治疗,确实加强了对儿童兵的保护和重视,也有助于结束战争、重建和平。但是,上述举措仍存在三个问题。一是开展儿童兵解除武装、复员、重返社会进程的资金问题。开展儿童兵解除武装、复员、重返社会进程,不仅仅是让儿童兵放下武器,还需要解决儿童的经济、安全问题,提供教育、生活技能与就业培训,帮助他们重新融入当地社区,恢复正常的平民生活。这往往需要大量的资金和资源。考虑到国家战后百废待兴、经济困难,因此所需的资金和资源通常都是来自国际社会的援助。而国际社会的援助、联合国等国际组织所筹集的资金通常都是有限的。因此,儿童兵解除武装、复员和重返社会进程很可能因资金不足而中断,从而为战后社会动荡、发展停滞埋下隐患。二是时机问题。在签署停火协议,甚至是和平协议之后,联合国才能与该国政府、武装组织合作,启动儿童兵解除武装、复员、重返社会进程。这就忽视了一个重要问题,即在武装冲突过程中,如何推动与说服武装组织释放儿童兵,并不再重新招募和使用儿童兵。三是心理创伤治疗的局限性。儿童兵的心理创伤治疗更多的是在战后,或者在儿童脱离武装组织之后进行,且注重治疗手段。这也不能解决武装组织招募和使用儿童兵问题。

在内战与武装冲突中,儿童沦为武装组织袭击和招募的对象。招募

---

① Peter W. Singer, *Children at War*, New York: Pantheon Books, 2005, p.184.

和使用儿童兵不仅侵害了儿童的发展、健康权益，也不利于结束内战与武装冲突。随着国际人道法的发展，大多数国家都已停止招募和使用儿童兵。但是，诸多迹象表明，武装组织招募和使用儿童兵的现象仍然十分严重。武装组织招募和使用儿童兵有着理性的经济成本与利益计算。武装组织认为儿童兵兵源充足、价格便宜、容易控制、成本与风险很低。通过使用儿童兵，武装组织能从内战与武装冲突中攫取军事、经济、政治利益。这导致武装组织并不愿意放弃招募和使用儿童兵，也不希望结束冲突、重建和平；除非他们能从战后的和平进程中取得更多的利益，否则他们更希望持续战争与冲突状态。

但是，越来越多的武装组织表现出"非理性的行为"：放弃招募和使用儿童兵，释放儿童兵。对此"不可思议"的行为，本书大致归纳了四种解释：武力打击；法律威慑与惩罚；间接政治施压和经济制裁；开展儿童兵解除武装、复员与重返社会进程，治疗儿童兵的战争创伤。然而，上述措施都存在一定的局限性。本书认为，出于保护儿童权益的目的，国际社会、主权国家政府更需要改变思维，与武装组织就儿童兵问题进行直接对话与沟通，推动国际、国内和平进程，说服武装组织接受和遵守规范，保持行为克制。

| 第二章 |

社会性克制：武装组织行为的规范性分析

上述章节已经分析了武力打击、法律威慑与惩罚、间接政治施压和经济制裁等强硬措施的作用和局限性，本章提出了"社会性克制"概念，认为儿童兵规范的传播，有助于说服武装组织放弃招募和使用儿童兵，保持行为克制。本章分为三个部分：第一部分阐述了儿童兵规范的发展历程；第二部分评估了儿童兵规范的传播对武装组织行为的影响；第三部分对"社会性克制"的概念、特征和意义进行论述。

一、儿童兵规范的发展历程

冷战后，国家内部武装冲突的数量急剧增加，儿童日益成为武装组织袭击和招募的目标。据统计，在 20 世纪上半叶，90% 的伤亡人员是士兵。[1] 但是，在 20 世纪下半叶，近 75% 的战争伤亡人员是非战斗人员，其中儿童和妇女成为武装冲突中主要的伤亡群体。[2] 据称，全世界的军队、反叛武装、准军事团伙和民兵团伙征募了 30 万 18 周岁以下的

---

[1] Richard M. Garfield, and Alfred L. Neugut, "The Human Consequences of War," in Barry S. Levy and Victor W. Sidel, eds., *War and Public Health*, Oxford: Oxford University Press, 1997, pp. 27–38.

[2] Dan Smith, *The Atlas of War and Peace*, London: Earthscan, 2003.

儿童作为士兵参加战斗行动,[1] 有的儿童兵甚至不足10周岁。被招募的儿童兵大多数是男孩,但也有女孩。[2] 武装组织招募和使用儿童兵,对儿童的安全、发展等各项权益构成严重的侵害,引起国际社会的关注。

(一)儿童兵规范的兴起

1993年12月20日,联合国大会第48届会议通过了题为《保护受武装冲突影响的儿童》决议(第48/157号决议)。第48/157号决议请联合国秘书长加利(Boutros Boutros-Ghali)任命一位专家,在联合国人权事务高级专员办公室和联合国儿童基金会的资助下,进行一项全面的研究。该决议还要求专家在五个领域提出建议:(1)儿童参与武装冲突问题、现有标准的相关性和适当性;(2)使儿童免受武装冲突影响的预防措施;(3)改善在武装冲突中保护儿童的方式和方法;(4)防止儿童遭受地雷等杀伤性武器的伤害;(5)采取行动,帮助儿童身心康复、重返社会。[3] 按照第48/157号决议的规定,秘书长于1994年6月委派专家格拉萨·马谢尔(Graça Machel)编写武装冲突对儿童影响的研究报告。为确立武装冲突中儿童保护的优先事项,提请各国政府、决策者和舆论领袖对儿童保护问题的注意,联合国儿童基金会作为主要会议组织者,组织主权国家政府、国际组织、非政府组织、区域组织,在非洲、亚太地区、拉丁美洲以及欧洲地区召开了六次区域磋商会议。

---

[1] 联合国:《1996—2000年马谢尔审查:关于加强保护受战争影响的儿童方面取得的进展和遇到的障碍的严谨分析》(A/55/749),2001年1月26日,第12页,http://www.un.org/zh/documents/view_doc.asp?symbol=A/55/749。

[2] Chris Coulter, *Bush Wives and Girl Soldiers: Women's Lives through War and Peace in Sierra Leone*, Ithaca NY: Cornell University Press, 2009; Mary Jane Fox, "Girl Soldiers: Human Security and Gendered Insecurity," *Security Dialogue*, Vol. 35, No. 4, December 2004, pp. 465 – 479; Yvonne E. Keairns, *The Voices of Girl Child Soldiers*, Quaker UN Office, October 2002; The Coalition to Stop the Use of Child Soldiers, *Sexual Exploitation of Child Soldiers: an Exploration and Analysis of Global Dimensions and Trends*, London, 2001.

[3] 联合国:《保护受武装冲突影响的儿童》(A/RES/48/157),1994年3月7日,第3页,http://daccess-dds-ny.un.org/doc/UNDOC/GEN/N94/120/20/IMG/N9412020.pdf?Open Element。

马谢尔女士还对受到武装冲突影响的国家和地区进行实地访问，并与当地政府官员、非政府组织、儿童及其家庭成员进行了直接接触与对话。

1996年，马谢尔女士提交了具有里程碑意义的报告——《武装冲突对儿童的影响》（也称为《马谢尔报告》）。① 报告指出，当代国家内部武装冲突日益呈现出以下特征：道德真空、失去控制、混乱不堪、招募和使用儿童兵、不分青红皂白的攻击。无数儿童被卷入战争与武装冲突中，成为受害者与牺牲品。许多儿童在精心策划的大屠杀、种族灭绝中被杀害，战争与武装冲突迫使儿童流离失所、家人离散，并且遭受着饥饿、疾病、伤残甚至性暴力的折磨。最令人震惊的是，成千上万的儿童被招募参与武装战斗。儿童承担了多种任务和角色：少数儿童作为士兵直接参与敌对武装战斗，大多数儿童从事着艰苦而危险的支持性工作，例如充当搬运工、警卫、厨师、信使、间谍等角色。而被强征的女童通常需要负责做饭、伺候伤员、洗衣服，甚至被迫成为士兵的"妻子"而提供性服务。

《马谢尔报告》认为，保护儿童问题应成为国际人权、和平、安全与发展议程的优先事项，并建议国际社会采取紧急、坚决的行动，改善受武装冲突影响的儿童的处境，加强对儿童的保护和照料，预防冲突再次发生。为防止招募和使用儿童兵，马谢尔女士提出了四点建议。②

第一，正式承认儿童兵的战斗员身份和地位，开展儿童兵解除武装、复员与重返社会进程。官方应正式承认儿童兵作为战斗员的身份和地位，这是保护儿童兵权益至关重要的第一步。在和平协议以及相关文件中，应明确列入儿童兵解除武装、复员和重返社会进程的特别条款，并制订切实、有效的保护儿童的国家行动计划和方案。

第二，提高儿童兵的年龄标准，禁止强制征召。各国政府应确保尽

---

① 联合国：《武装冲突对儿童的影响》（A/51/306），1996年8月26日，http://www.un.org/zh/documents/view_doc.asp? symbol = A/51/306。

② 联合国：《武装冲突对儿童的影响》（A/51/306），1996年8月26日，第21—23页，http://www.un.org/zh/documents/view_doc.asp? symbol = A/51/306。

早、圆满地完成《儿童权利公约关于儿童卷入武装冲突问题的任择议定书》的草拟工作，将招募和参加武装斗争的年龄提高至18周岁，并为议定书的通过和生效而努力。各国政府应努力确保所有儿童拥有出生登记以及相关年龄证明的文件。各国政府还须更加密切注意征兵的方式方法，必须放弃强制招募儿童兵的做法，建立有效的监测和法律机制。

第三，发挥联合国、社区组织、非政府组织在抵制招募和使用儿童兵方面的作用。联合国、社区组织、非政府组织在监测和报告儿童兵情况、对政府当局提出建议、释放儿童兵的工作中发挥了重要的作用。例如，在危地马拉，人权问题调查组在1995年5月和6月对596个强制招募青少年的案例进行了干预，最后148名未满18周岁的儿童获释。在缅甸，在援助机构的抗议下，被强行从难民营中招募的成年男性和男童得以释放。在萨尔瓦多、危地马拉和巴拉圭，儿童兵的母亲们组成各种团体，对执政当局施加道德、舆论压力，坚决要求释放未满18周岁的儿童。

第四，规范和约束武装组织招募和使用儿童兵的行为。同政府招募和使用儿童兵相比，武装组织不大服从外部或者正式的压力。然而，各国政府和国际组织也能对武装组织施加一定影响。联合国机构、专门机构和国际民间社会行动者不仅应该同政府，还需要同武装组织开展"静悄悄的外交活动"（quiet diplomacy），向他们宣传儿童兵规范以及儿童兵复员的必要性，促使他们遵守国际规范与规则，开展儿童兵解除武装、复员和重返社会进程。此外，当各国政府批准适用于国内冲突的国际人道主义公约后，国际法便可对招募和使用儿童兵的武装组织追究责任。

《马谢尔报告》广泛而全面地分析了武装冲突对儿童的影响，这不仅引起了国际社会对受战争影响的儿童，尤其是对儿童兵问题的关注，也促使主权国家政府、国际组织、非政府组织等行为体采取实际行动保护儿童。

（二）儿童兵及其规范的界定

在《马谢尔报告》后，国际社会开展了有关儿童兵问题的讨论。但是，国际社会对儿童、儿童兵的年龄以及征募标准一直存在争议。

根据《儿童权利公约》对儿童的界定，《马谢尔报告》将儿童兵界定为未满18周岁、被征募入伍并卷入武装冲突的人。儿童在军队中发挥了支持性作用，扮演了炊事员、搬运工、通信员和间谍等角色，但越来越多的儿童直接参与了武装斗争。[1] 2000年，马谢尔女士进一步明确了儿童兵的年龄标准、招募团体、招募方式以及扮演的角色，认为儿童兵是指18周岁以下的男孩或女孩，义务、强行或自愿被武装部队、准军事部队、民防单位或其他武装组织征募，参与敌对行动。儿童兵成为战斗人员、强迫"妻子"、通信员、搬运工和炊事员。[2] 但是，有学者认为"儿童兵"一词没有准确地抓住儿童卷入战争的现实，且该术语本身就存在问题。首先，"儿童兵"包含了"儿童"与"士兵"两个概念，而这两个概念本身就存在争议。《儿童权利公约》将"儿童"定义为18周岁以下的人。也就是说，18周岁是区分儿童与成人的标准。但是，对"儿童"的界定仍存在争议。不同文化与社会群体对儿童的界定也不同。单独以年龄来定义儿童不仅反映了西方根植于生物医学理论的偏见，[3] 而且忽视了文化、社会、经济、性别、阶层以及其他身份要素。[4] 例如，在非洲，成人与儿童之间的年龄界线相对模糊，而战争与武装冲突更是模糊了儿童与成人的社会角色与分工。首先，"士兵"通

---

[1] 联合国：《武装冲突对儿童的影响》（A/51/306），1996年8月26日，第17—24页，http：//www.un.org/zh/documents/view_doc.asp? symbol = A/51/306。

[2] 联合国：《1996—2000年马谢尔审查：关于加强保护受战争影响的儿童方面取得的进展和遇到的障碍的严谨分析》（A/55/749），2001年1月26日，第12页，http：//www.un.org/zh/documents/view_doc.asp? symbol = A/55/749。

[3] Yvonne Kemper, *Youth in War to Peace Transitions*, Berlin: Bergh of Research Center for Constructive Management, 2005.

[4] Jo Boyden and Deborah Levinson, "Children as Economic and Social Actors in the Development Process," *Working Paper 1*, Stockholm: Expert Group on Developmental Issues, 2000, p. 28.

常是指在战斗中穿着制服、受到了充分军事训练的人。但是，这与儿童兵的现实情况不符。整体上说，在国内武装冲突中，充斥武装组织各阶层的儿童兵并没有得到充分的军事训练以及良好的武器装备。其次，"儿童兵"压缩了儿童卷入战争暴力的悖论，尤其是模糊了儿童的"无辜"同战争残酷性与暴力之间的建构意义。大量的儿童被强制招募或者被迫入伍，甚至在武装部队或者武装组织的恐吓与胁迫下参与抢劫与杀戮。因此，儿童兵应被看成是暴力和暴行的受害者，需要加强对他们的保护。最后，"儿童兵"概念没有充分地表达儿童对当代战争的积极贡献，这意味着他们仍处在边缘地位，在战时承担支持性角色的儿童可能被排除在战斗员解除武装、复员与重返社会进程之外。①

尽管对"儿童兵"概念的界定还存在许多争议，但是国际社会正在尽力调和各国文化风俗之间的分歧，努力将招募和使用士兵的年龄提升至18周岁，保护儿童发展、教育等基本权利。2007年，联合国儿童基金会在报告中对"儿童兵"进行了界定：任何不满18周岁的，在任何情况下被武装部队或者武装组织招募或使用的人，这包括男童与女童，被用做战斗者、炊事员、信差、通信员、间谍或者提供性服务。②"儿童兵规范"是指，禁止武装部队或者武装组织招募和使用未满18周岁的儿童直接参与敌对武装斗争，或者承担了诸如炊事员、信差、通信员、间谍、提供性服务等支持性任务。无论儿童是自愿应征入伍还是被强制招募，武装部队或者武装组织招募未满18周岁的儿童入伍，都是不人道的、非法的。儿童兵应被视为受害者，在和平谈判、和平协议议程中应优先考虑和保护他们的权利。

国际社会还应采取积极措施，促使武装部队和武装组织释放儿童

---

① Myriam S. Denov, *Child Soldiers: Sierra Leone's Revolutionary United Front*, Cambridge: Cambridge University Press, 2010, pp. 2 – 3.

② UNICEF, *The Paris Principles: Principles and Guidelines on Children Associated with Armed Forces or Armed Groups*, 2007, p. 7, http://www.un.org/children/conflict/_documents/parisprinciples/ParisPrinciples_EN.pdf.

兵，承认他们战斗员的身份，并在解除武装、复员和重返社会进程以及心理创伤治疗方面关注儿童的独特需求。已有研究归纳和总结了在儿童兵解除武装、复员和重返社会进程中诸多值得借鉴的经验和教训，包括：（1）单独开展儿童兵解除武装、复员、重返社会进程，关注儿童发展的独特需求；（2）注重性别平等，尤其是关注女孩、妇女的特殊情况与需求；（3）以儿童兵重新融入社会为核心；（4）在停火协议后立即启动儿童兵解除武装、复员、重返社会进程，并且推动在武装冲突过程中将儿童兵从武装组织中解救出来，帮助其复员与重返平民生活；（5）强调解除武装、复员、重返社会进程中协调的重要性；（6）教育、职业技能培训、增加就业机会对儿童兵重返社会具有深远的意义；（7）建立临时照顾中心，为儿童兵与家人团聚、重返社会做准备；（8）尽量避免直接现金支付儿童兵，应更多地提供基本生活物资与技能培训；（9）加强对儿童的保护，防止招募以及重新招募；（10）重视儿童在社会重建、和平建设中的参与作用。① 在治愈儿童兵心理创伤、帮助儿童兵重返社会时，家庭、社区、同龄人、教育、宗教仪式、当地文化、国际社会支持发挥着重要的作用。其中，净化仪式（cleansing rituals）、社区仪式（community rituals）、敬畏先祖灵魂（honoring the ancestral spirits）、安置死者不安的灵魂（setting the unquiet spirits of the dead）等传统仪式具有重要的意义和作用。② 此外，构筑系统性预防战略，加强家庭、社区、社会的能力建设以及国际层面的努力，统筹法律、政治、经济、社会、文化以及社会心理等范畴与资源，有助于防止儿童兵的招募与重新招募。③

---

① Michael G. Wessells, *Children Soldiers: From Violence to Protection*, Cambridge, MA: Harvard University Press, 2006, pp. 179 - 180.

② Alcinda Honwana, *Child Soldiers in Africa*, Philadelphia: University of Pennsylvania Press, 2006, pp. 104 - 134.

③ Michael G. Wessells, *Children Soldiers: From Violence to Protection*, Cambridge, MA: Harvard University Press, 2006, pp. 233 - 257.

（三）规范的制度化

1. 保护儿童问题列入安理会的报告和决议

安理会第 1460 号决议（2003）规定，在提交给安理会的所有关于具体国家局势的报告中，保护儿童问题应列为一个具体内容。2003 年 7 月，儿童与武装冲突问题特别代表办公室、维持和平行动部和政治事务部向联合国所有维持和平行动参与方发出一份联合备忘录，要求执行这项规定。此后，秘书长每年向安理会提交儿童与武装冲突的年度报告，安理会也每年通过相关保护儿童权益的决议。此外，儿童保护问题也是轻型武器、保护平民与妇女、维持和平与安全、防止武装冲突主题报告的重要内容之一。

2. 制定国际条约

为保护儿童权益，国际社会制订了一系列国际条约来加强武装冲突方保护儿童的义务，禁止招募和使用儿童兵。《1949 年日内瓦四公约》规定：各缔约国在平时，冲突各方在战事开始后，在其领土内，并于必要时在占领地内，设立医院及安全地带与处所，加以适当的组织，保护 15 周岁以下儿童免受战争影响，且不得妨碍惠及 15 周岁以下儿童关于食品、宗教、教育、收养、收容等措施的实施。[1]《1949 年日内瓦四公约关于保护国际性武装冲突受难者的附加议定书（第一议定书）》在第 77 条对儿童的保护中规定，冲突各方应采取一切可能措施，使 15 周岁以下的儿童不直接参加敌对行动，特别是不应征募其参加武装部队。冲突各方在征募 15 周岁以上但不满 18 周岁的人时，应尽力优先考虑年龄最大者。[2]《1949 年日内瓦四公约关于保护非国际性武装冲突受难者的附加议定书（第二议定书）》在第 4 条第 3 款中规定，不应征募未满 15

---

[1] 联合国：《1949 年日内瓦四公约》，http://www.un.org/chinese/documents/decl-con/geneva_civilians.htm。

[2] 联合国：《1949 年日内瓦四公约关于保护国际性武装冲突受难者的附加议定书（第一议定书）》，http://www.un.org/chinese/documents/decl-con/geneva_protocol_1.htm。

周岁的儿童参加武装部队或武装组织，也不应准许其参加敌对行动。①《儿童权利公约》（1989）的生效赋予了儿童在政治上的优先地位，其中第38条规定：（1）在武装冲突中，缔约国尊重并确保尊重国际人道主义法律有关儿童的规则；（2）缔约国应采取一切可行措施确保未满15周岁的儿童不直接参加敌对行动；（3）缔约国应避免招募任何未满15周岁的儿童加入武装部队；在招募已满15周岁但未满18周岁的儿童时，缔约国应首先考虑年龄最大者；（4）国际人道主义法规定了缔约国在武装冲突中保护平民的义务，缔约国应采取一切可行措施保护、照料受武装冲突影响的儿童。② 1997年《开普敦原则》（Cape Town Principles）规定，应采取行动阻止非法招募未满18周岁的儿童加入武装部队或者武装组织，停止使用和释放儿童兵，并为他们重返家庭、社区和平民生活提供保护和支持。③《国际刑事法院罗马规约》（1998）规定，在国际性武装冲突或者非国际性武装冲突中，征募不满15周岁的儿童加入政府武装部队或武装组织，或利用他们积极参与敌对行动，将构成战争罪。④《国际劳工组织关于禁止和立即行动消除最恶劣形势的童工劳动的第182号公约》（1999）明确规定，最有害的童工形式包括强迫或强制招募未满18周岁的儿童参与武装冲突。⑤《非洲儿童权利与福利宪章》于1999年11月生效，这也是第一个明确禁止招募和使用儿童兵的

---

① 联合国：《1949年日内瓦四公约关于保护非国际性武装冲突受难者的附加议定书（第二议定书）》，http：//www.un.org/chinese/documents/decl-con/geneva_protocol_2.htm。

② 联合国：《儿童权利公约》，http：//www.un.org/chinese/esa/social/youth/children.htm。

③ UNICEF, Cape Town Principles and Best Practices, April 1997, http：//www.unicef.org/chinese/emerg/files/Cape_Town_Principles（1）.pdf。

④ 联合国：《国际刑事法院罗马规约》，http：//www.un.org/chinese/work/law/Roma 1997.htm。

⑤ 国际劳工组织：《国际劳工组织关于禁止和立即行动消除最恶劣形势的童工劳动的182号公约》，第2页，http：//www.ilo.org/ilolex/chinese/docs/conv182.pdf。

区域条约。该宪章规定，18周岁为一切招募和参与战斗行动的最低年龄。① 《儿童权利公约关于儿童卷入武装冲突问题的任择议定书》（2000）在第1、2条规定，缔约国应采取一切可行措施，确保不满18周岁的武装部队成员不直接参加敌对行动，不被强制招募加入武装部队，并在第3条中呼吁缔约国提高个人自愿应征加入本国武装部队的最低年龄。《儿童权利公约关于儿童卷入武装冲突问题的任择议定书》还严重关切并谴责非国家武装部队或武装组织在国境内外招募、训练和使用儿童参加敌对行动，并确认在这方面招募、训练和使用儿童的人所负的责任，且在第4条第1款规定：非国家武装部队或者武装组织在任何情况下，均不得招募或在敌对行动中使用不满18周岁的人。②

在国际社会的努力下，儿童兵规范日益制度化，并越来越具有实际的法律效力。许多国家签署和批准了上述国际条约，并在国内法中明确禁止强制招募和使用不满18周岁的人参与国家武装部队。儿童兵规范的制度化、法制化也日益督促武装组织遵守儿童兵规范、保护儿童权益。③

二、国际社会与儿童保护

武装组织招募和使用儿童兵的暴力行为不仅侵犯了儿童的权益与安全，还严重地破坏了当地的经济发展与政治稳定。发展停滞、政局动荡、社会保障缺失，又会引发更多的暴力与武装冲突。为保存和扩大实力，武装组织需要招募更多的儿童兵，抢夺更多的食物、金钱，进而使

---

① OAU, *African Charter on the Rights and Welfare of the Child*, 1990, http://www.africa-union.org/Official_documents/Treaties_%20Conventions_%20Protocols/A.%20C.%20ON%20THE%20RIGHT%20AND%20WELF%20OF%20CHILD.pdf.

② 联合国：《儿童权利公约关于儿童卷入武装冲突问题的任择议定书》，第199—200页，http://www.un.org/chinese/hr/issue/docs/26.PDF。

③ 颜琳：《武装组织规范学习的动力与进程研究》，《世界经济与政治》2015年第8期，第106—126页。

得当地的冲突局势恶化、持续。这样，就形成了"冲突—招募—冲突"的恶性循环。为保护受武装冲突影响的儿童，说服武装组织放弃招募和使用儿童兵，联合国等国际组织作为国际规范的倡导者与传播者，采取了诸多举措，呼吁和敦促武装组织加强对儿童的保护。

（一）战略宣传、实地访问和谈判

自1990年世界儿童问题首脑会议召开以来，联合国就不断努力，希望国际社会能够关注武装冲突局势中儿童的悲惨境遇。1996年8月，联合国安全理事会第一次举行了关于武装冲突中儿童的介绍会，而《马谢尔报告》的发表，引起了国际社会对受武装冲突影响的儿童的重视。按照《马谢尔报告》的建议，1997年12月，联合国大会在第51/77号决议中决定设立儿童与武装冲突问题特别代表职位。儿童与武装冲突问题特别代表的任务是：（1）提高人们对受武装冲突影响的儿童状况的认识，加强在全球、区域和国家各级对招募和使用儿童兵的情报的收集、研究、分析和传播；（2）鼓励开发保护网络和交流经验，促使采取旨在改善儿童状况的措施以及加强为此目的所采取的行动；（3）增强国际合作，以确保在武装冲突形势下对儿童权利的尊重；（4）促进、协调各国政府、联合国机构、专门机构及其他主管机构的工作，其中还包括非政府组织、区域组织、特别报告员、工作组以及联合国的外勤业务。①

作为数以百万计受武装冲突影响的儿童的公共代表和道德发言人，特别代表的作用是：（1）提高人们的认识，并动员国际社会采取行动；（2）提出倡议，并促使关键行动者保护受战争影响的儿童；（3）在武装冲突期间，推动保护儿童的国际规范和传统价值体系建设；（4）提出具体倡议，在战争期间保护儿童，并促使武装冲突各方在这方面做出明确的承诺；（5）使儿童的保护问题成为和平进程、和平行动以及和

---

① 联合国：《武装冲突对儿童的影响》（A/51/306），1996年8月26日，第87—88页，http://www.un.org/zh/documents/view_doc.asp? symbol = A/51/306。

平建设议程的优先关切问题。①

随后,联合国进一步明确了儿童与武装冲突问题特别代表的角色:(1) 倡导者,树立对遭受战争蹂躏的儿童需求的意识;(2) 催化者,提出加强对战争中儿童保护的想法和方法;(3) 召集人,召集联合国内外的主要行为者,形成更一致和更有效的反应能力;(4) 调解人,采取人道主义和外交手段解除政治困境。

联合国秘书长还授权儿童与武装冲突问题特别代表开展以下三项工作:(1) 掌握相关信息,主要包括在武装冲突中加强对儿童保护所取得的进步和遇到的困难的信息收集;(2) 重视并加强有关受武装冲突影响的儿童困境的资料收集;(3) 鼓励开发对话网络、加强国际合作,以确保对受武装冲突影响的儿童的保护和重新安置。

2006年,联合国设立了儿童与武装冲突问题特别代表办公室,并确定了其战略目标:(1) 支持终止严重侵犯受武装冲突影响儿童行为的全球倡议;(2) 促进以权利为基础的方法保护受武装冲突影响的儿童;(3) 使儿童和武装冲突问题成为维持和平、建设和平的组成部分;(4) 通过研究确定新的趋势和战略来保护儿童;(5) 确保政治和外交对有关儿童与武装冲突倡议的参与;(6) 提高其他所有有关儿童与武装冲突问题的全球意识。

1998—2005年,奥图诺先生担任儿童与武装冲突问题特别代表。为开展和动员保护受战争影响儿童的世界运动,奥图诺先生不仅吸引了世界媒体去关注非洲的儿童兵问题,还采取了若干重大的创新行动,包括将保护儿童列入联合国安全理事会议程、制订一整套保护儿童的准则和标准、在《国际刑事法院罗马规约》中列入专门针对儿童的战争罪、设立儿童问题保护顾问、制订"黑名单"、建立监测和报告机制、确立"落实的时代"。为向武装组织宣传儿童兵规范,终止其招募和使用儿童兵现象,奥图诺先生实地访问了仍处于冲突局势中或者正在恢复的国

---

① 联合国:《儿童与武装冲突:特别代表的报告》(A/55/442),2000年10月3日,第5页,http://www.un.org/zh/documents/view_doc.asp?symbol=A/55/442。

家，例如刚果民主共和国、塞拉利昂、斯里兰卡和哥伦比亚，并与武装组织以及主权国家政府进行接触与谈判。这些实地访问和谈判不仅有助于直接了解受武装冲突影响的儿童的状况，获得武装组织关于放弃招募和使用儿童兵的承诺，完善日后的保护措施与宣传方案，还为联合国行动者同武装冲突各方开展和平对话、制订行动计划、释放儿童兵奠定了基础。

2006年，拉迪卡·库马拉斯瓦米（Radhika Coomaraswamy）女士就任儿童与武装冲突问题特别代表。2010年5月，库马拉斯瓦米女士发起全球批准"18周岁以下零征募"运动。库马拉斯瓦米女士实地访问了乌干达、斯里兰卡、苏丹、布隆迪、刚果民主共和国、黎巴嫩、以色列以及巴勒斯坦地区、缅甸、科特迪瓦、伊拉克、乍得、中非共和国、阿富汗、尼泊尔、菲律宾、南苏丹、索马里、肯尼亚等国家和地区。在实地访问过程中，库马拉斯瓦米女士同武装组织、政府代表、国际媒体、儿童与青年、非政府组织、当地民间团体积极进行接触，旨在建立广泛的合作联盟和全球共识，使人们意识到在冲突中和冲突后都需要保护儿童。库马拉斯瓦米女士还建议采取监测和报告、宣传、研究、工作中合作、协调、纳入主流等战略，① 以促进儿童与武装冲突问题特别代表办公室与武装组织、联合国伙伴、会员国、非政府组织和民间社会团体之间的密切协商。为避免招募和使用儿童兵，库马拉斯瓦米女士呼吁会员国：（1）确保执行禁止招募儿童的法律，加强社区保护儿童机制，制订就业和创收方案以及提供教育服务等预防性战略，并在执行预防性战略过程中向各国政府提供官方发展援助；（2）呼吁各国签署、批准和加入《儿童权利公约关于儿童卷入武装冲突问题的任择议定书》，并规定其允许自愿应征加入本国武装部队的最低年龄为18周岁；（3）鼓励会员国继续支持将儿童保护纳入联合国特派团和总部各项活动的主

---

① 联合国：《儿童与武装冲突问题特别代表办公室的战略计划》，http：//www.un.org/chinese/children/conflict/strategicplan.html。

流，并推动酌情授权向维持和平行动和政治特派团及时设立儿童保护顾问。①

2012年9月，莱拉·泽鲁居伊（Leila Zerrougui）女士就任儿童与武装冲突问题特别代表。任职后，泽鲁居伊女士积极进行实地访问，同武装冲突当事方进行对话，争取其做出具体承诺，签署行动计划。2014年3月6日，泽鲁居伊女士与儿童基金会一起推出了"儿童不是士兵"运动，安理会第2143（2014）号决议于3月7日核准了该运动的目标。"儿童不是士兵"运动的目的是，确保各国政府武装部队在2016年底前终止招募和使用儿童兵，具体包括8个招募和使用儿童兵的国家政府：乍得、阿富汗、刚果民主共和国、缅甸、索马里、南苏丹、苏丹和也门。除了苏丹，其余7个国家已签署或者再次承诺落实行动计划。此外，"儿童不是士兵"运动虽然侧重于国家行为体，但是其最终目标是确保儿童在任何时候、任何地点都与武装冲突当事方没有任何联系。因此，这一运动也非常重视同武装组织等非国家行为体进行接触和对话，并根据其军事结构、规模、行动方式和其他特征确定具体的宣传与接触战略，制订具体的行动计划，督促其学习儿童兵规范，遵守国际人权和国际人道主义法。虽然联合国与武装组织的接触十分有限，且面临进入有限、意识形态差异、武装组织缺乏与联合国接触的动力和政治意愿、内部缺乏指挥系统和明确的领导结构等挑战，但是特别代表努力采用多维度方法，除了通过包括会员国在内的国际社会向武装组织施加政治和经济压力、采取制裁等强硬措施外，更加注重同愿意就儿童保护问题进行接触的武装组织进行互动，力争说服他们履行国际法规定的各项义务，做出停止招募和使用儿童兵的承诺并签署行动计划，以杜绝侵害儿童权益的行为。截至2015年12月28日，特别代表在向人权理事会提交的报告中通报了联合国同哥伦比亚、苏丹、缅甸、中非共和国、菲律

---

① 联合国：《儿童与武装冲突：特别代表的报告》（A/67/256），2012年8月6日，第15页，http://www.un.org/ga/search/view_doc.asp?symbol=A/67/256&Lang=C&Area=UN-DOC。

宾境内相关武装组织进行的接触以及取得的进展。①

（二）建立伙伴关系，推动行动议程

联合国实体机构及其伙伴间的协调、合作与努力对保护受武装冲突影响的儿童，终止招募和使用儿童兵具有重要作用。作为儿童与武装冲突问题的倡导者、催化者、召集人和调解人，儿童与武装冲突问题特别代表及其办公室如要顺利开展工作，需要同联合国儿童与武装冲突问题工作队的组成机构（包括儿童基金会、维持和平行动部、政治部、法律事务厅、人权事务高级专员办公室、人道主义援助协调办公室、联合国妇女发展基金、裁军部、非洲问题特别顾问办公室、妇女地位委员会、联合国难民事务高级专员公署、联合国开发计划署、国际劳工组织）就机构任务、职责分工进行讨论和协调，并建立良好的合作伙伴关系，进而推动保护儿童的行动议程。此外，联合国的这些机构加强同会员国、非政府组织之间的交往和协商，对于推动行动议程、提高全球保护意识也很重要。

在联合国实体各机构以及非政府组织的共同努力下，保护儿童工作取得了重要进展。1998年5月，人权观察、大赦国际等非政府组织积极合作，成立了停止使用儿童兵联盟（the Coalition to Stop the Use of Child Soldiers）。② 停止使用儿童兵联盟与有着相同想法和理念的主权国家政府合作，采取了发表报告、发起运动、进行干预、建立伙伴关系等措施向招募和使用儿童兵的武装部队和武装组织施压，制造一种将每个未满18周岁的儿童从军队中清除出去的紧迫感，要求他们停止招募和使用儿童兵。作为全世界宪兵队和军队的榜样，联合国于1998年10月规定18周岁是征募联合国维持和平人员的最低年龄限度，并建议联合

---

① 联合国：《儿童与武装冲突：特别代表的年度报告》（A/HRC/31/19），2015年12月28日，第10—11页，https：//documents-dds-ny.un.org/doc/UNDOC/GEN/G15/292/71/PDF/G1529271.pdf?OpenElement。

② 现已更名为儿童兵国际联盟（Child Soldiers International，CSI）。

国维持和平人员的最低年龄要求最好是21周岁,民事警察和军事观察员不得低于25周岁。1999年7月,保护儿童的特别条款纳入塞拉利昂《洛美和平协定》;10月,保护儿童问题纳入联合国刚果民主共和国特派团的任务。2000年8月,保护儿童和妇女的特别条款纳入《布隆迪和平与和解协议》。2000年9月10—17日,为纪念《儿童权利公约》生效10周年,加拿大在马尼托巴省（Manitoba）温尼伯市（Winnipeg）主办了关于受战争影响的儿童的国际会议,这也是第一次专门讨论受战争影响的儿童问题的国际政府间会议。温尼伯会议审查了自1996年《马谢尔报告》提出以来国际社会在保护受战争影响的儿童方面所取得的进展,通过了《1996—2000年马谢尔审查》,还鼓励各国政府通过《受战争影响的儿童国际议程》,从而为指导国际社会保护受战争影响的儿童提供了一个行动框架。2006年,儿童与武装冲突问题特别代表和儿童基金会联合对《马谢尔报告》进行战略审查,并建议在四个领域扩大行动:(1)实现普遍执行保护儿童的国际规范和标准,以之作为优先事项,终止有罪不罚现象;(2)把关心和保护武装冲突中的儿童放在优先位置;(3)加强能力建设、发展伙伴关系;(4)预防冲突、建设和平。[1] 2010年,儿童与武装冲突问题特别代表联合暴力侵害儿童问题特别代表办公室、儿童基金会、联合国人权事务高级专员办公室共同发起了普遍批准《儿童权利公约关于儿童卷入武装冲突问题任择议定书》运动（又称为"18周岁以下零征募"运动）。截至2015年12月,已有162个国家批准了《儿童权利公约关于儿童卷入武装冲突问题任择议定书》。[2]

---

[1] 联合国:《儿童与武装冲突:特别代表的报告》(A/62/228), 2007年8月13日, 第27—34页, http://www.un.org/zh/documents/view_doc.asp? symbol=A/62/228。

[2] 联合国:《儿童与武装冲突:特别代表的年度报告》(A/HRC/31/19), 2015年12月28日, 第12页, https://documents-dds-ny.un.org/doc/UNDOC/GEN/G15/292/71/PDF/G1529271.pdf? OpenElement。

（三）点名与羞辱、纳入主流、实施制裁

联合国及其相关实体仍在继续努力，加大对招募和使用儿童兵等六种严重侵犯儿童权益的行为进行点名与羞辱，把与儿童和武装冲突有关的问题纳入各自政策、优先事项和解决方案的主要考虑范畴，并在此基础上实施有针对性的制裁措施，以最终保护儿童的发展与安全。

联合国通过点名与羞辱的方式，从道德、舆论层面对招募和使用儿童兵的国家武装部队和武装组织施加压力，明确表达国际社会的意志，促使他们接受和遵守儿童兵规范。联合国安理会第1379号决议（2001）第16段要求，在讨论可能威胁国际和平与安全的武装冲突时，秘书长应在提交安理会的报告中列出一份关于招募或使用儿童兵的武装冲突当事方名单。[①] 应此要求，秘书长在2002年11月向安理会提交的报告中列出了招募和使用儿童兵的武装冲突当事方，随后每年的报告中都附有相关名单。出于维护自身国际声誉和形象的考虑，被点名的国家及其武装部队在一定程度上会调整态度和立场，配合联合国的行动倡议，采取措施释放儿童兵。相比较而言，通过点名与羞辱督促武装组织接受儿童兵规范可能面临更大的挑战。但是，的确出现了一种新的趋势，即越来越多的武装组织发表公开声明和指挥令，承诺放弃招募和使用儿童兵，遵守国际规范和尊重人权。

将儿童与武装冲突问题纳入联合国系统活动和联合国各实体事务的主流，是确保切实遵守儿童保护标准和准则、终止招募和使用儿童兵现象的一个核心战略。安理会在儿童与武装冲突问题上的参与和支持，大大提高了儿童保护问题在国际和平与安全议程中的重要性与政治合法性，进而改进保护儿童的努力和行动。为保护处于冲突局势中的儿童，联合国安理会通过了一系列决议。联合国各有关实体也采取了具体措施，确保将儿童与武装冲突问题系统地纳入各自机构、部厅和当地的主

---

① 《联合国安全理事会第1379（2001）号决议》，2001年11月20日，http://www.un.org/ga/search/view_doc.asp?symbol=S/RES/1379(2001)&Lang=C&Area=UNDOC。

流，并在各自任务范围内处理武装冲突中的儿童保护问题时加强相互间的合作与协调。例如，儿童基金会、儿童与武装冲突问题特别代表办公室共同主持监测和报告机制指导委员会，并为执行该机制的国家和其他受冲突影响的国家提供技术支助和指导；联合国人权事务高级专员办公室在维和特派团中部署了人权监察员，定期审查有关受武装冲突影响的儿童问题；联合国难民事务高级专员公署拟定和推出了《年龄、性别和多样性主流化战略》，其中规定将禁止招募和使用儿童兵等儿童保护和儿童权利条款纳入难民署各项预防方案和应对措施的主流。目前，纳入主流的行动已经产生了显著进展。武装冲突各方之间已经达成一些正式、非正式的行动计划，以查明和释放儿童兵，并防止再次招募。许多儿童兵因此获释，重新融入社会生活。

为消除侵害儿童罪行施行者不受惩罚的现象，联合国安理会通过了一系列决议，决定加强对此问题的关切，并准备采取相应的制裁措施。一般而言，相关会员国有责任消除有罪不罚现象，通过国家司法系统和酌情通过国际司法机制以及混合刑事法院和法庭，将被指控在武装冲突中犯有侵害儿童罪行的人绳之以法。但是，鉴于相关国家消除有罪不罚现象的政治意愿与司法能力不强，联合国安理会也开始考虑对"黑名单"上的"惯犯"进行制裁。联合国安理会第1539号决议（2004）、第1612号决议（2005）、第1882号决议（2009）、第1998号决议（2011）、第2068（2012）以及第2143号决议（2014）都强调，要对严重侵犯儿童行为的屡"惯犯"采取有针对性、有区别的措施，并考虑在设立、修改或者延长有关制裁制度的任务规定时，对从事违反关于武装冲突中儿童权利与保护适用国际法的武装冲突各方做出规定。

为禁止武装组织招募和使用儿童兵，强调武装组织保护受武装冲突影响儿童的义务，联合国主要采取了以下三项措施：战略宣传、实地访问和谈判；建立伙伴关系，推动行动议程；纳入主流，点名与羞辱，实施制裁。这些措施不仅包括羞辱和制裁等强硬措施，也越来越重视对话和谈判等柔性措施的作用。接下来需要考察的问题就是：在这些措施中，哪些措施能更有效地促使武装组织放弃招募和使用儿童兵？为什么有的武装组织接受了儿童兵规范，保持行为克制，而有的武装组织仍在招募和使用儿童兵呢？

三、社会性克制：概念界定与辨析

本章提出了"社会性克制"概念，认为武装组织放弃招募和使用儿童兵的行为是儿童兵规范传播以及自我克制的共同结果。本章仅对"社会性克制"的概念、特征和意义进行论述，而有关儿童兵规范的传播与武装组织社会性克制的理论论证将在第三章中展开。

（一）概念界定

社会性克制是指，有能力、有意愿招募和使用儿童兵的武装组织放弃招募和使用儿童兵，接受国际人道主义规范，保持自我行为克制。

在此，需要对社会性克制与强制性克制进行区分和说明。强制性克制遵循的是后果性逻辑。武力打击、法律威慑和制裁、间接的政治与经济施压是比较强硬的措施，它们也有可能迫使武装组织放弃招募和使用儿童兵。例如，政府军彻底地摧毁和消灭了武装组织的军事实力，结束武装冲突，这也就解决了儿童兵问题。然而，这存在一个前提条件，就是武装组织被消灭了。如果武装组织没有被彻底消灭，那么他们仍会继续招募和使用儿童兵。而法律威慑和制裁要发挥作用，同样需要考虑一个前提条件，就是需要逮捕和审判武装组织的领导人。如果无法抓捕到武装组织的领导人，法律很难发挥其作用。在外部支持国和跨国公司的政治与经济施压和制裁之下，武装组织也可能做出放弃招募和使用儿童兵的决定。一旦外部支持国和跨国公司停止同武装组织的政治与经济往来，或者武装组织不满意他们的压力和援助，那么武装组织很快就会肆意妄为。简而言之，强制性克制是武力消灭、战略计算、物质利诱的结果，一旦外部压力消失或者减弱，武装组织通常会伺机反抗，招募和使用更多的儿童兵。

　　社会性克制遵循的是恰当性逻辑。从社会化的角度来说，武装组织的社会性克制是已有规范和规则有目的、有意识的传播与内化的结果。但是，武装组织的社会化与国家社会化并不完全相同。国家的社会化是新兴国家参与国际体系和国际制度，形成新的身份，建构新的国家利益。[①] 而衡量国家新身份或者国家获得国际社会承认的标准通常是国家加入了某个重要的国际组织、签署了某项重要的国际条约，或者获得了重要国家的认可，进而按照国际组织、国际条约和重要国家制订的国际规则和章程行事。然而，武装组织的社会化并不是加入了某个重要的国际组织、签署了某项重要的国际条约，或者获得了重要国家的认可。换言之，国际规范向武装组织传播的结果不是改变武装组织非国家行为体的身份，而是说服武装组织接受和遵守国际规范，保持行为克制。

　　武装组织的社会性克制应同时具备三个基本要素。第一，武装组织有招募和使用儿童兵的能力与意愿。能力是指武装组织拥有招募儿童兵的手段、途径与资源。通过使用暴力、以暴力相威胁、经济利诱、蛊惑宣传等手段，武装组织能够招募到其所需的儿童兵，并利用儿童兵参与敌对战斗或者从事其他与武装冲突相关的支持性工作。意愿是指武装组织有动机去招募和使用儿童兵。随着武装冲突的持续，武装组织希望以尽可能低廉的价格甚至零成本招募和使用儿童兵，以弥补成人战斗力的消耗，保持甚至扩充武装队伍，维持战斗实力。换言之，在武装冲突期间，武装组织要么已经或者正在招募和使用儿童兵，要么就有着非常强烈的政治、经济动机去招募和使用儿童兵。只有当武装组织表现出上述行为或者动机时，后来再放弃招募和使用儿童兵的行为和动机，才能算

[①] 国家行为体也可能将自身的规范、规则上传到国际层面，影响国际社会，并促进形成新的、为国际社会所接受的规范和制度。在一定程度上，国家与国际体系的互动呈现出双向社会化的实践逻辑。朱立群："中国与国际体系：双向社会化的实践逻辑"，《外交评论》2012年第1期，第13—29页；朱立群、林民旺等：《奥运会与北京国际化——规范社会化的视角》，世界知识出版社2010年版，第17页。

做一种克制性行为。

第二,儿童兵对武装组织具有重大的经济与政治意义。在当代武装冲突中,武装组织的成员一般可以分为两个部分:成人与儿童。成人在武装组织中往往成为领导者或者管理者,领导或者控制着下属,其中通常有很大一部分是儿童。儿童也是武装组织的一个重要组成部分,起着不可或缺的作用。一方面,儿童兵往往价格低廉,甚至在暴力与恐吓下不敢要求支付薪水。另一方面,儿童具有非常强的可塑性,可承担多项工作,例如直接参加武装战斗,或者承担搬运工、炊事员、信差、提供性服务等支持性工作。此外,武装组织也越来越倾向于招募和使用儿童从事危险的军事任务,或者操纵和迫使儿童进行杀戮与抢劫。鉴于儿童兵对武装组织的经济、政治意义,只有当武装组织承诺不再招募和使用儿童兵时,该行为才具有自我克制意义。

第三,采取实际行动释放儿童兵,且得到联合国的核实与确认。武装组织在做出放弃招募和使用儿童兵的承诺后,还应采取实际行动释放组织内部的儿童兵,且该行为得到联合国的核实与确认。有些武装组织表面上承诺放弃招募和使用儿童兵,但是背后仍在招募和使用儿童兵。可以说,这种承诺是虚假的、没有实际意义的。社会性克制行为表现在,武装组织采取切实、有效的行动履行承诺,释放组织内的儿童兵。随后,允许联合国进入武装组织部队进行监督与核实,而不是阻扰或者拒绝联合国的监督与核实行动。联合国核实与确认了武装组织至少在一个监测和报告期内不存在招募和使用儿童兵的行为后,才能说明武装组织接受和遵守了儿童兵规范,保持了行为克制。

(二)特征

武装组织的社会性克制行为具有三大特征。一是参与性。通过回顾儿童兵规范的发展和传播进程可以看出,主权国家政府和武装组织都是儿童兵规范的约束对象和传播客体。督促主权国家政府签署和批准相关国际条约与国际法,能够促进儿童兵规范的传播,制止国家武装部队招募和使用儿童兵的行为。但是，国家及其武装部队接受儿童兵规范，并不意味着武装组织会自动接受和遵守儿童兵规范。即使国内法律明确禁止招募和使用未满18周岁的儿童，然而在国内武装冲突中，主权国家政府往往对武装组织缺乏实际管辖的能力，更难利用法律去惩罚和制止武装组织招募和使用儿童兵的行为。因此，要促使武装组织接受和遵守涉及儿童兵的国际人道主义规范，前提条件是武装组织应参与儿童兵规范的传播进程，并成为国际规范传播的重要宣传对象。为终止武装组织招募和使用儿童兵的现象，作为国际规范的主要倡导者与传播者，联合国及其下属机构突破了种种条件的限制，实地访问了受冲突影响的国家，并与武装组织开展直接对话和谈判，敦促武装组织接受和遵守儿童兵规范。这样，武装组织不再被排斥在外，而是作为重要的参与者、对话者，参与了规范传播的进程。尽管该对话和接触并没有改变武装组织的国际法律地位，而且一次接触和对话通常也难以产生立竿见影的效果，但是确立武装组织参与者、对话者的身份，并与之进行多次的对话与谈判，的确有助于说服武装组织接受和遵守儿童兵规范。在多次的对话和谈判中，联合国及其下属机构才有机会向武装组织宣传和解释儿童兵规范。一旦武装组织做出承诺，联合国等国际组织还需持续保持同武装组织的对话和接触，敦促将保护儿童的特别条款纳入谈判协议，签署和执行行动计划。而联合国与武装组织的对话和谈判，也为武装组织参与国内和平进程创造了条件和平台。在联合国等国际组织的斡旋和努力下，武装组织与主权国家政府停止暴力冲突，坐到谈判桌前，就战后权力分配、停止招募和使用儿童兵、开展儿童兵解除武装、复员、重返社会进程等问题进行谈判。可以说，鼓励武装组织选择社会性克制是武装组织参与国际、国内和平进程的积极成果。承认武装组织参与者的身份和地位，不仅是规范传播实践的一个重大突破和创新，更重要的是调动了武装组织的积极性与合作意愿，促进和加强了对儿童的保护。

二是自愿性。在国内武装冲突中，儿童兵往往对武装组织具有重要的经济与政治意义，让武装组织主动放弃招募和使用儿童兵是"不可思议"的。然而，儿童兵规范的兴起与传播，说服了武装组织自愿放弃招募和使用儿童兵，自愿接受并遵守儿童兵规范。在国际、国内政治和平进程中，儿童兵规范得以传播，重塑了武装组织的认知框架，促使武装组织自愿放弃招募和使用儿童兵，对其能力与意愿进行自我克制。相反，武力打击、法律惩罚、间接政治施压与经济制裁等强制性方式通常很难让武装组织自愿放弃招募和使用儿童兵。在一定时期内，武力打击、法律惩罚、间接政治施压与经济制裁，也能够迫使武装组织放弃招募和使用儿童兵。不过，这种克制行为不是武装组织自愿做出的。这些强制性措施往往具有反作用，容易引发武装组织的怨恨与报复心理，激起武装组织的抵制与反抗，进而招募和使用更多的儿童兵。开展儿童兵解除武装、复员与重返社会的进程，治疗儿童兵的战争创伤通常是在武装组织释放了儿童兵之后进行的，这无法及时制止武装组织的招募行为。由此可以看出，相较于武力打击、法律惩罚、间接政治施压与经济制裁等强制性方式，儿童兵规范的传播有助于说服武装组织放弃招募和使用儿童兵，做出、履行和遵守承诺。

三是修正性。修正性是指改正错误的或者改变不符合国际社会发展潮流的行为。在历史上，儿童兵也曾参与了反击外敌、争取民族独立的武装战争，且被认为是勇敢、光荣、奋斗、牺牲、值得尊敬的代名词。但是，儿童兵的好名声已经变成坏名声。儿童不仅是战争与武装冲突的受害者和牺牲品，也成为无情的施害者和杀戮者。儿童成为暴力和战争机器的"齿轮"，进一步恶化和持续了当地的武装冲突，严重地侵害了儿童的生存、安全和发展权利。1996年，《马谢尔报告》的发表引起了国际社会对受武装冲突影响的儿童的高度关注，而儿童兵问题也日益成为各大媒体和研究报告的"焦点"。国际社会关于保护儿童权益、禁止招募和使用儿童兵的呼声高涨，儿童兵规范也随之兴起和发展。《国际刑事法院罗马规约》《非洲儿童权利与福利宪章》《儿童权利公约关于儿童卷入武装冲突问题的任择议定书》等国际条约和法律赋予了保护儿童的政治优先性与合法性，并且明确禁止武装组织招募和使用儿童兵。

也就是说，即便武装组织是非国家行为体，他们也需要遵守国际社会的规范和规则，遵守相关国际人道主义法，放弃招募和使用儿童兵，在武装冲突中保护儿童等相关平民的基本权利。在儿童兵规范的传播过程中，武装组织关于保护儿童权利、遵守相关规范和法律的责任意识明显提高。越来越多的武装组织修正了其意识和行为，自愿放弃招募和使用儿童兵，以符合国际社会的发展潮流。

（三）意义

可以说，招募和使用儿童兵对儿童的安全、发展、教育、身心健康等基本权利构成了重大伤害和威胁。而武装组织放弃招募和使用儿童兵，保持社会性克制，有着重要的社会与政治意义。

第一，促进了对儿童权益的保护。冷战后，国内武装冲突频发，并日益呈现出荒芜的道德真空、失去控制、混乱不堪、不分青红皂白的攻击、招募和使用儿童兵等现象。这导致儿童的基本权益无法得到保障，无数的儿童流离失所，缺乏教育、食物与清洁水，甚至被杀害、致残、强奸、绑架、强制招募。作为武装冲突重要的当事方，武装组织蓄意袭击学校、绑架和强制招募儿童、武力抢劫国际人道主义援助物资，甚至强迫儿童杀害亲人、参与抢劫、实施杀戮，更是直接侵害了儿童安全、发展、教育、身心健康等基本权利。随着儿童兵规范的兴起与传播，越来越多的武装组织停止袭击学校和医院等公共基础设施、放弃招募和使用儿童兵、释放儿童兵、保障国际人道主义救援人员和物资的安全。这有助于减少武装冲突对儿童的影响，推动有关保护受武装冲突影响儿童的国际准则和标准的实施，进而加强对儿童的保护。

第二，有助于改善全球治理的方式和结构。武装组织选择社会性克制行为是国际规范传播的重要结果，其中武装组织与联合国等国际组织、主权国家政府的对话和接触至关重要。武装组织的暴力行为对全球治理构成了重大挑战，威胁了国际和平与安全，而武装组织非国家行为体的身份通常阻碍了国际组织同其接触与对话。不改善全球治理的方式和结构，继续将武装组织排斥在对话与协商进程之外，这将无益于规范和治理武装组织的暴力行为。为此，联合国安理会第1460号决议（2003）表示打算酌情同武装冲突各方进行对话，或支持秘书长同其进行对话，以制订明确的行动计划，终止严重侵害儿童权利的行为。为保护受武装冲突影响的儿童，儿童与武装冲突问题特别代表开展了同武装组织的沟通与对话，督促武装组织放弃招募和使用儿童兵，制订保护儿童权利与福祉的行动计划。联合国维持和平行动也在任务中列入保护儿童的具体规定，包括推荐儿童保护顾问、对联合国人员和其他相关人员进行儿童保护和儿童权利方面的培训。在不威胁国家主权、不改变武装组织法律地位的情况下，武装组织成为重要的对话者、参与者，这有助于构建国际社会同武装组织的交流渠道，加强对武装组织的治理和约束。

　　第三，有助于启动国内和平进程，结束内战与武装冲突。在国内武装冲突中，武装组织是重要的冲突当事方以及暴力实施者。通过大量招募和使用儿童兵，武装组织能够迅速扩充势力，并更容易发动武装叛乱与冲突。而在战争与暴力的残酷洗礼下，大量的儿童更直接、更深入地卷入武装冲突斗争中，从武装冲突与暴力的受害者转变为施害者，实施抢劫与杀戮等暴行。这不仅加剧了武装冲突的暴力与血腥程度，延长了武装冲突的持续时间，也加大了儿童保护的难度与力度。要结束内战与武装冲突，武装组织的行动与举措至关重要。如果没有武装组织的参与以及行为克制，国内和平进程就难以启动，武装冲突也无法结束。而武装组织放弃招募和使用儿童兵，并确保在适当时候将儿童的保护、权利和福祉纳入和平进程、和平协定以及战后重建，这不仅有利于启动儿童兵解除武装、复员和重返社会进程，而且有助于推动武装冲突各方之间停火、开启和平对话进程，进而推动战后重建以及国家权威与合法性建设。

　　第四，在一定程度上改善了武装组织的负面形象。在当代的武装冲突中，人们通常对武装组织持一种负面、消极的看法。[1] 其一，武装组织的行为具有非理性和不可预测性的特点。作为国内武装冲突的当事方之一，武装组织的暴力行为是罪恶的、失去理智和情感的。其二，不分青红皂白的袭击。在国内武装冲突中，武装组织通常不区分战斗人员与非战斗人员，甚至蓄意对非战斗人员实施暴力，例如抢劫和屠杀平民、强制招募和使用儿童兵、袭击国际组织的人道主义救援人员。最后，武装组织内部权力相对分散和不可控。武装组织的成员复杂，权力随着组织军事成员的分散而流散，指挥链容易断裂。武装组织承诺放弃招募和使用儿童兵，保持行为克制，这有助于改善武装组织在国内外的形象。在国际层面，武装组织同联合国进行对话与合作，有助于塑造积极、合作的新形象，争取更多的国际援助以及正面的舆论报道。在国内层面，武装组织通过参与国内和平进程，释放儿童兵成员，有助于减少国内民众对他们的恐惧和抵触心理，进而增进国内民众对他们的了解和支持。

总而言之，在当代的国内武装冲突中，武装组织出于政治、经济、军事的考虑，大量招募和使用儿童兵。这不仅侵害了儿童的基本权益，也促使人类社会深入思考暴力、权利、安全、和平等问题。儿童兵规范的兴起和传播，将武装冲突局势中的儿童保护问题提升至国际和平与安全议程之上。这有助于改变武装组织的认知框架，约束他们的暴力行为。在这种国际社会环境下，武装组织放弃招募和使用儿童兵、保持社会性克制具有重要的社会意义和内涵。从国际社会层面看，武装组织的社会性克制行为有利于加强对儿童权益的保护，促进国际规范与规则的传播，进而改善全球治理的方式和结构。从国内政治层面看，武装组织的社会性克制行为不仅有助于开启国内和平进程，结束内战与武装冲突，而且在一定程度上改善了武装组织的负面形象。因此可以说，儿童兵规范的传播有助于说服武装组织放弃招募和使用儿童兵，保持行为克制。

---

[1] David Keen, "Incentives and Disincentives for Violence," in Mats Berdal and David M. Malone, eds., *Greed and Grievance: Economic Agenda in Civil Wars*, London: Lynne Reinner Publishers, 2000, p. 20.

| 第三章 |

参与进程：社会性克制的动力与进程

儿童兵规范的兴起与传播有助于促使武装组织放弃招募和使用儿童兵，保持社会性克制。那么，接下来需要研究的问题是：儿童兵规范是如何起作用的呢？这又可以具体分为以下几个问题：在什么样的社会环境和制度条件下，儿童兵规范能够说服武装组织释放儿童兵，并不再招募和使用儿童兵呢？与国家社会化及其机制相比，国际规范向武装组织传播的过程与机制有什么不同之处呢？本书提出了以"参与进程"为核心的理论解释框架，旨在分析武装组织选择社会性克制的动力与进程问题。

本章的结构安排如下：第一部分梳理和分析了现有规范传播措施与机制的成果与不足。在此基础上，第二部分提出了以"参与进程"为核心的理论解释框架，并对"参与进程"的概念进行了具体的界定和分析。第三部分对国际组织、武装组织的行为及其国际法律地位做出了基本假定。第四部分对参与进程变量的操作化、干扰变量以及假设推导进行了详细的分析和说明。

一、规范传播的文献梳理

从社会学意义上看，规范传播属于社会化的范畴。社会化就是社会互动导致新成员接受社会期望的思维、感受和行为模式，获得这个主体间性所确定的社会的成员资格,也就是行为体对规则和规范的内化,具备他们理应具备的特性。[1] 换而言之,社会化是已有规范和规则有目的、有意识的传播、内化过程,也是新行为体身份和利益形成的过程。[2] 在国际政治中,社会化更多地是关注国家行为体,强调社会化是"一种机制,新兴国家通过这种机制,接受由国家组成的国际社会所赞成的规范,据此改变自己的行为"。[3] 20世纪80年代末90年代初,随着建构主义的兴起,建构主义学者对规范的作用以及社会化进行了理论与实证研究。本章的文献梳理主要集中在两个方面:一是区分规范社会化过程中不同行为体所扮演的角色,主要是老师—学生,并分析了"老师"在向"学生"传播规范时所采用的社会化机制;二是探讨了国家对国际规范国内化的反应和应对机制。

(一)角色分类与社会化机制

规范周期理论提出了规范的兴起、发展、扩散与内化的周期。其中规范倡导者与传播者扮演了"老师"的角色,在规范的兴起、发展与扩散阶段发挥着重要作用,而国家及其决策者则成为社会化的目标和"学生"。[4] 在规范传播过程中,国际组织通常充当了"老师"的角色。以主体构成为划分标准,国际组织大致可分为政府间国际组织和非政府间国际组织。联合国及其实体机构、欧洲联盟、北约等都属于政府间国际组织。美国学者费丽莫(Martha Finnemore)以联合国教科文组织、

---

[1] Alastair Iain Johnston, "Treating International Institutions as Social Environments," *International Studies Quarterly*, Vol. 45, 2001, pp. 494–95.
[2] [美]亚历山大·温特著,秦亚青译:《国际政治的社会理论》,北京大学出版社2005年版,第178—246页。
[3] Martha Finnemore and Kathryn Sikkink, "International Norm Dynamics and Political Change," in Peter J. Katzenstein, Robert O. Keohane, and Stephen D. Krasner, eds., *Exploration and Contestation in the Study of World Politics*, Massachusetts: The MIT Press, 1998, p. 262.
[4] [美]玛莎·芬尼莫尔、凯瑟琳·斯金克:"国际规范的动力与政治变革",[美]彼得·卡赞斯坦等著,秦亚青等译:《世界政治理论的探索与争鸣》,上海人民出版社2006年版,第303—314页。

第三章　参与进程：社会性克制的动力与进程

国际红十字以及世界银行为例，说明国际组织既是规范的倡导者，也是规范的教化者，他们教会国家重新认识和定位其身份和利益。① 美国学者杰弗里·切克尔（Jeffrey T. Checkel）分析了欧盟在凝聚成员国的共同体意识以及归属感，重塑成员国的国家利益方面所发挥的重要作用，并对欧盟规范向捷克、罗马尼亚等东欧国家传播的机制及其效果做出了更加深入的思考。② 美国学者亚历山大·格瑟（Alexandra Gheciu）也强调，北约同捷克、罗马尼亚之间"老师"与"学生"角色的共同认知，以及被社会化者（socializees）对北约安全共同体的认可及师生间系统的互动，是自由、民主、安全规范传播的重要条件。③ 随着国际社会的发展，非政府组织也日益兴起，成为国际规范的倡导者和传播者，并在教化国家过程中扮演了"老师"的角色。④ 公民社会与全球倡议网络不仅在文化、社会环境等非军事议题中是重要的规范倡导者与传播者，甚至在关涉主权国家重要安全、军事利益的领域也发挥了关键性作用。比如，20世纪90年代，国际禁雷运动（International Campaign to Ban Landmines, ICBL）等非政府组织发起一场世界范围内全面禁止杀伤性地雷的运动，动员重要的国际组织和个人加入禁雷倡议行动，教化国家接受新的国际规范、重新界定国家利益、签署和批准《渥太华禁雷公约》。⑤

为促使"学生"不断地学习并认可规范所具有的价值和意义，"老

---

① ［美］玛莎·费丽莫著，袁正清译：《国际社会中的国家利益》，浙江人民出版社2001年版。
② Jeffrey Checkle, "International Institutions and Socialization in Europe: Introduction and Framework," *International Organization*, Vol. 59, No. 4, 2005, pp. 801–826.
③ Alexandra Gheciu, "Security Institutions as Agents of Socialization? NATO and the 'New Europe'," *International Organization*, Vol. 59, No. 4, 2005, pp. 973–1012.
④ 刘贞晔："国家的社会化、非政府组织及其理论解释范式"，《世界经济与政治》2005年第1期，第26—31页。
⑤ Margaret Keck and Kathryn Sikkink, *Activists Beyond Borders: Advocacy Networks in International Politics*, Ithaca, NY: Cornell University Press, 1998; Richard Price, "Reversing the Gun Sights: Transnational Civil Society Targets Land Mines," *International Organization*, Vol. 52, No. 3, 1998, pp. 613–644.

师"通常会采取诸多社会化机制。①（1）教化与说服机制。费丽莫划分了教授规范和学习规范之间的区别性特征，认为国际组织通过教化机制推动了国家的社会化进程，成功地重塑国家对自身身份和利益的认识和调整。②切克尔认为应考虑和区分国家接受和遵守规范的两种不同的逻辑——后果性逻辑与恰当性逻辑，并将教化机制进一步细化为战略计算、角色扮演和规范说服。在传播规范初期，国际组织通常可能需要借助战略计算机制，利用物质激励来诱导国家接受新规范。在此阶段，后果性逻辑主导了国家的行为。为提高国家对遵守规范的积极性，国际组织接下来会采取角色扮演机制，要求国家扮演某种角色，并按照该角色的规范、规则行事。第三步是规范说服机制，旨在使国家行为体理所当然地按规范行事，而不以物质奖罚、权力等因素为行为准绳。在此阶段，国家已内化了规范，其行为逻辑从后果性逻辑走向了适当性逻辑。③（2）议题联系机制以及议题非法化机制。建立联系机制就是将新规范与已被社会公认的道德、价值观相联系。议题非法化机制是将某些行为界定为不人道、非法的行为，以敦促国家接受和遵守新规范。④ 就核不扩散机制的发展来说，在《不扩散核武器条约》生效之前，规范倡导者利用精英和民众对战争以及核战争的阴影与恐惧，成功地把核不扩散规范同国际和平与安全联系起来，推动了核不扩散规范的传播；在《不扩散核武器条约》生效后，规范支持者又把接受、遵守核不扩散规范与国际合法性联系起来，将国家发展核武器行为界定为非法行为，督促未签署《不扩散核武器条约》的国家放弃发展核武器，加入和遵守

---

① 林民旺、朱立群："国际规范的国内化：国内结构的影响及传播机制"，《当代亚太》2011年第1期，第153页。

② ［美］玛莎·费丽莫著，袁正清译：《国际社会中的国家利益》，浙江人民出版社2001年版，第6—39页。

③ Jeffrey Checkle, "International Institutions and Socialization in Europe: Introduction and Framework," *International Organization*, Vol. 59, No. 4, 2005, pp. 801 – 822.

④ Richard Price, "Reversing the Gun Sights: Transnational Civil Society Targets Land Mines," *International Organization*, Vol. 52, No. 3, 1998, pp. 613 – 644.

《不扩散核武器条约》。[1] (3) 点名与羞辱机制。尽管国际组织、非政府组织等"老师"缺乏强制性权力去迫使国家接受和遵守国际规范,但是他们可以通过点名和羞辱机制,从道德、舆论层面对国家施加压力,促使利己主义的"学生"接受一种公益性的、善意的价值观念和目标。一般而言,两类规范最容易在跨国和跨文化环境中传播:一是涉及到人身安全、禁止对弱势人群或无辜人群进行人身伤害的规范;二是法律上规定机会平等的规范。[2] 当这两类规范获得了大多数国家或者关键国家的支持后,国际组织、非政府组织通常会直言不讳地点名批评那些行动迟缓的国家,尤其是那些口头上支持规范但是又为自己寻找例外的政府。出于国际声誉和形象的考虑,那些被点名的国家将会调整态度和立场,接受和遵守规范。但是,点名与羞辱机制也可能仅是廉价的讨论(cheap talk),甚至可能产生非本意后果(unintended consequences)。[3] 例如,联合国、非政府组织以及新闻媒体公布了145个国家从1975年至2000年的人权状况信息,但是因违反人权而备受全球关注的政府虽然在事后会改善政治权利保护措施,却不会减少恐吓行为或者停止恐吓行为。更糟糕的是,在人权状况曝光后,恐吓行为有时甚至会增多。[4]

(二) 国家的反应和应对机制

国家虽然是国际规范的学习者与接受者,但是这并不意味着"学生"只能被动地听从"老师"的教诲,接受和遵守规范。相反,国家的内部结构——国内制度、国内利益和国内规范影响着国际规范的传

---

[1] Maria Rost Rublee, *Nonproliferation norms: Why States Choose Nuclear Restraint?* Athens & London: The University of Georgia Press, 2009, pp. 44 – 49.

[2] Margaret Keck and Kathryn Sikkink, "International Norm Dynamics and Political Change," in Peter J. Katzenstein, Robert O. Keohane, and Stephen D. Krasner, eds., *Exploration and Contestation in the Study of World Politics*, Massachusetts: The MIT Press, 1998, pp. 203 – 206.

[3] Emilie M. Hafner-Burton, "Sticks and Stones: Naming and Shaming the Human Rights Enforcement Problem," *International Organization*, Vol. 62, No. 4, 2008, pp. 690 – 693.

[4] Emilie M. Hafner-Burton, "Sticks and Stones: Naming and Shaming the Human Rights Enforcement Problem," *International Organization*, Vol. 62, No. 4, 2008, p. 706.

播。也就是说，作为国际层次与社会层次之间互动的中介变量，国内结构是国际规范发挥影响和作用的干预力量，直接决定着国际规范进入国内的机会。①（1）国内制度的差异影响国际规范的进入和传播。美国学者彼得·卡赞斯坦（Peter Katzenstein）根据国家和社会之间的关系，将国内结构分成两大类：强国家（strong state）和弱国家（weak state）。②在强国家中，政府主导了国内行为决策，国家影响和控制着社会的利益与偏好；在弱国家中，社会支配着国内行为决策，社会集团偏好的集合决定了政府的行为。中国学者将国内结构与规范传播的关系归纳为以下三项假设：假设一：如果国内结构是国家主导型的，那么国际规范就较难进入国内社会进行传播；假设二：如果国内结构是社会主导型的，那么国际规范就较容易进入国内社会进行传播；假设三：如果某种国际规范为国家主导型国家的政治精英所接受，那么该规范在国内社会传播的速度将比在社会主导型国家更快。简而言之，一个国家的政治体系越开放，决策越不集中，社会越多元，国际规范进入的机会就越大。反之，一个国家的政治体系越封闭，决策越集中，社会越是受到国家的控制，国际规范进入的机会就越小。一旦某种国际规范为领导层所接受，这种规范的传播就会变得更迅速，影响也会更持久。③（2）国内利益的构成影响国际规范的国内化。对于利己主义的国家来说，利益等物质因素也影响国际规范的传播效果。这主要可以归纳为以下四个假设：假设一：如果国际规范的传播有助于某种重要国内利益的实现，那么不论是在经

---

① 林民旺、朱立群：“国际规范的国内化：国内结构的影响及传播机制”，《当代亚太》2011 年第 1 期，第 149 页。

② Peter Katzenstein, "International Relations and Domestic Structures: Foreign Economics Policies of Advanced Industrial States," *International Organization*, Vol. 30, No. 1, Winter 1976, pp. 1–45; Peter Katzenstein, ed., *Between Power and Plenty: Foreign Economic Policies of Advanced Industrial States*, Madison: University of Wisconsin Press, 1978.

③ 林民旺、朱立群：“国际规范的国内化：国内结构的影响及传播机制”，《当代亚太》2011 年第 1 期，第 142 页。

第三章　参与进程：社会性克制的动力与进程

济还是安全领域，这一规范都更有可能在国内得到传播；[1] 假设二：如果某种国际规范在国内传播之初就带来良好的效果，那么将有助于它的进一步传播；假设三：如果国际规范的传播能够推进国内主导利益集团利益的实现，那么将容易得到进一步推广；假设四：如果国际规范享有较高的国际合法性，那么将更容易在国内社会中得到进一步的推广。[2]（3）国际规范与国内规范的匹配程度影响国际规范国内化的程度。印度裔加拿大籍学者阿米塔夫·阿查亚（Amitav Acharya）批评了国际规范至上而下的传播方式，认为国际规范与地区规范的匹配程度以及规范的地方化机制（localization）决定了国际规范被地区国家接受的程度。[3] 有学者通过考察欧洲委员会的案例，认为国际组织通过教化机制对国家进行社会化的作用是非常有限的，而国家规范——主要来源于国内机构以往的经验、对国内某政治党派或权威机构效忠的经验——决定性地塑造了国家精英对国际规范的认知与接受。[4] 由此，可推导出三个假设：假设一：如果国际规范和国内规范之间是对立的，那么国际规范在国内的传播将非常困难；假设二：如果国际规范和国内规范之间是部分包容的，那么国际规范在国内的传播将比较容易；假设三：如果国际规范是已有国内规范的一部分，那么国际规范将容易甚至是自动地在国内传播。[5]（4）国家的规范选择机制以及国际规范的死亡。作为规范的学习者与接受者，国家也具有一定的能动性与选择性。当国内存在两种截然

---

[1] Andrew P. Cortell and James W. Davis, "Understanding the Domestic Impact of International Norms: A Research Agenda," *International Studies Review*, Vol. 2, No. 1, 2000, p. 77.

[2] 林民旺、朱立群："国际规范的国内化：国内结构的影响及传播机制"，《当代亚太》2011年第1期，第142—145页。

[3] Amitav Acharya, "How Ideas Spread: Whose Norms Matter? Norm Localization and Institutional Change in Asia Regionalism," *International Organization*, Vol. 58, No. 2, 2004, pp. 239 – 275.

[4] Liesbet Hooghe, "Several Roads to International Norms, but Few via International Socialization: A Case of the European Commission," *International Organization*, Vol. 59, No. 4, 2005, pp. 861 – 898.

[5] 林民旺、朱立群："国际规范的国内化：国内结构的影响及传播机制"，《当代亚太》2011年第1期，第146页。

对立的国际规范,且每种国际规范都获得了不同政治党派及其民众的支持时,创新性辩论、说服性辩论与妥协机制有助于减少国内不同政治党派以及民众之间的观念分歧和对立,以帮助国家做出规范选择。[1] 然而,国家在内化国际规范后,仍有可能违反规范,导致规范的退化甚至死亡。[2] 规范死亡将经历三个阶段。第一阶段,变革性事件发生后,国家内部的规范修正主义者对某些已内化的、视为理所当然的规范发起挑战,并对规范的话语体系和意义进行重新框定(reframing),从而引发政府在话语、政策或行为方面"静悄悄的变化"(quiet change)。第二阶段,随着挑战环境和强度的变化,规范修正主义者的挑战引起了公众的共鸣,已有的规范在国内、国际层面丧失显著作用。最后,当已内化的规范在国内和国际层面遭受全面性的合法性危机时,国际规范最终以死亡而告终。[3]

(三)现有规范研究的局限与不足

在国际政治中,规范传播以及社会化更多地是关注国家行为体,并在理论与实证研究范畴都取得了丰硕的成果,[4] 这为武装组织的规范研究(国际组织如何向武装组织传播规范,以及武装组织为什么接受规范,保持行为克制)提供了有益的借鉴和启发。但是,国际规范研究议程仍存在三大局限性。一是角色的固化与二元化。通过上述文献梳理,可以得出:在规范社会化进程中,作为"老师",国际组织负责传道授业,教化"学生",重塑"学生"的观念认知以及自身利益;而国家是

---

[1] Markus Kornprobst, "Argumentation and Compromise: Ireland's Selection of the Territorial Status Quo Norm," *International Organization*, Vol. 61, No. 1, 2007, pp. 69–98.

[2] Ryder Mckeowm, "Norm Regress: US Revisionism and the Slow Death of the Torture Norm," *International Relations*, Vol. 23, No. 1, 2009, pp. 5–25.

[3] Ryder Mckeowm, "Norm Regress: US Revisionism and the Slow Death of the Torture Norm," *International Relations*, Vol. 23, No. 1, 2009, pp. 10–12.

[4] 有关国际规范研究议程的文献综述可参考:黄超:"说服战略与国际规范传播",《世界经济与政治》2010年第9期,第72—87页;柳思思:"从规范进化到规范退化",《当代亚太》2010年第3期,第145—160页。

规范社会化的目标以及"学生",需要学习、接受和遵守新规范和新规则。一般而言,"老师"拥有信息、知识、技术和道德权威,他们发现和倡导新观念和新规范,并负责将先进、正确、普世的思想、观念和文化传播给"学生",改造"学生"的观念和行为。"学生"往往被假定是落后者、边缘人,甚至是(潜在的)麻烦制造者,需要进行教化与改造。这种角色固化与二元化造成了不平等、非对称的师生关系。一方面,师生角色定位夸大了"老师"的地位和作用。"老师"也存在一定的组织利益和官僚文化,也可能为了维护其权威地位和组织利益而"干坏事",或者违背其倡导的规范和原则。例如,联合国难民事务高级专员公署潜在地控制了难民的生活、决定着他们的命运,甚至为维护其知识权威而不惜牺牲难民的权利。[①] 另一方面,"师生"角色定位在一定程度上打压了"学生"的自尊与能动性。某些发达国家能够对一些国际规范提出质疑和挑战,例如美国退出《京都议定书》及其虐囚丑闻曝光。但是,大多数国家缺乏反抗"老师"的能力,只能被动地接受和遵守"老师"制定的规则。例如,为获取国际货币基金组织的贷款和援助,一些非洲国家不得不接受国际货币基金组织开出的改革药方,哪怕该药方无助于改善甚至会恶化其国内经济状况。此外,由于国家主权等政治敏感性因素以及武装组织非国家行为体的身份,联合国等国际组织通常无法与武装组织进行直接接触和对话。这样,武装组织就被排除在国际规范传播进程之外,无法成为国际组织的"学生"。而主权国家政府通常将武装组织视为其统治权威与合法性的挑战者和颠覆者,他们更倾向于使用武力解决问题。

二是"国家中心"与"西方中心",忽视了武装组织等非国家行为体的参与和影响。亚历山大·格瑟用了少量的笔墨探讨了北约教化中东

[①] [美]迈克尔·巴尼特、玛莎·芬尼莫尔著,薄燕译:《为世界定规则——全球政治中的国际组织》,上海人民出版社 2009 年版。

欧民众接受一套特定的关于国家身份与合理政治目标定义的过程和意义。[1] 不过，在大多数学者看来，一旦国家及其决策者接受和内化了国际规范，那么规范将能够在国内政治中发挥实际且重要的作用。也就是说，国际组织只需教化好国家及其决策者，而国家及其决策者负责在国内落实和制度化规范。然而，国家对国际规范的内化通常并不意味着武装组织也会认可和遵守国际规范。当国家爆发内战和武装冲突时，武装组织不分青红皂白地袭击、招募和使用儿童兵等行为，严重地侵害了平民与儿童的基本权利，挑战和破坏了国际社会的规范与规则。而主权国家政府、国际社会通常也难以对武装组织实施有效的管理和制约。鉴于此，在不改变武装组织国际法律地位的前提下，有必要改变固有的观念和思维，鼓励武装组织参与国际、国内和平进程，敦促他们接受和遵守基本的国际人道主义规范与规则。此外，现有的规范基本上来自西方，其不可避免地反映了西方的文化、价值观念、利益，而与非西方的文化、观念和利益存在不适与冲突。这样，具有西方色彩的规范和价值观念也需要吸纳和考虑不同文化、不同行为体的规范、观念和利益。

三是进程研究的缺失。现有规范研究包含了三个基本要素：规范倡导者、规范接收者以及社会化机制。规范倡导者主要是国际组织，国家及其决策者则是规范接收者。社会化机制是国际规范传播的中介变量。现有的研究成果强调角色分类、"国家中心"和"西方中心"，重视社会化机制研究，却忽视了进程的重要性。规范研究不仅需要研究和分析规范倡导者、国家及其决策者、社会化机制，也需要观察和考虑国际规范传播和国内化过程中的进程因素。国际规范是在一定的国际社会环境和国内政治环境中产生、发展和传播的，而规范的兴起、发展和传播不是一蹴而就的，是经历了较长时期的发展和互动过程的。离开了对进程的观察和思考，就难以深刻地了解规范兴起、传播的社会环境要素，也

---

[1] Alexandra Gheciu, "Security Institutions as Agents of Socialization? NATO and the 'New Europe'," *International Organization*, Vol. 59, No. 4, 2005, pp. 994–997.

难以理解规范传播者与规范接受者的互动过程。[1] 进程也是规范研究的核心要素。就规范研究来说，需要研究规范传播者、规范接受者之间的互动关系和进程以及社会化机制的社会环境背景，进而研究规范的兴起、发展、扩散、内化和死亡过程。就武装组织的规范研究来说，需要分析武装组织与国际规范传播者、国家及其政府之间的互动关系和进程，剥离出影响武装组织接受和遵守规范的重要因素，进而对此进行阐述和论证。

二、参与进程：概念界定与辨析

在梳理现有规范研究成果与不足的基础上，本书提出了以"参与进程"为核心概念的理论分析框架，旨在探讨武装组织放弃招募和使用儿童兵，接受国际规范与规则的动力与进程问题。本书认为，武装组织参与国际、国内和平进程的实践及其进程推动了武装组织认知与行为的变化。也就是说，参与进程是说服武装组织接受儿童兵规范、选择行为克制的重要自变量。

在界定"参与进程"之前，首先需要厘清"参与"和"进程"两个概念。本书将"参与"界定为：行动者社会化过程中的实践活动。在实践活动中，行动者包括国家行为体和非国家行为体，而不同行动者就不同领域的特定问题进行沟通、协调、学习、行动、表达、互动。有学者将国家参与国际体系的行为界定为一种"参与实践"，认为"参与实践"是实践者在一定的时空条件下参与国际体系过程中的言语、行为活动。"参与实践"包括话语实践、联盟实践、学习实践、遵约实践和

---

[1] 秦亚青教授批评了结构现实主义忽视过程，新自由制度主义和温特结构建构主义将进程视为一种背景、一场所或是一个舞台。这对本书分析参与进程有重要的启发意义。参见秦亚青："关系本位与过程建构：将中国理念植入国际关系理论"，《中国社会科学》2009年第3期，第69—86页。

创新实践。① 本书借鉴了"参与实践"的思想，认为武装组织等非国家行为体参与全球治理、参加国内和平进程的行为也是一种参与实践。在一定的时空条件下，武装组织的参与实践是指武装组织在参与国际体系以及国内体系过程中的言语、行为活动。同样，武装组织的参与实践也包含话语实践、联盟实践、学习实践、遵约实践、创新实践。不过，武装组织的参与实践更多地集中在话语实践、学习实践和遵约实践三个层面。通过参与实践，武装组织等非国家行为体不断了解和学习新规范、新规则，参与国内外的沟通、对话，从而产生新的认知框架，约束和规范自身的行为，最终推动了新规范、新规则的传播，并促进了国际体系关系的演变。

作为一种实践活动，参与实践还需要考虑到"进程"因素。过程建构主义认为：过程是指产生社会意义的持续的事件互动关系，过程在社会化中起到关键的和不可替代的作用。过程的重要意义在于通过互助性实践关系孕育规范、培育集体感情，并因此催生集体认同。过程本身成为实践活动的重心。② 然而，作为非国家行为体，武装组织参与国际对话以及国内和平进程不是一蹴而就的，相反会受到诸多限制和阻扰。这不仅需要说服该国政府默认或者接受武装组织的参与，还需要武装组织自身的配合和自我约束。因此，首先需要把武装组织纳入对话和谈判的进程。通过对话和谈判，联合国、主权国家政府才能够与武装组织相互了解、建立互信、开展合作。在此基础上，才有可能说服武装组织做出承诺，并采取实际行动履行承诺，进而接受国际新规范、新规则，约束自身行为。而要说服武装组织积极参加对话和谈

---

① 朱立群："中国参与国际体系的实践解释模式"，《外交评论》2011年第1期，第24—27页。

② 秦亚青："关系本位与过程建构：将中国理念植入国际关系理论"，《中国社会科学》2009年第3期，第74—80页。尽管过程建构主义研究的核心对象是国家行为体，但是其他行为体也可以包含在这个理论模式之中，比如武装组织等非国家行为体。这些非国家行为体在国际社会中的作用和影响越来越大，同国际组织、国家政府以及其他非国家行为体，通过接触和互动关系产生了社会意义，进而影响了武装组织的行为。

判、接受儿童兵规范、保持行为克制，本身就是一个比较漫长的社会化过程。

在厘清了"参与"与"进程"两个概念的基本内涵后，本书提出了"参与进程"概念：行动者参加、维持和发展社会实践与社会意义的动态关系。在参加社会实践活动的过程中，行动者同其他行动者交往互动，学习新规范和新规则，培育信任与合作意识，进而营造、持续和发展具有社会意义的动态关系。参与进程模式的核心是"交感而化"，即在一定的时空、认知、文化和情感背景下，通过交往互动促使行动者逐渐了解和学习新事物、建构新的认知框架、重新界定行动意义与利益，进而导致渐进式变化，保持行为克制。

首先，参与进程是规范传播的重要前提要素。规范传播是在一定时空范畴内进行的社会实践活动。规范传播不仅是新的行为体习得新规范、新规则的过程，也是新行为体参与社会实践，并与其他行为体进行社会互动的过程。参与进程强调规范传播主体、客体的多元化，重视规范传播的实践与进程。参与进程还为不同行动者之间的行为与交往提供了互动渠道、互动机制，促使规范和规则从一个行动者传递到另一个行动者。要说服武装组织接受和遵守国际规范和规则，首先需要与武装组织进行直接接触与对话。在此过程中，联合国等国际组织才有可能向武装组织传播和解释新规范、新规则的概念、内涵和意义。

其次，武装组织同国际组织、主权国家政府之间的接触是一个孕育信任与合作的互动过程。参与进程强调武装组织同国际组织、主权国家政府之间直接接触和互动的重要性。在接触和互动过程中，各行为体就特定问题发表自己的观点，表达自身的利益诉求。各行为体之间的接触与互动过程通常不是一帆风顺的，存在观点与利益的冲突，但是这有助于行为体了解其他行为体的原则和立场，为各方的协调、妥协奠定了基础。多轮的沟通、协调、学习、互动，增进了行为体之间的信任，催生了合作意识。各行为体将不断地调整、重塑自身的预期与行为，最终达成某种共识和协议。在当代武装冲突中，武力不是万能的，国家武装部队难以彻底地消灭武装组织，而武装组织也很难推翻主权国家政府。最终，各方还是需要放下武器，回到谈判桌。换言之，武装组织同国际组织、主权国家政府之间的接触与互动过程本身就具有重要的社会意义，有助于增进各方的了解和信任，催生合作意识。随着参与进程的深化，武装组织也会学习新规范、产生新认同、扮演新角色，进而改变行为模式。

最后，参与进程有助于说服武装组织接受和遵守国际规范。在参与进程中，武装组织是参与者、对话者，这一身份有助于鼓励武装组织积极参与对话和谈判，了解和学习新规范、新规则，进而影响武装组织的行为和利益选择。一开始，武装组织参与国际、国内进程，可能是为了获得国际援助和身份承认。但是，在参与进程中，武装组织的认知发生了变化，其行为和利益也经历了一个整合和重新界定的过程。其间，武装组织仍会进行成本与收益计算，谋求获得更大的权力。但是，这并不意味着它可以任意脱离该进程。通过与国际组织、主权国家政府之间进行接触互动、讨价还价，武装组织也会不断地调整自身认知和行为，减少与社会期望、思维、感受和行为模式之间的差距。随着参与进程的深化，武装组织更愿意做出承诺，接受和遵守国际规范与规则，选择行为克制。也就是说，重视参与实践与进程，有助于说服武装组织学习新规范，改变行为方式，以一种社会承认的方式行事。

三、基本假定

在建立研究假设之前，首先对国际组织、武装组织的行为及其国际法律地位进行假定。

第一，国际组织是国际人道主义规范的推动者和实践者。一旦爆发战争或者武装冲突，这通常会引发一定程度的人道主义危机。对发生人

第三章 参与进程：社会性克制的动力与进程

道主义危机的地区进行人道主义干预也成为国际热点问题。[①] 人道主义危机一般源于两个方面：一是主权国家政府，二是武装组织。现有的学术研究集中关注主权国家政府对本国平民实施暴行引发的人道主义危机，进而导致外国政府进行人道主义干预。[②] 自1945年以来，世界一直处于一种困境中：当政府正在对国内民众施加骇人听闻的暴行时，外国政府和国际社会应该做什么。[③] 1999年丹麦国际问题研究所报告《人道主义干预——法律和政治分析》则将人道主义干预界定为：某些国家为防止或者阻止他国国内发生大规模侵犯人权或破坏国际人道主义法的暴力行为，不经他国政府同意，无论是否经联合国安理会授权，而对他国进行的武力强制行动。[④] 不过，该定义存在三个问题。

问题一，干预主体限定于国家，忽视了国际组织的作用与影响。而且，如果没有联合国安理会的授权，外国对他国进行人道主义干预的合法性将大打折扣。此外，随着国际社会的发展，尤其是在冷战结束后，除了联合国以外，北约等地区性国际组织也成为人道主义干预的重要倡导者和执行者。比如，1999年3月24日，北约以南联盟政府军在科索沃侵犯人权为由，对米洛索维奇政权发动空中打击，随后成立了前南国际刑事法庭。以谋杀、迫害和驱逐科索沃地区的阿族人为由，前南国际刑事法庭起诉和审判了南联盟总统米洛舍维奇、塞尔维亚（南联盟的加盟国）总统米兰·米卢蒂诺维奇和其他三名南联盟高级官员。在北约的

[①] 关于人道主义干预概念及其发展历程的详细阐述，参见［美］玛莎·芬尼莫尔，袁正清、李欣译：《干涉的目的：武力使用信念的变化》，上海世纪出版集团2009年版；魏宗雷等：《西方"人道主义干预"理论与实践》，时事出版社2001年版；李开盛："美好世界原理——世界政治中人的利益及其实现问题研究"，中国社会科学院研究生院博士学位论文，2008年，第125—133页。

[②] Neil J. Mitchell, *Agents of Atrocity: Leaders, Followers, and the Violation of Human Rights in Civil War*, New York: Palgrave Macmillan, 2004; Christopher Cramer, *Civil War is not a Stupid Thing: Accounting for Violence in Developing Countries*, London: Hurst & Company, 2006.

[③] Nicholas J. Wheeler, *Saving Strangers: Humanitarian Interventional Society*, Oxford: Oxford University Press, 2000, p. 1.

[④] 杨成绪：《新挑战——国际关系中的"人道主义干预"》，中国青年出版社2001年版，第212—213页。

狂轰滥炸以及联合国推动开展的外交斡旋后,南联盟政府军于6月10日开始撤离科索沃,联合国安理会通过了八国外长提交的科索沃问题决议草案,并授权向科索沃地区派驻5万人的国际维和部队。7月10日,北约停止空袭,科索沃战争正式结束。在此暂不评价北约空袭南联盟、前南国际刑事法庭司法审判的正当性、公正性。值得注意的是,北约、联合国等国际组织在南联盟的干预实践,对人道主义规范的发展产生了深远的影响。随后,"保护人权、限制主权"、人道主义干预成为西方社会的热点议题,并对世界政治产生了深刻的影响。①

问题二,干预客体主要是针对一国主权国家政府,没有涉及武装组织。国家及其政府既是人道主义的干预主体,也是干预的客体。西方国家是人道主义干预的倡导者和实践者,而非西方国家或者虚弱的国家通常成为人道主义干预的客体。在人道主义干预规范发展初期,西方国家普遍以保护本国公民的生命和安全为由,对他国政府进行武力干预。例如,19世纪初,欧洲列强首次以保护土耳其境内的基督徒免受宗教迫害为由,对奥斯曼土耳其帝国进行干预,②随后才慢慢发展到不仅需要保护在他国的本国公民,还应将其他国家遭受人道主义危机的公民纳入保护的范围。③北约以南联盟政府军在科索沃侵犯人权为由,对南联盟进行了三个多月的空中打击。然而,在冷战后爆发内战与武装冲突的部分非洲国家和地区,武装组织杀害平民,袭击和摧毁学校、医院等公共设施,抢劫人道主义援助物资并杀害人道主义救援人员,制造了当地的人道主义灾难,对此,西方国家基本上是无所作为,甚至是袖手旁观的。因为非洲的战争似乎不会马上对美国的利益造成明显的威胁,而且美国在那里尚未发现重大的利益。④

---

① 李开盛:"美好世界原理——世界政治中人的利益及其实现问题研究",中国社会科学院研究生院博士学位论文,2008年,第127页。
② 魏宗雷等:《西方"人道主义干预"理论与实践》,时事出版社2011年版,第17页。
③ [美]玛莎·芬尼莫尔,袁正清、李欣译:《干涉的目的:武力使用信念的变化》,上海世纪出版集团2009年版,第54—80页。
④ John Stremlau, "Ending Africa's Wars," *Foreign Affairs*, July/August, 2000, p. 117.

第三章　参与进程：社会性克制的动力与进程

问题三，干预措施局限于武力强制行动，忽视了其他干预措施的作用。传统的人道主义干预注重使用武力、以暴制暴，排除了援助、外交、经济等其他干预措施。可以说，将人道主义干预的措施限定为武力强制行动，这不仅加大了一国政府对他国人道主义危机进行干预的力度和难度，而且更重要的是不利于保护正在遭受人道主义灾难的平民的基本生活权益。人道主义干预还应该包括以减轻人们苦难为目的的活动，比如提供食物、水、衣服、医药。[1] 这些活动不仅可以减轻外国政府进行人道主义干预的强度与压力，争取国内民众的理解与支持，[2] 也有助于保障他国民众的生存、健康与安全，从而大大减少不必要的伤亡。换言之，当一国国内发生大规模侵犯人权或破坏国际人道主义法的暴力行为时，某些国家或者国际组织都有资格作为干预主体，对干预客体——他国政府或武装组织——采取武力行动或者以减轻人民痛苦为目的的活动，防止或者阻止他国或地区的人道主义状况继续恶化。不过，由于西方国家通常打着人道主义干预、"人权高于主权"的幌子干预他国内政、侵犯他国主权，该行为常受到他国的坚决反对与抵制。而相对中立和独立的国际组织，在征得他国政府的同意后，能够更有效地开展人道主义干预与救援。此外，由于武装组织不是国家行为体，外部国家通常很难直接对武装组织进行人道主义干预，而国际组织则能相对灵活地同武装组织进行对话与接触，以保证人道主义救援活动的进行。最后，国

---

[1] 有学者认为，应区分人道主义救援与人道主义干预这两个不同的概念。提供食物、水、居所等活动应属于人道主义援助的范围，而他国对一国国内因发生侵犯人权行为，或者破坏人道主义法而导致的外部武力干预行动属于人道主义干预的范畴。不过，本书并不对人道主义干预与人道主义救援进行严格的区分，认为：为阻止一国国内发生侵犯人权行为或者破坏人道主义法而采取的外部武力干预行动，或者以减轻人民痛苦为目的的活动，比如提供食品、水、衣服、医药，都属于人道主义干预的范畴。参见 Catherine Lu, *Just and Unjust Intervention in World Politics*, New York: Palgrave Macmillan, 2006, p.137；李开盛："美好世界原理——世界政治中人的利益及其实现问题研究"，中国社会科学院研究生院博士学位论文，2008年，第126页。

[2] 通常而言，如果仅强调对发生人道主义灾难的国家和地区进行武力强制行动，部分西方国家的民众可能因为干预成本太高、人员伤亡等现实原因而反对本国政府干预他国政府的行为。

际组织的实践与倡议有助于推动国际人道主义规范的发展与传播。

第二，武装组织的行为应受到国际法的制约。由于武装组织等非国家行为体对人权造成的威胁和侵害越来越严重，国际社会尤其是国际法学者日益关注武装组织的人权保护义务，并发展了相关的国际法来规范和约束武装组织等非国家行为体的行为。越来越多研究国际人道法的学者认为，在非国际性武装冲突中，武装组织等非国家行为体负有人权保护义务。① 根据对领土的控制以及主权国家政府对其承认的程度，国际法学者区分了叛乱团体、反政府武装和交战团体三个概念。② 叛乱团体只有在发展成为反政府武装时，国际法才视其为国际法权利义务的承载主体。传统上，反政府武装也只有在那些承认他们地位的国家的关系范围内享受权利、承担义务，至于拥有权利义务的多少要视承认的具体表述而有所不同。③ 根据传统国际法，如果反政府武装被与其交战的政府承认为交战团体，那么反政府武装就可以成为事实上的主权国家政府，成为国际武装冲突法权利义务的承载主体。一般而言，主权国家政府往往不愿承认某一情势构成武装冲突，也很难承认叛乱团体、反政府武装、交战团体的法律地位。主权国家政府更愿意将其作为犯罪活动和恐

---

① ［瑞士］安德鲁·克拉帕姆，李静译：《武装冲突中非国家行为体的人权保护义务》，http://www.icrc.org/Web/chi/sitechi0.nsf/htmlall/review-863-p491/$File/irrc_863_Clapham.pdf，第275—313页；Philip Alston, ed., *Non-State Actors and Human Rights*, Oxford: Oxford University Press, 2005, http://www.univie.ac.at/intlaw/reinisch/non_state_actors_alston_ar.pdf。

② 对反政府武装的承认至少要满足以下条件："国际法对于构成国际法主体的要求是比较宽松的，简言之：(1) 叛乱团体必须证明他们已有效控制了一国的部分领土；(2) 内乱应达到一定强度，并持续一段时间，而不仅仅是骚乱或者零星、短期的暴力事件；(3) 最终要由各个国家（包括内乱爆发的国家和其他国家）通过（暗中地）承认或拒绝承认，来评价其是否满足这些要求。参见［瑞士］安德鲁·克拉帕姆，李静译：《武装冲突中非国家行为体的人权保护义务》，http://www.icrc.org/Web/chi/sitechi0.nsf/htmlall/review-863-p491/$File/irrc_863_Clapham.pdf，第275—276页；贾兵兵：《国际人道法简明教程》，清华大学出版社2008年版，第157—160页；Antonio Cassese, ed., *International Law*, Oxford: Oxford University Press, 2005 (2nd Edition), p.125。

③ ［瑞士］安德鲁·克拉帕姆，李静译：《武装冲突中非国家行为体的人权保护义务》，http://www.icrc.org/Web/chi/sitechi0.nsf/htmlall/review-863-p491/$File/irrc_863_Clapham.pdf，第276页。

怖活动、犯罪分子和恐怖分子进行打击。但是，在今天看来，直接将叛乱团体（未被承认的反政府武装）视为当代国际人道法下国际义务（尤其是1949年《日内瓦公约》共同第三条，1977年《第二附加议定书》、1954年《武装冲突下保护文化财产公约》第19条规定里所涵盖的义务）的承载者，则更有意义。

国际义务适用于武装反对派团体的理由如下。第一种观点认为，个人和团体都是一国国民，既然该国做出了国际法上的承诺，该承诺就当能约束其国民。也就是说，一个国家做出的承诺、履行的义务不仅适用于其政府，还适用于该国控制领土上的任何团体和个人。第二种观点认为，当某一团体既然在履行事实上的政府职能时，就应该为其行为负责。第三种观点是，某些条约本身就直接为个体和团体设定了义务。例如，有时冲突方会在武装冲突中或者战后达成书面协议，承诺尊重与保护人权，遵守相关武装冲突法。第四种观点认为，有些义务如共同第三条就是针对叛乱团体等非国家行为体的。在1949年《日内瓦四公约关于保护非国际性武装冲突受难者的附加议定书》（第二议定书）中规定，在非国际性武装冲突中，冲突各方负有以下义务：包括保护不直接参加敌对行动的人、伤者、病者，禁止对这些人进行谋杀、实施暴力、残忍对待、劫持为人质、有辱人格的对待、缺乏司法保障的审判和处决。联合国前南国际刑事法庭庭长西奥多·梅隆（Theodor Meron）认为这些规则的有效使用并不取决于他们是否已经被纳入国内法，重要的是"有必要认为共同第三条为反政府武装直接设定了义务"。[①]

如今，国际法将这些义务适用于武装冲突中的某些主体，而不管他们是否被与其交战的国家或任何第三国所承认。适用于国内武装冲突的

[①] Theodor Meron, *Human Rights in Internal Strife: Their International Protection*, Grotius, Cambridge, 1987, p. 39.

国际人道法规则也对叛乱团体等非国家行为体设定了一定的义务。[1]《国际刑事法院罗马规约》不仅对灭绝种族罪、危害人类罪、战争罪、侵略罪进行了明确的界定,还强调本条约对严重违反国际法既定范围内适用于非国际性武装冲突的各冲突方的行为也具有约束效力。2004年塞拉利昂特别法庭上诉法庭的结论也表明:"尽管只有国家可以成为国际条约的缔约国,但武装冲突各方,不管是国家还是非国家行为体,都受国际人道法规则的约束。这是一条已经确立下来的规则。"[2]

越来越多的司法实践以及国际法学家的研究表明:武装组织等非国家行为体在任何情况下都具有保护基本人权的义务,联合国等国际组织、非政府组织也一直在呼吁并未被成员国所承认的各类团体应该正式履行尊重和保护人权的义务。国际法委员会关于"国家对国际不法行为的责任"条文草案规定:叛乱运动成立新政府后,需要对其作为非国家行为体时所做的行为承担国家责任,但对未获得成功的叛乱运动的行为负责持谨慎态度。[3] 为了研究方便,本书并不从国际法律意义上来严格区分叛乱团体、反政府武装和交战团体这三个概念及其国际义务。本书

---

[1] Emmanuel Roucounas, "Non-State Actors: Areas of International Responsibility in Need of Further Exploration," in Maurizio Ragazzi, ed., *International Responsibility Today: Essays in Memory of Oscar Schachter*, Marshall Cavendish Corporation, 2005, pp. 391-404, esp. p. 397; Liesbeth Zegveld, *Accountability of Armed Opposition Groups in International Law*, Cambridge: Cambridge University Press, 2002, pp. 49-51; Lyndsay Moir, *The Law of Internal Armed Conflict*, Cambridge: Cambridge University Press, 2002; Pieter H. Kooijmans, "The Security Council and Non-State Entities as Parties to Conflicts," in Karel Wellens, ed., *International Law: Theory and Practice*, Hague: Martinus Nijhoff, 1998, pp. 333-346; Theodor Meron, *Human Rights and Humanitarian Norms as Customary Law*, Clarendon, Oxford, 1989; Theodor Meron, *Human Rights in Internal Strife: Their International Protection*, Grotius, Cambridge, 1987; Yves C. Sandoz, Christophe Swinarski and Bruno Zimmerman, eds., *Commentary on the Additional Protocols of 8 June 1977 to the Geneva Conventions of 12 August 1949*, Geneva/Dordrecht: ICRC/Nijhoff, 1987.

[2] [瑞士] 安德鲁·克拉帕姆,李静译:《武装冲突中非国家行为体的人权保护义务》,http://www.icrc.org/Web/chi/sitechi0.nsf/htmlall/review-863-p491/$File/irrc_863_Clapham.pdf, 第283页。

[3] [瑞士] 安德鲁·克拉帕姆,李静译:《武装冲突中非国家行为体的人权保护义务》,http://www.icrc.org/Web/chi/sitechi0.nsf/htmlall/review-863-p491/$File/irrc_863_Clapham.pdf, 第296—297页。

假定，当武装组织符合以下三个条件，国际人道法就应该对其权利和义务进行一定的考虑：(1) 某一团体或组织旨在反对主权国家政府，拥有武器，并能够抵御国家武装部队的进攻；(2) 对主权国家政府的统治构成了部分威胁，且需要主权国家政府出动军事力量进行打击；(3) 袭击平民等非战斗人员，侵害了平民生命、财产、安全以及从事生产等的权益。

第三，国际组织与武装组织的对话与谈判不会改变后者的国际法律地位。武装组织因不具有国家主权地位，其国际活动空间的范围和内容不仅受到其所在国政府的抵制和打压，而且国际组织也常常难以在征得其所在国政府的同意下，同武装组织开展对话与沟通。在冷战结束后，为减轻人道主义危机、保护无辜平民，联合国等国际组织会寻求直接与武装组织开展对话与谈判，甚至达成某种书面协议，内容包括尊重武装冲突法、保证人道主义救援物资与人员安全、保护当地平民、尊重基本人权。国际组织与武装组织的对话与谈判具有三大意义。一是在一定程度上保证了人道主义干预的中立性与灵活性。西方国家在对他国进行人道主义干预时，通常都会考虑干预对本国国家利益的影响。如果他国发生的人道主义危机涉及到本国国家利益，两方国家政府会优先保护本国国家利益，关注当地人道主义危机状况。当他国发生的人道主义危机对国家重要的利益不构成威胁时，大多数国家都不愿积极采取军事行动进行干预。[①] 这也可以解释为什么西方国家对卢旺达大屠杀等严重的人道主义危机袖手旁观，却积极、大规模地干预科索沃地区相对较小规模的人道主义危机。因此，为避免一国国家利益对人道主义干预的干扰，联合国等国际组织能够对所有的人道主义危机做出适当的反应，相对公正地进行干预。联合国与武装组织进行对话与沟通，有助于减轻人道主义灾难，加强对武装组织的规范与约束。二是优先考虑人道主义救援。联

---

① Michael J. Smith, "Humanitarian Intervention: An Overview of the Ethical Issues," in Joel H. Rosenthal, ed., *Ethics & International Affairs: A Reader*, Washington: Georgetown University Press, 1999 (2nd Edition), p. 289.

合国与武装组织之间的对话、谈判和达成的协议，是将人道主义救援需求优先于政治考虑，旨在建立相互信任，推动武装组织担负起对平民权利与安全的保护责任。三是不改变对话方以及冲突方的国际法律地位。红十字国际委员会在《日内瓦公约附加议定书评注》中提出：从文本中删除"冲突各方"的提法只是影响了文本的起草措辞，而并不影响他们的法律内涵，且所有规则都以两方以上相互对抗的情势为基础。这些规则为政府、反政府武装设定了相同的权利和义务，所有的权利义务都具有纯粹的人道性质。[①] 也就是说，国际组织同武装组织的对话和谈判并不是要否定国家主权，也不应被视为干预当事国的内政，更不意味着武装组织将获得国际法律的主权承认。相反，这意味着在尊重国家主权与政权合法性的基础上，国际组织寻求同武装组织进行接触、对话与谈判。

四、变量操作化与假设推导

本书的核心假设是："参与进程"有助于说服武装组织学习和接受新规范、放弃招募和使用儿童兵、保持行为克制。其中，"参与进程"是自变量，武装组织的社会性克制是因变量。"参与进程"强调接触、对话和谈判，重视过程性因素。具体而言，武装组织的"参与进程"包括国内、国际和平进程。国际和平进程是指联合国等国际组织同武装组织进行直接接触与对话。国内和平进程是指武装组织与主权国家政府进行对话和谈判，进而签署和平协议，参与新政府组建和战后重建，推动国内司法体系的改革和完善。在向武装组织传播规范过程中，"参与进程"包含了两个重要的传播机制：监测与报告机制、制度设计。通过监测和报告机制、制度设计两大规范传播机制，武装组织在国际、国内

[①] [瑞士] 安德鲁·克拉帕姆，李静译：《武装冲突中非国家行为体的人权保护义务》，http：//www.icrc.org/Web/chi/sitechi0.nsf/htmlall/review-863-p491/＄File/irrc_863_Clapham.pdf，第283—284页。

第三章　参与进程：社会性克制的动力与进程

和平进程中的参与实践有助于推动武装组织学习新规范，催生信任与合作意识，重新界定行动意义与利益，进而导致渐进式变化，保持行为克制。此外，武装组织的参与程度也影响其接受和遵守规范的程度。换言之：武装组织的参与程度高，其接受和遵守国际规范的程度也高；武装组织的参与程度低，其接受和遵守国际规范的程度相应地也低。最后，为更好地验证核心假设和自变量，本书将对三大干扰变量——武力打击、法律威慑与制裁、间接政治施压与制裁的作用和影响进行控制和评估。

（一）参与进程的操作化

1. 国内参与进程

国内参与进程是指武装组织与主权国家政府进行对话与谈判。双方之间达成停火协议、进行和解有助于说服武装组织停止招募和使用儿童兵，结束冲突，参与战后重建。

武装组织的国内参与进程大致可以分为四个阶段。阶段一：武装组织同主权国家政府达成停火协议，重视儿童保护。停火协议是指交战方之间口头或者书面达成协议，主要涉及交战方的全部或者绝大部分的军事力量，在一定时间内，公开放弃对对方使用武力。[①] 在武装冲突期间，尽管在短时间内难以结束冲突，但可以鼓励冲突各方达成停火协议，比如设立安宁日、搭建和平走廊、强迫停火期，确保当地儿童及平民能获得各种基本的生活服务，保证人道主义救援渠道的通畅。执行停火协议、履行人道主义承诺，还为武装组织放弃冲突立场，走向谈判桌奠定了基础。

阶段二：参与和平谈判。在国内武装冲突中，武装组织与主权国家政府之间的得失利害关系导致了武装冲突方的偏好是使用武力获胜，和

[①] James D. D. Smith, *Stopping Wars: Defining the Obstacles to Cease-fire*, Boulder: Westview Press, 1995, p.266.

平谈判只是一个次优选择。[①] 但是，武装冲突的发展并不以冲突方的个人意志和希望为转移。通过和平谈判解决国内武装冲突日益成为武装冲突方的优先考虑目标。越来越多的学者认为，通过和平谈判、达成和平协议是解决冲突的最好选择，而且从长远来看，通过武力结束冲突比通过签署和平协议结束冲突更容易受到挑战。[②] 冷战结束后，通过和平谈判、达成和平协议来终止国内武装冲突也变得更为常见。在参与和平谈判之初，武装组织同主权国家政府之间难以就权力分配、国家司法体系改革、战斗员解除武装、复员与重返社会进程等关键问题达成一致，但是相对比较容易就保护儿童与平民的权利、保证人道主义救援人员与物资的安全等问题达成共识与协议。落实这些共识和协议，有助于提高当地的人权保护意识和标准，也为签署和平协议提供了契机和希望。

阶段三：签订和平协议。和平协议是指全部或者主要冲突方就解决或者调控全部或者主要的不相容性问题达成一系列相关协议。[③] 在和平协议中，武装组织与主权国家政府就冲突性质、解除武装、复员、重返社会进程、实行非军事化、政治解决框架、战后重建等问题达成了协议。此外，儿童与妇女等弱势群体也越来越多地参与和平协议的讨论、制定与决策，这有利于敦促武装组织与主权国家政府减少针对平民的暴力袭击，并优先考虑他们的特殊需求、确保其基本权利。

阶段四：组建新政府，参与战后重建。按照和平协议的安排，武装组织与主权国家政府将组建具有包容性的新政府，并由新政府领导战后重建。对于新政府来说，有两大优先任务：一是完成解除武装、复员和

[①] Paul R. Pillar, *Negotiating Peace: War Termination as a Bargaining Process*, Princeton: Princeton University Press, 1983, p. 24.

[②] 有关国内武装冲突和平解决的可能性与现实性的研究分析与文献梳理，参见胡文秀：
"论冷战后国内武装冲突和平解决的影响因素"，中国社会科学院研究生院博士学位论文，2011年，第28页；Peter Wallensteen, *Understanding Conflict Resolution: War, Peace and the Global System*, London: Sage Publication Ltd., 2007 (2nd Edition), p. 28。

[③] 胡文秀："论冷战后国内武装冲突和平解决的影响因素"，中国社会科学院研究生院博士学位论文，2011年，第28页。

重返社会进程，确保儿童与成人战斗员在解除武装和复员后，能够充分地融入当地的社会与经济生活；二是新政府的组织建设以及执政能力建设。新政府班子成立后，武装组织成员需要同其他政府成员相互磨合、协商与合作，加强新政府的能力建设，并制定国内政治、经济、社会发展计划。如果武装组织同其他政府成员之间仍将对方视为敌人，并采取敌对或者具有敌意的行动，这将有可能导致国内政治、经济、社会再次陷入混乱局势，甚至引发新的武装冲突与内战。

在完成上述四个阶段后，国内司法改革与建设才可能推动，并批准相关国际人权条约。建立新政府后，还需要做出全国性的努力，在巩固和平工作中加强司法体系改革和建设。这一优先领域包括：成立真相与和解委员会、设立特别法庭、建立独立的国家人权监督与报告机制、加强司法系统建设与改革、确保司法公正与独立、打击有罪不罚现象、签署和批准相关的国际人权条约。通过国内司法改革和建设，国内人权保护以及法律意识才能从根本上加强，同时消除招募和使用儿童军等有罪不罚行为。

不参与国内和平进程是指武装组织与主权国家政府之间不存在任何旨在实现停火、结束冲突的协议。在国内和平进程中，低程度的参与主要集中在阶段一、二。武装组织同主权国家政府之间达成停火协议，这虽然在短时间内实现了停火，但双方并没有完全放弃使用武力等暴力手段，且在权力分配、战后重建、战斗员解除武装、复员和重返社会进程、政治解决框架等关键问题上并没有达成共识。在和平谈判初期，双方也难以就上述问题进行妥协，达成一致。但是，实现停火、参与谈判毕竟为和平解决国内武装冲突，加强国内人权保护提供了沟通与交流的平台。高程度的参与至少需要达到阶段三，即武装组织签署了和平协议。和平协议体现了武装组织与主权国家政府之间就关键、敏感问题达成了妥协与一致。组建新政府，进行冲突后重建以及国内司法改革与建设，则是从根本上提高了国内人权的保护意识和标准。这些都为国际规范的传播、加强人权保护提供了坚实的国内基础。

由此推导出分假设一：

H_1：武装组织参与国内和平进程的程度越高，其越愿意释放并停止招募儿童兵；其参与进程的程度越低，越不可能做出承诺、遵守儿童兵规范。

2. 国际参与进程

国际参与进程是指联合国等国际组织与武装组织进行直接对话和谈判。在对话和谈判过程中，联合国向武装组织传播和解释人道主义保护规范的概念、内涵和意义，要求武装组织停止针对儿童等无辜、弱势群体的袭击，并采取实际行动履行人权保护义务。随着国际参与进程的深入，武装组织更愿意同联合国合作，并做出承诺、履行承诺。

武装组织在国际层面的参与进程可以细分为四个阶段。阶段一：参与对话与谈判。停止在武装冲突局势中侵犯儿童的行为、提供受害者救助方案，与武装组织就儿童保护问题进行对话和接触是关键。进行对话并不是承认武装组织的合法性或国际法律地位。对话的唯一宗旨是确保接近和保护弱势儿童。这种对话是透明、公开的。为保护儿童，联合国及其下属的儿童基金会、负责儿童与武装冲突问题的特别代表与武装组织进行接触、访问和谈判。这为传播国际规范与规则、敦促武装组织接受和遵守国际规范与规则奠定了基础。联合国与武装组织的接触、访问和谈判有着广泛目的：（1）对儿童的状况进行实地评估，加强在全球范围的儿童保护工作和宣传工作；与儿童会面交谈，直接了解和感受儿童的体验和需要；（2）支持联合国行动者与武装组织对话，制订行动计划，敦促武装组织停止征募和使用儿童兵，释放所有与战斗部队有关系的儿童；倡导采取具体措施，并争取武装组织承诺防止或停止其他严重侵害儿童权利的行为；（3）酌情执行、评估第 1612 号决议（2005），监测和报告六种严重侵犯儿童权益的行为；（4）与主权国家政府进行对话，以获得防止和处理侵权行为的具体承诺，确定并强调政府应采取保护儿童的具体措施；（5）与非政府组织、民间社会团体进行接触，并支持他们更好地开展儿童保护工作；（6）以保护受武装冲突影响的儿童为指导原则，加强与联合国伙伴和其他利益攸关方在当地的协调与合作。①

阶段二：做出承诺。在对话和谈判进程中，儿童基金会、负责儿童与武装冲突问题的特别代表等国际组织及其负责人会有计划地引导和要求武装组织做出以下承诺：不招募和使用儿童兵、不以平民为攻击目标、不攻击学校和医院、不使用地雷、不阻碍国际人道主义救援人员前往其控制地区接触受难的儿童和平民、不干扰人道主义救援物资的分配工作、实现人道主义停火。安全理事会在第 1261 号决议（1999）中表示支持这种努力，敦促武装冲突方履行所做的具体承诺，切实保护处于武装冲突局势中的儿童。例如，儿童基金会、难民专员办公室、儿童与武装冲突问题特别代表办公室到等联合国机构首创了一种做法，即说服武装冲突方指定停火日，划定安全区或开放安全通道，让人道主义救援工作人员接触战区的儿童，以便向他们提供疫苗接种、基本食物和医药。一般来说，说服武装组织承诺保证人道主义救援人员以及物资安全相对容易，但是要求武装组织释放儿童兵，并保证不再招募和使用儿童兵是比较困难的。这需要联合国机构积极、持续地保持同武装组织的对话和谈判。随着对话和谈判的深入，武装组织才比较愿意合作，做出相关承诺。而要兑现这些承诺，并采取实际行动，还需要继续与武装组织保持接触和对话，并加强监测和报告机制，以促使武装组织早日签署行动计划。

阶段三：签署行动计划。行动计划包括以下七点：（1）停止有关侵害儿童的行为；（2）通过武装组织指挥系统正式下令，停止侵害儿童行为，并对犯罪者采取惩戒措施；（3）武装组织与联合国共同商定一个合作方式，以处理严重侵害儿童的行为；（4）联合国人员进入武装组织控制的领土、基地、营地、训练设施、招募中心或其他相关设施，持续监督武装组织的遵守情况；准入框架由联合国与武装组织共同

---

① 参见 http：//www.un.org/chinese/children/conflict/countryvisits.html。

商定；(5)提供可核实的资料,确保追究犯罪者的责任；(6)武装组织设立相关预防战略,以防止日后侵害儿童的行为；(7)在武装组织的军事结构中指定一个高级别协调中心和协调人,负责协调和履行行动计划。①

阶段四：执行行动计划,并受到核查与监督。在签署行动计划后,需要敦促武装组织按照日程表执行行动计划,包括释放部队内未满18周岁的儿童兵,对不遵守者进行必要的惩罚,采取实际措施预防再次招募和使用儿童兵。在执行行动计划过程中,联合国实体机构能够进入武装组织控制的领土、基地、营地、训练设施、招募中心或其他相关设施,核查武装组织执行动计划的实际情况。为更好地保证行动计划的进行,还需要开展后续援助性行动,支持重建未来的倡议。联合国秘书长认为,应委托负责儿童与武装冲突问题的特别代表召集联合国各部门、机构以及出台方案,并邀请各会员国做出承诺,制定一个更稳定、长期的供资结构,为执行行动计划提供所需的人力、财力和资源；鼓励捐资者为各国政府、联合国和合作伙伴提供足够的资源和资金,帮助国家武装部队、武装组织内部的儿童兵解除武装、复员和重返社会。②

在完成上述四个阶段后,武装组织将从"黑名单"上被除名。将武装组织从"黑名单"上除名有着严格的条件和标准。只有当联合国得到经核实的资料,并确认该武装组织至少在一个报告周期已停止严重侵害儿童行为时,才可以将武装组织从"黑名单"上除名。③ 武装组织被除名后,只要秘书长担心有关侵害行为仍可能发生,则可以对武装组

---

① 联合国：《儿童与武装冲突：秘书长的报告》(A/64/742 - S/2010/181),2010年4月13日,第38页,http://documents-dds-ny.un.org/doc/UNDOC/GEN/N10/311/27/pdf/N1031127.pdf? OpenElement。
② 联合国：《儿童与武装冲突：秘书长的报告》(A/64/742 - S/2010/181),2010年4月13日,第39页,http://documents-dds-ny.un.org/doc/UNDOC/GEN/N10/311/27/pdf/N1031127.pdf? OpenElement。
③ 联合国：《儿童与武装冲突：秘书长的报告》(A/64/742 - S/2010/181),2010年4月13日,第38页,http://documents-dds-ny.un.org/doc/UNDOC/GEN/N10/311/27/pdf/N1031127.pdf? OpenElement。

织继续进行监测和报告。至少在除名后的一个监测和报告周期内，被除名的武装组织要保证联合国能够不受阻碍地进入，监督与核查遵守承诺的情况。否则，武装组织可能会被重新列入"黑名单"，而秘书长也可能将其违背行为和情况提请安理会注意。

武装组织不参与国际进程是指联合国等国际组织与武装组织之间不存在直接的接触与对话。低程度的参与主要集中在阶段一、二。在低程度参与过程中，武装组织虽然同国际组织开展了对话和谈判，了解了有关的国际人道主义规范与规则，但缺乏正式的制度来保障和落实承诺。武装组织也可能表面上做出承诺，但并不采取实际、有效的行动践行承诺。高程度的国际参与至少应该达到阶段三，即武装组织证明了履行承诺的诚意，签署了具有一定"法律效力"的行动计划，并采取实际行动来停止或阻止不人道行为和不法行为。阶段四所采取的核查与监督措施、后续援助性行动则是为了进一步保证和推动武装组织执行行动计划。当武装组织按照行动计划履行义务、接受和遵守国际规范的情况得到核实后，联合国秘书长才会在相关报告中将其"除名"。

由此可以推导出分假设二：

H_2：武装组织在国际层面的参与实践程度越高，其越有可能学习和遵守国际规范；其参与实践的程度越低，越不愿意接受国际规范。

3. 国内和国际参与进程的相互联系

值得注意的是，武装组织在国际、国内政治层面的参与进程不是相互割裂、相互排斥的。相反，二者是相辅相成、密不可分的。一方面，武装组织同联合国等国际组织的对话有可能使其做出承诺，接受相关国际规范与规则。而联合国等国际组织也日益重视国内和平进程的作用和意义，并积极为推动武装组织与主权国家政府启动国内和平进程提供谈判平台和解决方案。另一方面，武装组织对国内和平进程的启动具有至关重要的作用。武装冲突各方之间的停火、结束冲突、进行和解将会降低武装组织实施不人道行为、犯罪行为的规模和数量。如果武装组织拒绝参与某一层面的合作进程，或者被挡在某一层面和平进程之外，那么这势必不利于另一层面参与进程的开展。低程度的双重参与分为两种情况：一是武装组织没有参与国际和国内和平进程，或者只参加了一个层面的和平进程；二是武装组织在国际、国内的参与实践和进程都集中在阶段一、阶段二。高程度的双重参与是指：武装组织在国际、国内两个层面的参与都至少要达到阶段三，即武装组织与联合国等国际组织签署行动计划、武装组织与主权国家政府签订和平协议。只有当武装组织高程度地参与国际、国内和平进程，才能更有效地解决问题，推动国际规范和规则的传播。简而言之，武装组织在国际、国内层面的双重参与进程有助于其接受和遵守国际规范。

由此推导出分假设三：

H_3：武装组织的双重参与实践及其进程越高，其越容易接受国际规范；其双重参与实践及其进程越低，越不可能接受国际规范。

（二）机制设置

机制设置包括监测与报告机制、制度设计。这是敦促武装组织规范学习和遵守的重要保障机制。① 在确保武装组织参与对话、履行承诺方面仍然存在各种挑战。在国际层面，有些武装组织即便做出了承诺甚至签署了行动计划，也存在背弃诺言、拖延或拒不执行的可能。在国内层面，也存在武装组织拒不执行或者撕毁和平协议，并再次发起武装冲突的可能。因此，应进行合理的制度设计，并建立强大的监督和报告机制，以确保武装组织持续参与对话，督促他们放弃暴力行为、履行承诺与和平协议。②

制度设计既需要为国际组织同武装组织直接接触和沟通提供制度保障，也应为武装组织参与国内政治和平进程提供制度框架。在国内层

---

① 从时间顺序上看，机制设置一般滞后于参与实践。随着参与实践的深入，相关机制设置对前期实践活动与举措予以确认和制度化，确保实践活动的进一步开展。
② 联合国：《儿童与武装冲突：秘书长特别代表的报告》（A/62/228），2007 年 8 月 13 日，第 20—21 页，http://www.un.org/zh/documents/view_doc.asp?symbol=A/62/228。

面，制度设计有助于加强对儿童的保护，促进国内和平进程的启动：在和平协议中设立保护儿童、儿童参与武装冲突解决的特别条款；设计有效的和平协议。① 在国际层面，制度设计主要涉及两个方面：儿童在国际和平与安全议程中占主流位置；鼓励和支持联合国专门机构及其负责人同武装组织进行系统的对话与合作。

1. 监测与报告机制

监测与报告机制是利用联合国系统的专门知识以及各国政府、各区域组织、各非政府组织和民间社会行动者的贡献，就招募和使用儿童兵等严重侵害儿童权益的行为提供及时、客观、准确、可靠的信息，并为日后采取适当行动提供建议和方案。② 第 1612 号决议（2005）进一步强调了监测与报告的职能与作用，认为该机制旨在收集、提供及时、客观、准确与可靠的信息，并向安全理事会工作组提交报告。③ 监测和报告机制主要在三个层面运作：在国家一级收集资料、协调行动；在总部一级协调、审查、合并资料，并拟订报告；在当地采取协调一致的行动，确保构成"行动目的地"的各机构遵守规范。在监测和报告机制

---

① 有效的和平协议应该包括两个因素。一是领导人之间的协议。有效的和平设计需要考虑主权国家政府、武装组织领导者在战后的权力与利益分配，能促使双方领导者相互妥协，达成某种协议。如果主权国家政府或者武装组织领导者认为和平协议分配不公，将可能剥削自己的权力与利益，那么他们通常会阻扰或拒绝执行该和平协议。因此，主权国家政府与武装组织领导者之间的权力、利益交换和共识是建设和平的核心要素。二是新产生的、合法的领导者能平衡各方利益。仅仅在领导者之间达成协议还不够，根据协议而产生的合法的领导者还需具有领导力，能平衡各组织派系及其成员的利益，协调各方之间矛盾与冲突。简而言之，内战的永久性解决方案应该降低武装冲突各方的冲突动机，鼓励他们的和平动机。有效的和平协议需要创造一种和平，这种和平能够平息和驱散人们诉诸战争和暴力的各种欲望和怨恨。这不仅需要在战后和平时期进行政治与经济重建，更需要倾听和解决人们心中的各种怨恨。创造一种将怨恨心理考虑在内的和平是一项意义深远的政治举措。参见 David Keen, "Incentives and Disincentives for Violence," in Mats Berdal and David M. Malone, eds., *Greed and Grievance: Economic Agenda in Civil Wars*, London: Lynne Reinner Publishers, 2000, p. 39。

② 联合国安全理事会第 1539（2004）号决议，http://www.un.org/chinese/aboutun/prinorgs/sc/sres/04/s1539.htm。

③ 联合国安全理事会第 1612（2005）号决议，http://www.un.org/chinese/aboutun/prinorgs/sc/sres/05/s1612.htm。

的建立与运作过程中,负责儿童和武装冲突问题的特别代表和儿童基金会发挥着极其重要的作用(参见图3—1)。

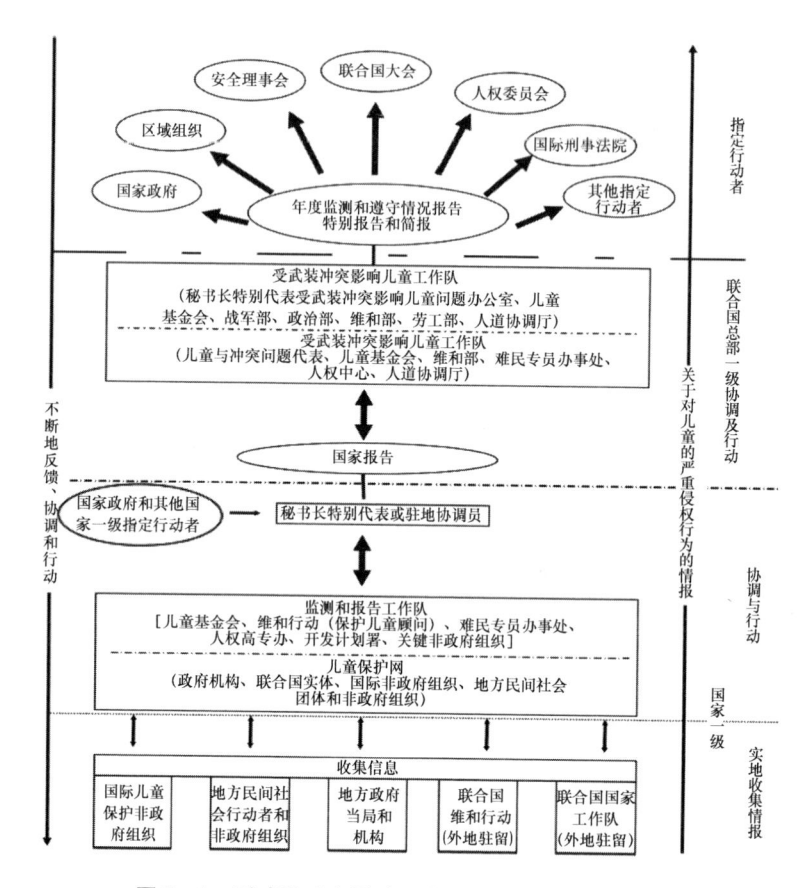

图 3—1 受武装冲突影响儿童监测与报告机制流程图

资料来源:联合国:《儿童与武装冲突:秘书长的报告》(A/59/695 - S/2005/72),2005年2月9日,第26页,http://www.un.org/zh/documents/view_doc.asp?symbol = A/59/695。

监测和报告机制主要涉及以下六个问题。① (1) 监测六种最严重侵

---

① 联合国:《儿童与武装冲突:秘书长的报告》(A/59/695 - S/2005/72),2005年2月9日,第12—26页,http://www.un.org/zh/documents/view_doc.asp?symbol = A/59/695。

犯儿童权利的活动：杀害或致残儿童、绑架儿童、招募和使用儿童兵、攻击学校或医院、强奸儿童和其他针对儿童的严重性暴力、剥夺对儿童的人道主义援助。（2）构成监测和报告的各项标准依据。目前，已经确立监测和报告在武装冲突中侵犯儿童行为的标准尺度。在国际一级，这些标准包括《儿童权利公约》《儿童权利公约关于儿童卷入武装冲突问题的任择议定书》《国际刑事法院罗马规约》《国际劳工组织关于禁止和立即行动消除最恶劣形势的童工劳动的第182号公约》《非洲儿童权利与福利宪章》《1949年日内瓦四公约》及其两项附加议定书；安全理事会通过的一系列决议，包括第1261号决议（1999）、第1314号决议（2001）、第1379号决议（2001）、第1460号决议（2003）、第1539号决议（2004）、第1612号决议（2005）、第1882号决议（2009）、第1998号决议（2011）、第2068号决议（2012）、第2143号决议（2014）、第2225号决议（2015）。在国家一级，包括国家颁布的有关保护儿童权利和福祉的法律、武装冲突各方的具体承诺、和平协定中保护受武装冲突影响儿童的条款。最后，社会传统规范和禁忌也会对战争与冲突行为产生一定的影响。（3）监测与报告的对象。切实、有效的监测和报告机制必须监测和尽力影响武装冲突各方、各国政府以及叛乱团伙的行为，尤其需要重点监测和报告在武装冲突局势中招募或利用儿童、杀害和残害儿童和（或）对儿童实施强奸及其他形式性暴力的各行为体。在此，负责儿童和武装冲突问题的特别代表将与冲突各方进行对话，要求他们做出和履行承诺，承担保护儿童的义务。（4）在国家一级收集和汇编资料。在儿童和武装冲突问题特别代表和驻地协调员的指导下，联合国驻当地工作小组、联合国维持和平行动和联合国国家工作队承担了在国家一级落实、协调和监测受武装冲突影响的儿童等重要资料和信息的收集工作。在武装冲突严重影响儿童权益的国家中，还成立了儿童保护网、监测和报告工作队。儿童保护网主要由联合国行动者、政府相关部门或机构、非政府组织以及民间社会组织组成。儿童保护网将所有涉及儿童保护问题的利益攸关者纳入一个非正式网络和对话协作论坛中，为建立监测和报告机制提供资源。此外，儿童保护网的主要成员也是监测和报告工作队的主要成员，他们负责实地收集、审查、合并相关资料和信息，向驻该国的负责儿童与武装冲突问题特别代表或驻地协调员提交报告，由他们向联合国秘书长负责儿童与武装冲突问题的特别代表转交报告。（5）在总部一级审查、综合资料，编写报告。在国际一级收集到的资料由负责儿童和武装冲突问题的特别代表转交给特别代表办公室和驻地协调员，并由他们对资料进行审查、合并，汇编为监测和遵守情况报告。此外，负责儿童和武装冲突问题的特别代表及其办公室将与儿童问题工作组密切协商，负责认真审查、合并国家报告，把资料汇编至年度监测和遵守情况报告中。（6）落实监测和报告机制的"采取行动者"。"采取行动者"包括主权国家政府、安理会、联合国大会、国际刑事法院、人权委员会以及区域组织等。他们负责审核年度监测与遵守情况报告、特别报告和简报，并利用其所拥有的手段和影响，呼吁武装冲突各方遵守有关准则，谴责和制裁违反国际法和国际规范的武装冲突当事方，以确保受战争影响儿童的权利和福利。

还需对监测与报告机制的实施情况进行独立审查。独立审查包括：（1）评估监测与报告机制的总体效力，对信息的及时性、准确性、客观性和可靠性进行评估；（2）审查监测与报告机制同安理会、联合国其他实体机构建立工作联系、进行合作的情况；（3）审查各机构的责任与分工情况；（4）审查预算与经费；（5）关于全面实施监测与报告机制的建议。[①]

具体至儿童兵问题，监测和报告活动主要涉及收集武装组织招募和使用儿童兵的资料，武装组织关于放弃招募和使用儿童兵的书面或口头承诺，核查武装组织签署和执行国家行动计划、释放儿童兵行动的进展。截至2011年底，监测和报告机制已成功在15个国家实施，其关于严重侵犯儿童行为信息的收集工作已见成效。在联合国的领导下，建立

---

① 联合国安全理事会第 1612 号决议（2005），第 3 段，http：//www.un.org/chinese/aboutun/prinorgs/sc/sres/05/s1612.htm。

第三章　参与进程：社会性克制的动力与进程

了监测和报告国家工作队，加强了对六种严重侵犯儿童行为的数据收集能力，并完善了信息的收集和流通。这一全面的信息收集框架有助于更好地了解儿童与武装冲突问题，并为总部和相关机构制订适当的行动方案奠定了基础。①

2. 制度设计

制度设计既需要为国际组织同武装组织直接接触和沟通提供制度保障，也应为武装组织参与国内政治和平进程提供制度框架。在国际层面，制度设计主要涉及两个方面。（1）儿童在和平与安全议程中占中心位置。自1996以来，国际社会对儿童权利和国际和平与安全的相关性，在政治上给予了前所未有的法律地位。把儿童与武装冲突问题纳入联合国工作主流并取得了重要进展，其中最主要的进展就是把保护儿童问题纳入至联合国促成和平、维持和平与缔造和平行动的政治和行动任务中。此外，联合国维持和平行动部、儿童基金会和其他从事保护儿童活动的行为体之间形成了相互补充的关系。还有专家建议，在所有与冲突、安全相关的事项中，冲突当事方应确保儿童权利不容侵犯，确保儿童免于死亡和伤残，免遭任意逮捕拘留、酷刑以及其他残酷，非人道和有辱人格的待遇；冲突各方应与人道主义机构合作，确保有关儿童的人道主义援助物资的安全通行和发放；禁止轻小武器的非法贸易，禁止使用地雷、集束弹等杀伤性武器。②（2）鼓励和支持联合国专门机构及其负责人同武装组织进行系统的对话与合作。多年来，联合国机构，尤其是儿童基金会、难民专员办公室和人道主义事务协调厅，为实现特定的人道主义目标，在当地工作人员的帮助下，与冲突各方举行特别谈判，有时还会与武装组织指挥官直接谈判。儿童基金会提出了安宁日的设

---

① 联合国：《儿童与武装冲突：特别代表的报告》（A/66/256），2012年8月6日，第3页，http：//www.un.org/ga/search/view_doc.asp?symbol=A/67/256&Lang=C&Area=UNDOC。

② 联合国：《儿童与武装冲突：特别代表的报告》（A/62/228），2007年8月13日，第31页，http：//www.un.org/zh/documents/view_doc.asp?symbol=A/62/228。

想,并将之纳入促进实现人道主义停火的活动安排中,这有助于在冲突地区开展免疫接种和婴儿喂养等活动。另外,为确保弱势群体和流离失所人员的安全,难民署、人道主义事务协调厅也与武装组织举行了对话和谈判。

在国内层面,制度设计有助于加强对儿童的保护,促进国内和平进程的启动。(1) 在和平协议中设立保护儿童、儿童参与武装冲突解决的特别条款。将儿童保护问题纳入国内和平进程是至关重要的。如果在建立和平的最初阶段,就忽视了儿童保护问题,那么冲突发生后也就不会重视儿童保护问题,更难以提供充足的资源保证儿童兵解除武装、复原和重返社会进程。一方面,在和平进程中,国家、区域组织和联合国有关实体应将儿童保护设置为优先事项;敦促武装冲突各方在停火与和平协定中列入具体的儿童保护条款,设立具体的行动措施和可实现的目标;独立开展儿童兵解除武装、复员和重返社会进程,重视儿童的特殊需求。另一方面,考虑到儿童对战争与武装冲突的深远影响,儿童参与各项活动的机会不断增加,越来越多的儿童被邀请参与谈判、拟订协定、维持和平、建设和平的行动。在冲突期间以及冲突结束后,通常会出现紧张的政治化活动,虽然儿童在决策方面的作用仍然十分有限,但是儿童的参与不仅促使他们以非暴力的方式保护其权利和利益,而且有助于缓和国内矛盾、解决冲突,并预防爆发新的冲突。(2) 设计有效的和平协议。有效的和平协议应该包括两个因素。一是领导人之间的协议。有效的和平设计需要考虑主权国家政府、武装组织领导者在战后的权力与利益分配,能促使双方领导者相互妥协,达成某种协议。如果主权国家政府或者武装组织领导者认为和平协议分配不公,将可能剥夺自己的权力与利益,那么他们通常会阻扰或拒绝执行该和平协议。因此,主权国家政府与武装组织领导者之间的权力、利益交换和共识是建设和平的核心要素。二是新产生的、合法的领导者能平衡各方利益。仅仅在领导者之间达成协议还不够,根据协议而产生的合法的领导者还需具有领导力,能平衡各组织派系及其成员的利益,协调各方之间的矛盾与冲

第三章　参与进程：社会性克制的动力与进程

突。简而言之，内战的永久性解决方案应该降低武装冲突各方的冲突动机，鼓励他们的和平动机。有效的和平协议需要创造一种和平，这种和平能够平息和驱散人们诉诸战争和暴力的各种欲望和怨恨。这不仅需要在战后和平时期进行政治与经济重建，更需要倾听和解决人们心中的各种怨恨。创造一种将怨恨心理考虑在内的和平是一项意义深远的政治举措。[1]

最后，国际、国内参与进程促使武装组织保持行为克制并不是一帆风顺的。在确保武装组织遵守承诺、履行和平协定方面仍然存在各种挑战。在国际层面，有些武装组织即便做出了承诺甚至签署了行动计划，也存在背弃诺言、拖延或拒不执行行动计划的可能。例如，在苏丹达尔富尔地区，有些签署了《达尔富尔和平协定》的武装组织仍在继续招募和使用儿童兵，或者阻碍儿童兵解除武装、复员与重返社会进程的进行。在国内层面，也存在武装组织拒不执行或者撕毁和平协议，并再次发起武装冲突的可能。因此，应建立强大的监督和报告机制，与武装组织持续进行对话，以确保他们放弃暴力行为、履行承诺与和平协议。[2]

本书对机制设置也设立具体的衡量标准。机制设置可以分为存在或不存在。如果存在机制设置，那么又可以进一步分为明确或模糊。明确的机制设置是指：监测与报告机制体系完整，制度设计包括具体、可操作的议程。模糊的机制设置是指：监测与报告机制体系不完整，制度设计没有具体、可操作的议程。

从上述分析中，可推导出分假设四：

H_4：机制设置越明确，武装组织越愿意参与和平进程、履行承诺与协议；机制设置越模糊，武装组织越不愿意参与和平进程、履行承诺

---

[1] David Keen, "Incentives and Disincentives for Violence," in Mats Berdal and David M. Malone, eds., *Greed and Grievance: Economic Agenda in Civil Wars*, London: Lynne Reinner Publishers, 2000, p. 39.

[2] 联合国：《儿童与武装冲突：特别代表的报告》（A/62/228），2007年8月13日，第20—21页，http：//www.un.org/zh/documents/view_doc.asp? symbol = A/62/228。

与协议。

　　武装组织接受和遵守儿童兵规范，保持社会性克制拓展了规范研究的议程。已有的规范研究更多地是关注国家行为，过分强调"老师"与"学生"的角色与地位，强调"国家中心"与"西方中心"，忽视了进程要素、武装组织等非国家行为体的参与、进程及其影响。本书提出了以"参与进程"为核心的理论解释框架，旨在研究武装组织选择社会性克制的动力与进程问题。"参与进程"有助于说服武装组织放弃招募和使用儿童兵，保持行为克制。为更好地验证"参与进程"的作用，本书还对三大干扰变量——武力打击、法律制裁与威慑、间接政治施压与经济制裁进行了控制。通过监测和报告机制、制度设计两大规范传播机制，武装组织在国际、国内和平进程中的参与实践有助于推动武装组织学习新事物，催生信任与合作意识，进而接受和遵守国际规范和规则。

第四章

布隆迪胡图族武装组织——成功的参与进程

1993年10月21日，布隆迪第一位来自胡图族的总统梅契尔·恩达达耶（Melchior Ndadaye），遭到由图西族控制的军方的暗杀，随后引发了布隆迪境内胡图族与图西族之间第四次内战。作为胡图族最主要的武装组织，保卫民主力量全国委员会—保卫民主力量、胡图人民解放军—全国解放力量在武装冲突中大量招募和使用了儿童兵。为结束布隆迪内战，保护儿童权益，国际社会、布隆迪政府与保卫民主力量全国委员会—保卫民主力量、胡图人民解放军—全国解放力量开展了接触与对话，最终说服武装组织释放儿童兵，开展儿童兵解除武装、复员与重返社会进程。

本章的结构安排如下：第一部分简要地介绍了布隆迪自独立后爆发的四次内战，其中重点阐述了1993年内战的发展历程、原因和影响。第二部分介绍了保卫民主力量全国委员会—保卫民主力量、胡图人民解放军—全国解放力量的基本情况。第三部分阐述了联合国等国际组织与保卫民主力量全国委员会—保卫民主力量、胡图人民解放军—全国解放力量就儿童兵问题开展的对话和接触进程。第四部分阐述了保卫民主力量全国委员会—保卫民主力量、胡图人民解放军—全国解放力量与布隆迪政府之间和平进程的发展过程。在此基础上，第五部分分析和验证了本书的假设。

一、1993 年内战

（一）冲突背景

16 世纪，布隆迪建立了封建王国，1890 年沦为"德属东非保护地"。1916 年，比利时军队占领布隆迪。1922 年，国际联盟将卢旺达—布隆迪交给比利时进行委任统治。1946 年 12 月联合国大会再次将卢旺达—布隆迪交给比利时托管。1962 年 6 月 27 日，第 16 届联大通过关于布隆迪独立的决议。同年 7 月 1 日，布隆迪宣布独立，实行君主立宪，称布隆迪王国。布隆迪主要由三大种族构成，其中胡图族占据 85%，图西族为 14%，特佤族为 1%。[1] 但是，"种族化"的政治激化了胡图族和图西族之间的矛盾，最终引发了四次内战，分别是 1965 年、1972 年、1988 年、1993 年。[2]

独立后，布隆迪主要由三大群体——胡图族、图西族和干瓦皇室家族（Ganwa）的精英所统治。然而，长期"分而治之"的殖民统治模式挑拨了胡图族与图西族之间的矛盾。1959 年爆发的"卢旺达革命"（Rwandan revolution）加剧了布隆迪政局的紧张气氛。布隆迪国内的学术精英们（intellectual elites）对他们北方邻居国内的局势感到

---

[1] 参见外交部网站 http://www.fmprc.gov.cn/chn/pds/gjhdq/gj/fz/1206_6/。
[2] 本书主要关注的是布隆迪 1993 年内战，有关 1965 年、1972 年、1988 年内战的资料参见于红、吴增添：《卢旺达、布隆迪》，社会科学文献出版社 2011 年版；Benjamin Mokoena, *The Political Economy of Burundi: a History of Conflict and Peace*, Verlag: LAP LAMBERT Academic Publishing, 2010; Jean-Pierre Chrétien, "The Recurrence of Violence in Burundi: Memories of the 'Catastrophe' of 1972," in Jean-Pierre Chrétien and Richard Banégas, eds., *The Recurring Great Lakes Crisis: Identity, Violence and Power*, London: Hurst & Company Ltd., 2008, pp. 26 – 60; Patricia O. Daley, *Gender & Genocide in Burundi: The Search for Spaces of Peace in the Great Lakes*, Oxford: James Currey, 2008, pp. 61 – 78; René Lemarchand, "Burundi at a Crossroads," in Gilbert M. Khadiagala, ed., *Security Dynamics in Africa's Great Lakes Region*, Boulder & London: Lynne Rienner Publishers, 2006, pp. 41 – 58。

第四章 布隆迪胡图族武装组织——成功的参与进程

担忧。而布隆迪国内图西族领导人，也害怕遭遇同样的命运，"胡图族威胁论"（Hutu peril）在图西族内部蔓延。胡图族民众也受到"卢旺达革命"的煽动和怂恿。随着国内政治危机的升级，国王宣布解散内阁，并与首相重组政府的种族和政治势力版图。然而，国家制度的混乱和虚弱最终导致政治危机和种族对抗升级。1965年，胡图族军官发动政变，企图推翻君主立宪制，并对图西族平民进行了屠杀，但最后政变以失败而告终。随后，被指控参与这场政变阴谋的胡图族军官遭到逮捕和杀害。出于报复，图西族对农村地区的胡图族农民进行了血腥屠杀。1966年，图西族军官策动了另一场政变，推翻了君主立宪制。从表面上看，这场政变终结了布隆迪国内混乱、多派系的制度危机，但图西族政权的最终目的却是确立图西族对这个国家的绝对主导权。1969年，图西族政权挫败了胡图族发动的又一场政变，随后对胡图族军官进行清洗和迫害。1972年，胡图族在布隆迪南部省份发起武装暴力反抗，并造成了数千名图西族平民的死亡。以此为借口，图西族统治者杀害了数万名胡图人，其中主要是精英。在图西族统治者看来，这种有选择性的"种族屠杀"能够一劳永逸地解决胡图族问题。此外，图西族统治者还实行歧视胡图族的政策，不仅清除胡图族在决策层、军队和警察等政府机构中的势力，还限制胡图族接受教育的机会。这导致胡图族在政治、经济和社会领域全面的边缘化。为反抗图西族统治者的种族压迫政策，1988年胡图族在布隆迪北部省份发起暴动。在暴动之初，图西族平民再一次成为杀戮的对象。随后，图西族政权也对胡图族进行报复，残酷镇压胡图族武装组织和平民。为结束图西族和胡图族之间反复、频繁的暴力冲突，图西族总统皮埃卡·布约亚（Pierre Buyoya）发起和解进程，成立了国家委员会。国家委员会由24名成员组成，主要研究国内的种族冲突问题，并对此提出解决意见和方案。在皮埃卡·布约亚的政治改革期间，胡图族的政治参与权提高了。然而，图西族仍然控制着政治、军事、经济大权。

（二）1993 年选举与总统暗杀事件

随着改革的推进，皮埃卡·布约亚同意在 1993 年 6 月 1 日举行民主选举，并认为自己一定能够在选举中获胜。在民主选举中，皮埃卡·布约亚及其领导的国家进步联盟（Union for National Progress，UPRONA）遭到了梅契尔·恩达达耶领导的布隆迪民主阵线（the Front for Democracy in Burundi，FRODEBU）的挑战。布隆迪民主阵线主要由胡图族构成，该党的主要观点包括：一是认为皮埃卡·布约亚推行的改革很肤浅，不够深入；二是有关国防与安全部队的人员构成、冲突的性质等主要议题仍是政治禁忌或者被曲解。最后，布隆迪民主阵线候选人梅契尔·恩达达耶赢得了 64.75% 的选票，皮埃卡·布约亚为 33.39%，而民族和解党（Party for the Reconciliation for the People，PRP）的候选人获得了 1.44% 的选票，其余的选票要么为无效选票，要么为弃票。在立法议会选举中，梅契尔·恩达达耶领导的布隆迪民主阵线赢得了 71.4% 的选票，国家进步联盟获得了 21.43% 的选票。[1] 与胡图族民众欢庆胜利与自由的场景相比，图西族精英与民众内部弥漫着强烈的恐惧情绪。[2] 图西族控制的军队图谋发动政变，推翻选举结果。1993 年 6 月 16—17 日和 7 月 2—3 日，图西族控制的军队发动军事政变，但都没能成功。1993 年 7 月 10 日，梅契尔·恩达达耶总统及其新政府上任，并开始实行权力分享政策。尽管布隆迪民主阵线在选举中以绝对优势取得胜利，但是其在一个由 23 名成员组成的国家团结政府内阁中仅获得了

---

[1] Filip Reyntjens, "The Proof of the Pudding is in the Eating: the June 1993 Elections in Burundi," *the Journal of Modern African Studies*, Vol. 31, No. 4, 1993, p. 564.

[2] 在图西族统治时期，胡图族遭到镇压和迫害，大量的胡图人被迫逃亡至周边邻国难民营，而他们曾拥有的土地也落入了图西族的手中。图西族害怕胡图族在掌握政权后展开报复，对图西族进行种族屠杀和清洗、没收土地等财产。

13个部长的职位,① 而图西族西尔维·基尼吉（Sylvie Kinigi）被任命为总理,9名图西族部长仍然在内阁中任职。但是,这些争取和平的努力的效果是短暂的。1993年10月21日,图西族主导的军队再次发动军事政变,梅契尔·恩达达耶总统及其国会主席、国会副主席、国内事务部长、情报部部长等高官惨遭暗杀。

这次政治暗杀有着深刻的政治和经济根源。尽管梅契尔·恩达达耶政府及其最初发表的施政演讲都宣布保护图西族的利益,但是其新政和改革计划确实对图西族既得利益集团的权力和利益构成了严重的威胁。这主要包括：一是新政府计划将国内金融押标金（bid bonds）削减80%,以便让小企业（包括许多胡图族人经营的小企业）从国有公司的私有化中受益；二是新政府计划重新考虑与一家比利时公司签订的有关提炼和出口黄金的合同；三是试图重新安置返乡的胡图族农民,并解决他们的土地所有权问题,而这些土地正掌握在一些图西族权贵和民众手中；四是新政府计划改革和重组由图西族主导的军队。②

（三）动荡的政局：胡图族与图西族政党的权力博弈

在梅契尔·恩达达耶总统以及布隆迪民主阵线核心政治人物遭暗杀后,布隆迪民主阵线的政治势力遭到极大的削弱。卢旺达、马里、法国、德国和比利时等国强烈谴责了这场军事政变和政治暗杀,还有几个西方国家中止了与布隆迪的合作。在国际社会的压力下,军队被迫将权

---

① Kristina A. Bentley and Roger Southall, *An African Peace Process: Mandela, South Africa and Burundi*, Cape Town: Human Sciences Research Council, 2005, p. 46; Jean-Pierre Chrétien, "The Recurrence of Violence in Burundi: Memories of the 'Catastrophe' of 1972," in Jean-Pierre Chrétien and Richard Banégas, eds., *The Recurring Great Lakes Crisis: Identity, Violence and Power*, London: Hurst & Company Ltd., 2008, p. 208; Filip Reyntjens, "Burundi: Breaking the Cycle of Violence," *Minority Rights Group International*, London, 1995, p. 12; Filip Reyntjens, "Burundi: Prospects for Peace," *Minority Rights Group International*, 2000, p. 12, www. minorityrights. org/admin/Downlad/Pdf/BURUNDI12. PDF.

② Filip Reyntjens, "The Proof of the Pudding is in the Eating: the June 1993 Elections in Burundi," *the Journal of Modern African Studies*, Vol. 31, No. 4, 1993, p. 13.

力移交给国会。

然而,图西族主导的反对派政党以及军队的目标仍未改变,即推翻1993年选举结果,建立图西族主导的政权。这主要包括两个手段。一是煽动布隆迪国内舆论,抹黑布隆迪民主阵线的领导人,迫使布隆迪民主阵线做出更多的让步和妥协。胡图族和图西族领导人分别于1994年1月和2月4日达成了《基格比协定》(Kigobe Accord)和《卡加戈协定》(Kajaga Agreement)。1994年2月,布隆迪修改宪法,布隆迪民主阵线与国家进步联盟组成了联合政府。布隆迪民主阵线西普里安·恩塔里亚米拉(Cyprian Ntaryamira)任总统,国家进步联盟阿纳托尔·卡尼恩基科(Anatole Kanyenkiko)为副总统,布隆迪民主阵线让·米纳尼(Jean Minani)成为国会主席。随后,图西族政治反对派指控让·米纳尼和内政大臣莱奥纳尔·尼安戈马(Léonard Nyangoma)煽动了国内的种族屠杀,并迫使他们逃亡国外。不过,并没有实际的证据表明让·米纳尼煽动了胡图族对图西族的种族屠杀。在1993年总统暗杀事件后,让·米纳尼在接受英国广播公司的采访时说:"我以政府的名义宣布,我们呼吁:每个布隆迪人,无论他是谁,都应拥护人权,反对暴行。我希望每个布隆迪人——无论你是谁,无论你是图西人、胡图人或者特佤人,无论你属于哪个政党——应意识到他们实施的恶行(指暗杀总统事件)是直接针对你的……这是你们的损失,因为他们杀害了你们亲自选举出来的总统。"[1] 莱奥纳尔·尼安戈马在逃亡国外后,领导成立了保卫民主全国委员会,并与武装组织保卫民主力量结盟,共同反抗图西族政权的迫害。随后,较温和的图西族总理阿纳托尔·卡尼恩基科也从国家进步联盟中被驱逐出去。1994年4月,西普里安·恩塔里亚米拉与卢旺达总统朱韦纳尔·哈比亚利马纳(Juvenal Habyarimana)在飞机失事中丧生,布隆迪再次陷入国内政治权力的真空。而1994年卢旺达种族大屠杀对布隆迪民主阵线领导人造成了严重的负面影响。布隆迪民主

---

[1] Patricia O. Daley, *Gender & Genocide in Burundi: The Search for Spaces of Peace in the Great Lakes*, Oxford: James Currey, 2008, p. 85.

第四章　布隆迪胡图族武装组织——成功的参与进程

阵线被迫向国家进步联盟让步妥协，并让后者掌握了更多的权力。在联合国特别代表艾哈迈杜·乌尔德·阿卜杜拉（Ahmedou Ould Abdallah）的撮合下，1994年9月10日，布隆迪民主阵线（国内派）①与其他政治党派签署了《政府协定》（the Convention of Government）。《政府协定》规定，布隆迪共和国总统必须没有参与推翻梅契尔·恩达达耶总统的政变，没有实施种族灭绝行为或者支持武装军事集团。1994年10月5日，国家联合政府（Government of National Unity）成立，并达成新的权力共享安排。国家联合政府由1名干瓦王朝的王室成员、16名胡图人（3名来自布隆迪民主阵线）以及7名图西人组成。国会新闻发言人、布隆迪民主阵线的西尔维斯特·恩蒂班通加尼亚（Sylvestre Ntibantungana）被选举成为新的总统，国家进步联盟安托万·恩杜瓦约（Antoine Nduwayo）担任了总理，图西族在部长职位中占据了45%。总统和国会的权力受到国家安全委员会（National Security Council）的制约，而图西族控制着国家安全委员会。这极大地扭转了1993年选举的结果。随后，胡图族与图西族领导人之间展开了激烈的政治暗斗（political infighting）。二是图西族精英一方面争取国际社会的同情，将胡图族对图西族的暴力攻击贴上"种族灭绝"的标签；另一方面控制全国舆论，并暗中支持图西族武装组织对胡图族精英进行血腥暗杀，从而达到煽动种族间暴力和仇恨、搅乱国内政局的目的。在图西族主导的政治反对派和军队的煽动和纵容下，许多图西族青年加入了武装组织。这些图西族青年准军事团体一方面暗杀胡图族政治党派的领导人，另一方面使用暴力，迫使胡图族平民离开布琼布拉特定区域和其他主要的城镇（又称"死亡城市日"，dead city days），并毫不留情地杀害拒不离开的胡图族民众，进而达到"种族清洗"（ethnic purification）的目的。在这种极端

---

① 在梅契尔·恩达达耶总统被暗杀后，莱奥纳尔·尼昂戈马被图西族指控支持了胡图族对图西族的种族屠杀。为避免惨遭图西族军队的迫害，部分布隆迪民主阵线的核心政治家被迫逃亡国外，并继续在国外发展布隆迪民主阵线，反抗图西族政权及其军队，简称布隆迪民主阵线（国外派）。

种族暴力和仇恨的局势下，一场全国性的对话根本无法进行。[1] 1995年3月，恩蒂班通加尼亚总统在访问比利时宣布，布隆迪正在发生种族屠杀，并寻求国际社会和非洲统一组织进行干预，以制止来自国家进步联盟强硬派、军队和图西族军事组织等反对派的暴力。图西族控制的军队表示，将同"任何外国远征部队（expeditionary corps）进行武装对抗，无论该部队是人道主义救援还是军队"。[2] 随后，恩蒂班通加尼亚总统向国会提交了一项关于对大范围暴力采取紧急措施的提案，但图西族主导的国会拒绝批准该提案。1995年6月29日，恩蒂班通加尼亚政权解体，恩蒂班通加尼亚总统逃往美国驻布隆迪大使馆寻求避难。

（四）种族与权力的诅咒

胡图族与图西族之间的冲突不仅是种族间矛盾的激化，还是争夺和控制权力的极端表现。胡图族与图西族之间的种族矛盾和冲突可追溯至殖民时代。欧洲殖民者入侵布隆迪后，对胡图族与图西族进行"分而化之"的统治，并利用图西族去统治胡图族。[3] 殖民主义统治强化了种族意识以及排他性的治理体系，并对独立后的布隆迪政府的管理造成深远且严重的影响。作为布隆迪国内的少数民族，图西族长期主导了政治、

---

[1] 《政府公约》规定，布隆迪国内应开展一场全国性的对话，讨论军队的地位，解除武装团体的武装以及维护司法体系的中立性、独立性，而国家安全委员会也应改变军官的主导地位。

[2] Johnstone S. Oketch and Tara Polzer, "Conflict and Coffee in Burundi," in Jeremy Lind and Kathryn Sturman, eds., *Scarcity and Surfeit*: *the Ecology of Africa's Conflicts*, Pretoria: Institute for Security Studies, 2002, p. 101; Kristina A. Bentley and Roger Southall, *An African Peace Process*: *Mandela*, *South Africa and Burundi*, Cape Town: Human Sciences Research Council, 2005, p. 56.

[3] Lennart Wohlgemuth, "NGO's and Conflict Prevention in Burundi," *the Collaborative for Development Action*, Reflecting on Peace Practice Project (RPP) Case Study, 2000, p. 4, www.cdainc.com/rpp/pubications/casestudies/Case14Burundi.pdf; Rockfeler P. Herisse, "Development on a Theatre: Democary, Governement and the Political Conflict in Burundi," *Peace*, *Conflict and Development*, Vol. 1, No. 1, June 2002, pp. 3 – 4, www.peacestudiesjournal.org.uk/docs/Burundi.pdf.

经济权力，并从政治、经济与社会层面对胡图族进行压制和排斥。而胡图族虽然是布隆迪境内最大的群体，却是政治、经济与社会层面的"少数民族"。但有学者认为，将布隆迪国内的武装冲突仅视为胡图族与图西族之间的种族冲突有待商榷。从人种学意义上说，胡图族、图西族以及特佤族并不是独立的"种族群体"，他们都讲基隆迪语（Kirundi），信奉一神教（该教认为回教首领伊玛尼是万物的创造者），有着相同的社会背景、风俗和文化，而且三大种族一直是杂居的（没有所谓的胡图族领地或者图西族领地），并且种族之间也相互通婚。[1] 另外，三大种族之间的形体差异也不是非常突出。在种族大屠杀中，因无法在短时间内辨认和分清而杀害本种族平民的例子非常多。可以说，胡图族、图西族以及特佤族之间的种族差异是一种"想象的身份"，[2] 进而自我预言地导致了"想象的种族之间的战争"。此外，在基隆迪语中，"胡图族"有两种意思：一是源于文化或种族的分类，二是具有社会隐含的意义，暗指社会地位低下的人（social subordinate）；只要胡图族和图西族民众从属于某上层阶层和特权阶层，都可以被称为"胡图族"。[3] 因此，布隆迪国内的冲突与其说是种族间冲突，不如说是对国家权力、社会资源分配的争夺。被边缘化或者害怕被边缘化的群体诉诸暴力来寻求社会公正，而"种族"则成为大规模政治动员、发动武装冲突的工具。[4] 换言之，胡图族与图西族之间的武装冲突并不是纯粹的种族解放战争，并未旨在将受压迫的民众从不平等和受压制的制度中解放出来。

---

[1] Richard Cornwell and Hannelie De Beer, "Africa Watch Burundi: the Politics of Intolerance," *African Security Review*, Vol. 8, No. 6, 1999, p. 84; Filip Reyntjens, "Burundi: Breaking the Cycle of Violence," *Minority Rights Group International*, London, 1995, p. 5.

[2] Janvier D. Nkurunziza and F. Ngaruko, "Why Burundi has Grown so Slowly?" *Weatherhead Centre for International Affairs*, Harvard University, 2005, p. 1, www.wcfia.havard.edu/conferences/batesafrica/PapersPDF/Nkurunziza.pdf.

[3] René Lemarchand, "Ethnicity as Myth: the View from Central Africa," *Centre of African Studies*, Occasional Paper, University of Copenhagen, 1999, p. 10, www.teol.ku.dk/cas.

[4] Filip Reyntjens, "Burundi: Breaking the Cycle of Violence," *Minority Rights Group International*, London, 1995, p. 5.

布隆迪内战深层次的原因是双方为争夺国家政治、经济与社会权力，而不惜从政治、经济、社会层面排斥对方的精英和民众，甚至实行系统、残酷、有目的、不分青红皂白的屠杀。有学者详细地揭示了排斥（exclusion），包括政治排斥、经济排斥和社会排斥导致布隆迪内战的过程。[1] 政治排斥是"否认某一特定种族或者种族地区群体的政治权利，最主要是否认某一特定种族或种族地区群体的投票权以及进行公正、自由政治竞选及参与国家政治生活的权利"。经济排斥是否认某一特定种族或种族地区群体的土地权，或者土地分配不平等，而土地又是布隆迪农民群体主要的经济来源，否认土地的使用权不可避免地意味着经济贫困，或者更糟糕的经济状况。[2] 据统计，在20世纪90年代，农民占据了布隆迪人口的90%。[3] 社会排斥与传统社会网络、安全保护网的崩溃紧密相关，因为传统的社会网络、安全保护网曾经支持了农民群体传统的社会秩序。社会排斥的最终结果就是农民群体在社会和国家中的边缘化，缺乏相应的安全保障。政治、经济、社会排斥最终导致大多数的胡图族、图西族和特佤族民众陷入贫困，难以获得教育、医疗等社会服务。而政治对话、公民社会的缺失，使得精英能够利用和操纵民众的怨恨心理，夸大"自我"与"他者"的差异和矛盾，进而发动"种族战争"，谋取和维持其政治、经济和社会特权。[4]

图西族和胡图族之间无休止的权力争夺、毫无节制地使用暴力，吞

---

[1] René Lemarchand, "The Crisis in the Great Lakes," in John W. Harbeson and Donald Rothchild, eds., *Africa in World Politics: the African State Symtem in Flux*, Boulder: Westview Press, 2000 (3rd Edition), p. 326.

[2] René Lemarchand, "Exclusion, Marginalisation and Political Mobilisation: the Road to Hell in the Great Lakes," *Centre of African Studies*, Occasional Paper, University of Copenhagen, 2000, pp. 5 – 6, www.teol.ku.dk/cas.

[3] Johnstone S. Oketch and Tara Polzer, "Conflict and Coffee in Burundi," in Jeremy Lind and Kathryn Sturman, eds., *Scarcity and Surfeit: the Ecology of Africa's Conflicts*, Pretoria: Institute for Security Studiers, 2002, p. 106.

[4] Benjamin Mokoena, *The Political Economy of Burundi: a History of Conflict and Peace*, Verlag: LAP LAMBERT Academic Publishing, 2010, pp. 43 – 44.

噬和摧毁了原本就脆弱的政治、经济、社会秩序，并严重地侵害了平民的人身和财产安全。在这场旷日持久的武装冲突中，大量胡图族和图西族平民流离失所、惨遭杀戮。例如，国际危机集团（International Crisis Group）指出，武装冲突是在"移动的边界"（moving fronts）中展开，不存在任何"自由地带"（liberated areas），布隆迪军队与武装组织之间很少进行直接"交战"，双方更多的是袭击和屠杀平民。[1] 1993 年至 2002 年，布隆迪国内大概有 120 万难民和境内流离失所者。[2] 在图西族与胡图族之间长期的残酷厮杀中，大约有 100 万平民（包括胡图族和图西族）伤亡。[3] 在梅契尔·恩达达耶总统遭暗杀后，出于报复，胡图族平民和布隆迪民阵前线武装人员随后屠杀了数千名图西族平民，甚至还杀害了国家进步联盟中的胡图族成员。随后，图西族主导的军队和武装组织也针对胡图族平民和布隆迪民主前线成员进行镇压和杀戮。据统计，在暗杀事件后的 3 个月内，就有 5 万到 10 万平民被杀害，100 万平民逃离布隆迪，成千上万的平民沦为境内流离失所者。[4] 1993 年至 2005 年，至少有 20 万平民惨遭屠杀（包括胡图族和图西族），图西族的人口数量由 6.5 万锐减至 4000 多人。[5]

儿童也难以幸免于难。1993 年内战具有难以驾驭（intractable）、拖延时间长（protracted）、致命性（pernicious）、种族屠杀的特点，这对

---

[1] International Crisis Group, "Burundi's Peace Process: the Road from Arusha," *African Briefing* No. 2, Nairobi/Brussels: ICG, 20 July 1998, p. 19, www.129.194.252.80/catfiles/0529.pdf.

[2] International Crisis Group, "A Framework for Responsible Aid to Burundi," *African Briefing* No. 57, Nairobi/Brussels: ICG, 21 February, 2003, p. 4, www.crisisweb.org/library/documents/report_archievel/A400901_21022003.pdf.

[3] Jan Van Eck, "Burundi Report: Relative Success of Transitional Government Essential for the Next Phase of the Burundi Peace Process," *Centre for International Political Studies*, No. 2, 2001, p. 8, www.nilebasin.com/documents/burundireport.html.

[4] Peter Uvin, "Ethnicity and Power in Burundi and Rwanda: Different Paths to Mass Violence," *Comparative Politics*, Vol. 31, Issue. 3, April 1999, p. 262.

[5] Alexandre Hatungimana, "Political Crisis and Social Reconfigurations: the 'Disaster Victims' in Burundi," in Jean-Pierre Chrétien and Richard Banégas, eds., *The Recurring Great Lakes Crisis: Identity, Violence and Power*, London: Hurst & Company Ltd., 2008, p. 136.

儿童造成了严重的影响。大量的儿童被招募入伍，参加了武装斗争。据报道，在武装冲突爆发之初，有3000名至5000名未满18周岁的儿童被送往卢旺达、坦桑尼亚、中非共和国进行军事培训。① 大约有1.4万名儿童参与了布隆迪内战。② 大赦国际（Amnesty International）指出，暴力文化以及使用致命性军事武器已经深入校园。为给亲人报仇，许多图西族儿童和青年加入武装组织，大肆屠杀胡图族平民。③ 还有许多儿童与亲人离散、流离失所或者住进难民营。2000年1月在布隆迪大约有80万境内流离失所者，其中儿童和妇女占68%。④ 据统计，在难民营中，53%的儿童不足15周岁，20%的儿童是5周岁甚至更小，还有7%的儿童是孤儿。⑤

二、胡图族武装组织

为反抗图西族及其军队的统治，胡图族成立了许多武装组织。其中，保卫民主全国委员会—保卫民主力量、胡图人民解放军—全国解放力量是胡图族战斗力最强、坚持时间最长的武装组织。他们在武装反抗图西族的统治中大量招募和使用儿童兵。⑥ 但是，2001年这两个胡图族

---

① Coalition to Stop the Use of Child Soldiers, *Global Report on Child Soldiers*, 2001, p. 94.
② Coalition to Stop the Use of Child Soldiers, *Global Report on Child Soldiers*, 2001, p. 91.
③ Amnesty International, *Burundi*: *Targeting Students*, *Teachers and Clerics in the Fight for Supremacy*, London: Amnesty International, September 1995, p. 2, web. amnesty. org.
④ 联合国：《儿童与武装冲突：秘书长的报告》（A/55/163 - S/2000/712），2000年10月3日，第9页，http：//www. un. org/zh/documents/view_doc. asp? symbol = A/55/163。
⑤ Alexandre Hatungimana, "Political Crisis and Social Reconfigurations: the 'Disaster Victims' in Burundi," in Jean-Pierre Chrétien and Richard Banégas, eds., *The Recurring Great Lakes Crisis*: *Identity*, *Violence and Power*, London: Hurst & Company Ltd., 2008, p. 162.
⑥ International Crisis Group, "The Burundi Rebellion and the Ceasefire Negotiations," *Africa Briefing* No. 9, August 6, 2002, Nairobi/Brussels: ICG, p. 7, http：//www. crisisgroup. org/en/regions/africa/central-africa/burundi/B009-the-burundi-rebellion-and-the-ceasefire-negotiations. aspx；Amnesty International, *Burundi*: *Child Soldiers – the Challenge of Demobilization*, AI Index：AFR 16/011/2004, March 24, 2004.

武装组织因权力斗争而分化成不同派系：保卫民主全国委员会—保卫民主力量分别由让·皮埃尔·恩库伦齐扎（Jean-Pierre Nkurunziza）和让·博斯科·恩达伊肯古鲁基耶（Jean-Basco Ndayikengurukiye）领导；胡图人民解放军—全国解放力量分别由阿兰·穆加巴拉博纳（Alain Mugabarabona）和阿加顿·鲁瓦萨（Agathon Rwasa）领导（参见表4—1）。为结束内战、保护儿童权益，国际社会、布隆迪政府与胡图族武装组织派系逐步推进国内、国际层面的和平进程，最终说服他们释放儿童兵，接受儿童兵规范。

表4—1　布隆迪胡图族武装组织

武装组织	派系领导人	武装组织实力	简称
保卫民主力量全国委员会—保卫民主力量（CNDD–FDD）	让·皮埃尔·恩库伦齐扎	控制CNDD–FDD的绝大部分军事力量，实力最强	恩库伦齐扎派
	让·博斯科·恩达伊肯古鲁基耶	拥有CNDD–FDD的少数军事力量，实力较弱	恩达伊肯古鲁基耶派
胡图人民解放军—全国解放力量（PALIPEHUTU–FNL）	阿兰·穆加巴拉博纳	控制PALIPEHUTU–FNL的核心军事力量，实力较强	穆加巴拉博纳派
	阿加顿·鲁瓦萨	拥有PALIPEHUTU–FNL的少数军事力量，实力较弱	鲁瓦萨派

（一）保卫民主全国委员会—保卫民主力量

1993年，梅契尔·恩达达耶总统以及布隆迪民主阵线的核心政治人物在军事政变中被暗杀后，图西族主导的军队和政治反对派仍然步步紧逼，迫使布隆迪民主阵线不断妥协退让。1993年底，胡图族成立了保卫民主力量（Forces for the Defense of Democracy，FDD）。为逃避图西族军队与政治反对派的迫害，1994年2月内政大臣莱奥纳尔·尼安戈马逃亡欧洲。同年11月24日，尼安戈马组建反政府政治运动——保卫民主全国委员会。随后，保卫民主全国委员会与保卫民主力量结盟成为保卫民主全国委员会—保卫民主力量，共同反抗图西族的统治和镇压。1998年6月，让·博斯科·恩达伊肯古鲁基耶取代莱奥纳尔·尼昂戈马，成为保卫民主全国委员会—保卫民主力量的指挥官（commander-in-chief of the CNDD–FDD）。在让·博斯科·恩达伊肯古鲁基耶的领导下，保卫民主全国委员会—保卫民主力量积极卷入刚果内战。2001年10月，保卫民主全国委员会—保卫民主力量分裂成为两大派系。让·博斯科·恩达伊肯古鲁基耶在内部派系斗争中丧失了对保卫民主全国委员会—保卫民主力量的最高指挥权，带领部分成员仍继续参与刚果内战。让·皮埃尔·恩库伦齐扎夺取了保卫民主全国委员会—保卫民主力量绝大部分的领导权。2002年，恩库伦齐扎进一步巩固了对保卫民主全国委员会—保卫民主力量的领导。

保卫民主全国委员会认为，通过政治途径化解布隆迪的僵局是不可能的，只有通过武装斗争才能恢复民主、维护1993年的选举成果。[1] 随着和平谈判的开展，保卫民主全国委员会的目标集中在改革武装部队和释放政治犯上。[2] 尽管保卫民主全国委员会—保卫民主力量有着不良的人权纪录，但是他们声称，他们是为人权和正义而战，阻止布隆迪武装部队侵犯

---

[1] International Crisis Group, "Burundi: Neither War Nor Peace," *Africa Report* No. 25, Nairobi/Brussels: ICG, 1 December 2000, p. 7, www.crisisweb.org/library/documents/report_archieve/A40026_01122000.pdf; Peter Uvin, "Ethnicity and Power in Burundi and Rwanda: Different Paths to Mass Violence," *Comparative Politics*, Vol. 31, Issue. 3, April 1999, p. 262; Jean–Pierre Chrétien, "Burundi: the Obsession with Genocide," *Current History*, May, 1996, p. 210.

[2] Alison Dilworth, "Burundi: the CNDD–FDD, Nkurunziza) and the Use of Child Soldiers," *Forum on Armed Groups and the Involvement of Children in Armed Conflict*, Coalition to Stop the Use of Child Soldiers, Switzerland: Chateau de Bossey, 4 to 7 July 2006, p. 3.

第四章 布隆迪胡图族武装组织——成功的参与进程

人权的行为,改变经济和社会不公正(包括缺乏教育机会)。①

在整个冲突期间,保卫民主全国委员会—保卫民主力量的主力军有1万到1.5万人,还有许多追随者。② 保卫民主全国委员会—保卫民主力量的基地是在刚果民主共和国和坦桑尼亚,在其鼎盛时期也没能控制住布隆迪境内的绝大多数领土。但是,该组织建立了一个与图西族政权相抗衡的行政机构来负责征收税赋、进行军事动员和宣传、招募成人与儿童,甚至还设立了普通法院(popular tribunals)。据报道,普通法院会审判被捕的政府军士兵,例如判决其死刑,然后立刻执行。③ 保卫民主全国委员会—保卫民主力量内部很多指挥官都曾在布隆迪国家武装部队任职,例如让·博斯科·恩达伊肯古鲁基耶曾就是布隆迪武装部队的一名军官。因此,保卫民主全国委员会—保卫民主力量的军事结构与布隆迪武装部队的结构相似,并有着严格的军事纪律。但是,保卫民主全国委员会—保卫民主力量的上级和下级及其与保卫民主全国委员会之间的沟通、联系方式仍不为外界所知晓。奇怪的是,保卫民主全国委员会—保卫民主力量从成立伊始就有一些图西族成员,而且有些人还在武装组织内拥有较高的地位和权力。④

保卫民主全国委员会—保卫民主力量大量招募和使用了儿童兵。其招募方式包括两种。一是意识形态宣传和经济利诱。例如,宣传社会不

---

① Alison Dilworth, "Burundi: the CNDD – FDD, Nkurunziza and the Use of Child Soldiers," *Forum on Armed Groups and the Involvement of Children in Armed Conflict*, Coalition to Stop the Use of Child Soldiers, Switzerland: Chateau de Bossey, 4 to 7 July 2006, p. 4.

② 追随者的数量不固定,随着保卫民主力量的财力和资源的变化而浮动。Alison Dilworth, "Burundi: the CNDD – FDD, Nkurunziza and the Use of Child Soldiers," *Forum on Armed Groups and the Involvement of Children in Armed Conflict*, Coalition to Stop the Use of Child Soldiers, Switzerland: Chateau de Bossey, 4 to 7 July 2006, p. 4。

③ Alison Dilworth, "Burundi: the CNDD – FDD, Nkurunziza and the Use of Child Soldiers," *Forum on Armed Groups and the Involvement of Children in Armed Conflict*, Coalition to Stop the Use of Child Soldiers, Switzerland: Chateau de Bossey, 4 to 7 July 2006, p. 4.

④ Alison Dilworth, "Burundi: the CNDD – FDD, Nkurunziza and the Use of Child Soldiers," *Forum on Armed Groups and the Involvement of Children in Armed Conflict*, Coalition to Stop the Use of Child Soldiers, Switzerland: Chateau de Bossey, 4 to 7 July 2006, p. 4.

公、种族歧视、反抗图西族的压迫和屠杀、为亲人复仇、承诺支付报酬、提供安全和食宿。二是强行征召。保卫民主全国委员会—保卫民主力量直接从学校中招募儿童,并且从坦桑尼亚、刚果民主共和国境内的难民营中强行招募儿童。据报道,1999 年,让·博斯科·恩达伊肯古鲁基耶领导的保卫民主全国委员会—保卫民主力量在与刚果民主联盟(Congolese Rally for Democracy,RCD)的战斗中失利后,数百名战斗员逃往赞比亚。为补充兵员、维持势力,保卫民主全国委员会—保卫民主力量招募了大量的儿童,估计当时大约有 50% 的成员是儿童兵。① 而让·皮埃尔·恩库伦齐扎领导的保卫民主全国委员会—保卫民主力量也强行招募了儿童兵。据报道,2001 年 11 月,他们从鲁伊吉(Ruyigi)和卡扬扎(Kayanza)省份的学校中强制招募了约 300 名儿童。2003 年 11 月,让·皮埃尔·恩库伦齐扎领导的保卫民主全国委员会—保卫民主力量返回布琼布拉,加入新政府时,其中就有许多的儿童兵(有些儿童兵成为核心人物的随从),有些人甚至不足 10 岁。② 保卫民主全国委员会—保卫民主力量内的儿童兵扮演了多种角色,他们不仅直接参与了同布隆迪政府军的武装战斗,还承担了间谍、信差、信息员、保镖、运输员等支持性任务。尽管所有战斗员的条件都很艰苦,但是一些儿童兵说他们的待遇比成人更糟糕,获得的食物、医疗更少,而且没有报酬,甚至随便就被遗弃。

保卫民主全国委员会—保卫民主力量的支持者主要有两大类。一类是胡图族民众。为获取保卫民主全国委员会—保卫民主力量的保护,胡图族平民为保卫民主全国委员会—保卫民主力量提供了大量的资金、食物以及兵源。但是,随着图西族主导的政府和军队的打压、战争的持续,胡图族平民日益贫困,而保卫民主全国委员会—保卫民主力量也存

---

① Amnesty International, *Burundi*: *Child soldiers-the challenge of demobilization*, AI Index: AFR 16/011/2004, 24 March 2004.

② Amnesty International, *Burundi*: *Child soldiers-the challenge of demobilization*, AI Index: AFR 16/011/2004, 24 March 2004.

第四章　布隆迪胡图族武装组织——成功的参与进程

在敲诈勒索、强行掠夺胡图族平民、强行征召儿童和成人入伍等行为。① 但是，总体来说，胡图族民众还是支持保卫民主全国委员会—保卫民主力量的，让·皮埃尔·恩库伦齐扎赢得 2005 年的选举就是一个很好的例子。② 另一类是国际支持，主要来自刚果民主共和国、坦桑尼亚以及卢旺达的武装组织。③ 尽管无明确资料表明保卫民主全国委员会—保卫民主力量参与了 1994 年卢旺达大屠杀，但是图西族政权以此为由来抹黑和妖魔化保卫民主全国委员会—保卫民主力量。1998 年刚果民主共和国爆发第二次内战后，保卫民主全国委员会—保卫民主力量迅速地集结至刚果（金），支持卡比拉政府（Kabila government）。作为回报，卡比拉政府为保卫民主全国委员会—保卫民主力量提供了资金、武器装备和军事培训，甚至授予后者在刚果（金）境内的矿产资源开采权。据报道，作为卡比拉政府的盟友，津巴布韦也向保卫民主全国委员会—保卫民主力量提供了军事培训和武器装备。④ 保卫民主全国委员会—保卫民主力量还得到坦桑尼亚积极的政治支持和军事支持。保卫民主全国委员会—保卫民主力量以坦桑尼亚为基地，进行军事动员、招募、培训、募集资金、政治战略制定、军火走私、通信、资源分配以及军事活动。⑤ 保

---

① International Crisis Group, "Burundi Under Siege: Lift the Sanctions & Re-launch the Peace Process," *Africa Report* No. 1, Nairobi/Brussels: ICG, 28 April 1998, http://www.crisisgroup.org/en/regions/africa/central-africa/burundi/001-burundi-under-seige.aspx.

② 有消息称，让·皮埃尔·恩库伦齐扎领导的保卫民主全国委员会—保卫民主力量在选举过程中曾声称，如果不能获取选举胜利，将会诉诸武力。International Crisis Group, "Elections in Burundi: A Radical Shake-up of the Political Landscape," *Africa Briefing* No. 31, Nairobi/Brussels: ICG, 25 August 2005, http://www.crisisgroup.org/en/regions/africa/central-africa/burundi/B031-elections-in-burundi-a-radical-shake-up-of-the-political-landscape.aspx。

③ Alison Dilworth, "Burundi: the CNDD – FDD, Nkurunziza and the Use of Child Soldiers," *Forum on Armed Groups and the Involvement of Children in Armed Conflict*, Coalition to Stop the Use of Child Soldiers, Switzerland: Chateau de Bossey, 4 to 7 July 2006, p. 5.

④ Human Rights Watch, *Burundi: Neglecting Justice in Making Peace*, 23 March 2000.

⑤ International Crisis Group, "Burundi Refugees in Tanzania: The Key Factor to the Burundi Peace Process," *Africa* Report No. 12, Nairobi/Brussels: ICG, 30 November 1999, http://www.crisisgroup.org/en/regions/africa/central-africa/burundi/012-burundian-refugees-in-tanzania-the-key-factor-to-the-burundi-peace-process.aspx.

卫民主全国委员会—保卫民主力量也刻意地保持低调，以避免伤害布隆迪难民，允许医疗、食品等国际人道主义援助的进入。

（二）胡图人民解放军—全国解放力量

胡图人民解放军是布隆迪国内最资深的武装政治运动。20世纪70年代末期，艾蒂安·卡拉塔西（Etienne Karatasi）在卢旺达胡图族难民营成立胡图人民解放军。1980年，雷米·戈胡图（Rémy Gahutu）在坦桑尼亚组建了胡图人民解放军的辅助军事势力——全国解放力量。① 雷米·戈胡图强调，武装斗争是实现国家政治、行政职位与种族和地区的人口分布相吻合的唯一手段。

1991年10月，艾蒂安·卡拉塔西领导的胡图人民解放军成为布隆迪重要的政治势力，但他并没有像预期那样为全国解放力量提供武器、弹药和后勤支持。1991年11月23—24日，胡图人民解放军—全国解放力量对布琼布拉发起自杀性袭击，但遭到政府军的残酷打击和镇压。大量的战斗员被捕或者伤亡，部分幸存者逃往坦桑尼亚。1992年12月31日，艾蒂安·卡拉塔西与其副手柯桑·卡布拉（Cossan Kabura）之间的矛盾和分歧公开化，但艾蒂安·卡拉塔西及其亲信仍然掌控着大部分的胡图人民解放军—全国解放力量。而柯桑·卡布拉领导的胡图人民解放军—全国解放力量实力非常弱。直到20世纪90年代中期，柯桑·卡布拉领导的胡图人民解放军—全国解放力量受卢旺达总统朱韦纳尔·哈比亚利马纳（Juvenal Habyarimana）之邀，参加了卢旺达内战，与卢旺达爱国前线开战。在此过程中，柯桑·卡布拉领导的胡图人民解放军—全国解放力量的军事实力得到极大增强。在卢旺达种族大屠杀和军事斗争失败后，一些卢旺达武装残余力量甚至逃到布隆迪，加入胡图人民解放军—全国解放力量。②

---

① 1990年雷米·戈胡图去世。

② International Crisis Group, "The Burundi Rebellion and the Ceasefire Negotiations," *Africa Briefing* No. 9, 6 August 2002, Nairobi/Brussels: ICG, p. 7, http://www.crisisgroup.org/en/regions/africa/central-africa/burundi/B009-the-burundi-rebellion-and-the-ceasefire-negotiations.aspx.

第四章　布隆迪胡图族武装组织——成功的参与进程

胡图人民解放军—全国解放力量大约有 3000 名士兵。[1]为保持实力、扩充兵源，胡图人民解放军—全国解放力量强行招募了大量儿童和成人。由于缺少外部国家的支持，他们主要藏匿在藤加森林（Tenga forest）。胡图人民解放军—全国解放力量主要在布琼布拉周边活动，并对当地的平民构成了严重的威胁。2000 年 8 月，胡图人民解放军—全国解放力量拒绝签署《阿鲁沙协议》。2001 年 2 月，胡图人民解放军—全国解放力量分裂为两大派系，柯桑·卡布拉和艾蒂安·卡拉塔西被指责领导不力而被迫丧失领导权，阿加顿·鲁瓦萨（Agathon Rwasa）和阿兰·穆加巴拉博纳（Alain Mugabarabona）分别成为这两大派系的头领。

三、国内和平进程

布隆迪国内和平进程大致分为三个阶段：阿鲁沙和平进程 I、阿鲁沙和平进程 II 和达累斯萨拉姆和平进程。在这三个阶段，不同的武装组织及其派系参与和平进程的程度不同，他们接受儿童兵规范、保持行为克制的程度也不同。

（一）阿鲁沙和平进程 I：排斥性和平进程

1996 年 6 月 25 日，在坦桑尼亚前总统朱利叶斯·尼雷尔（Julius Nyerere）的斡旋下，布隆迪各政治党派启动了阿鲁沙谈判（the Arusha Negotiations）。参与和谈的政治派系大致可以分为三大类：一是胡图族主导的 7 个政治党派；二是图西族主导的 10 个政治党派；三是布隆迪政府和国会（参见表 4—2、4—3）。朱利叶斯·尼雷尔的计划是：促进国家进步联盟和布隆迪民主前线达成某种共识与合作，排挤和边缘化保

---

[1] International Crisis Group, "The Burundi Rebellion and the Ceasefire Negotiations," *Africa Briefing* No. 9, 6 August 2002, Nairobi/Brussels: ICG, p. 5, http://www.crisisgroup.org/en/regions/africa/central-africa/burundi/B009-the-burundi-rebellion-and-the-ceasefire-negotiations.aspx.

卫民主全国委员会以及其他小的政治派系。尼雷尔的计划引起了保卫民主全国委员会以及其他小的政治派系强烈的不满和反对。

表4—2 胡图族主导的政治党派①

布隆迪民主前线	The Front for Democracy in Burundi，FRODEBU
保卫民主全国委员会	National Council for the Defense of Democracy，CNDD
人民党	People's Party，PP
自由党	Liberal Party，PL
布隆迪人民团结党	Rally for the People of Burundi，RPB
胡图人民解放军	Party for the Liberation of the Hutu People，PALIPEHUTU
全国解放力量	Front for National Liberation，FROLINA

表4—3 图西族主导的政治党派②

国家进步联盟	National Union for Progress，UPRONA
国家复兴党	Party for National Recovery，PARENA
民族和解党	Party for the Reconciliation of the People，PRP
社会民主党	Party for Social Democracy，PSD
非洲拯救布隆迪联盟	African Burundi Alliance for Salvation，ABASA
泛非社会党	The Shield，INKINZO

---

① Benjamin Mokoena, *The Political Economy of Burundi: a History of Conflict and Peace*, Verlag: LAP LAMBERT Academic Publishing, 2010, p. ⅵ; Patricia O. Daley, *Gender & Genocide in Burundi: The Search for Spaces of Peace in the Great Lakes*, Oxford: James Currey, 2008, p. 91; International Crisis Group, "A Framework for Responsible Aid to Burundi," *African Briefing* No. 57, Nairobi/Brussels: ICG, 21 February, 2003, pp. 28 – 29, www.crisisweb.org/library/documents/report_archievel/A400901_21022003.pdf.

② Benjamin Mokoena, *The Political Economy of Burundi: a History of Conflict and Peace*, Verlag: LAP LAMBERT Academic Publishing, 2010, p. ⅵ; Patricia O. Daley, *Gender & Genocide in Burundi: The Search for Spaces of Peace in the Great Lakes*, Oxford: James Currey, 2008, p. 91; International Crisis Group, "A Framework for Responsible Aid to Burundi," *African Briefing* No. 57, Nairobi/Brussels: ICG, 21 February, 2003, pp. 28 – 29, www.crisisweb.org/library/documents/report_archievel/A400901_21022003.pdf.

第四章　布隆迪胡图族武装组织——成功的参与进程

续表

民主、社会与经济发展党	Rally for Democracy, Social and Economic Development, RADDES
瓦莱恩特联盟	Alliance of the Valiant, AV – INTWARI
全国法律与经济发展联盟	National Alliance for Law and Economic Development, ANADDE
独立工党	Independent Workers' Party, PIT

1996年7月25日，图西族军队又发动军事政变，最后皮埃卡·布约亚成为总统，重新掌握了布隆迪政权。① 1996年7月31日，在东非和中非国家首脑会议上，9个非洲国家决定对布隆迪实行经济制裁，敦促布隆迪重返宪法秩序、立即恢复国会、取消对政治党派的禁令。1996年9月，非洲统一组织宣布此次军事政变是非法的、不可接受的。西方国家虽然谴责了这场军事政变，但是基本上都认为皮埃卡·布约亚将为布隆迪带来安全和稳定。② 非洲国家的经济制裁与政治孤立，导致阿鲁沙谈判陷入僵局。此外，在西方国家的默许下，布约亚也反对非洲国家干预布隆迪内政，拒绝参加阿鲁沙谈判。1997年1月，布约亚发起"国内和平伙伴关系"倡议，寻求同布隆迪民主阵线进行合作与和解，但这并不包括保卫民主全国委员会—保卫民主力量、胡图人民解放军—全国解放力量。1998年6月11日，布约亚签署了《过渡宪法法案》（Constitutional Act of Transition）和《和平协议宣言》（Platform of Agreement）。《过渡宪法法案》赋予了总统任命政府、行政以及军队重要官员的权力。布约亚在《和平协议宣言》中宣称，他将努力促进布隆迪的和平和稳定，重启民主化进程，反对种族屠杀，并要求国际社会介入

---

① 1996年5—6月，皮埃卡·布约亚在美国。Filip Reyntjens, "Burundi: Prospects for Peace," *Minority Rights Group International*, 2000, pp. 15 – 16, www.minorityrights.org/admin/Downlad/Pdf/BURUNDI12.PDF; Léonce Ndikumana, "Towards a Solution to Violence in Burundi: a Case for Political and Economic Liberalization," *The Journal of Modern African Studies*, Vol. 38, No. 3, 2000, p. 457.

② Patricia O. Daley, *Gender & Genocide in Burundi: the Search for Spaces of Peace in the Great Lakes Region*, Oxford: James Currey, 2008, p. 87.

调查。同年7月，他扩大了国会，纳入了更多图西族政党的代表。这些举措虽然巩固了图西族的主导统治地位，但是打压了布隆迪民主阵线的政治影响力，也极大地激起了胡图族的暴力反抗。

1998年6月21日，阿鲁沙谈判重启，但保卫民主力量全国委员会—保卫民主力量、胡图人民解放军—全国解放力量仍然被排除在外。欧盟、美国、加拿大、非洲统一组织、瑞士、圣艾智德团体（Sant'-Egidio）和联合国特使也参加了谈判。阿鲁沙谈判设立了5个委员会，每个委员会负责一个议题的谈判。5个委员会包括：第一委员会（committee Ⅰ）：负责处理冲突的性质、种族灭绝、种族歧视等问题，并就此提出解决方案；第二委员会（committee Ⅱ）：负责民主与善治、过渡时期的制度体系，涉及公共机构、司法、行政体系、司法公正、消除有罪不罚现象；第三委员会（committee Ⅲ）：处理和平与安全、停止敌意冲突、实现永久性停火、组建安全部队；第四委员会（committee Ⅳ）：关注社会重建和经济发展、难民和境内流离失所者；第五委员会（committee Ⅴ）：为和平协议的履行提供保障。[①] 在5个委员会的努力下，产生了5个议定书和5个附件，这些议定书和附件最后都包括在《阿鲁沙协议》中。1998年7月20日，所有政治党派举行了和平对话。与此同时，图西族控制的军队与保卫民主全国委员会—保卫民主力量、胡图人民解放军—全国解放力量之间的紧张对抗和暴力冲突掀起了新的高潮，尤其是让·博斯科·恩达伊肯古鲁基耶领导的保卫民主力量全国委员会—保卫民主力量对图西族军队发起了进攻。

1999年10月14日，朱利叶斯·尼雷尔去世，随后，阿鲁沙谈判再次中断。1999年11月，联合国秘书长任命南非前总统纳尔逊·曼德拉（Nelson Mandela）为布隆迪和平进程的调停人。曼德拉认为，和平进程

---

① International Crisis Group, "Burundi's Peace Process: the Road from Arusha," *African Briefing* No. 2, Nairobi/Brussels: ICG, 20 July 1998, p. 2, www.129.194.252.80/catfiles/0529.pdf; Patricia O. Daley, *Gender & Genocide in Burundi: The Search for Spaces of Peace in the Great Lakes*, Oxford: James Currey, 2008, p. 212.

第四章 布隆迪胡图族武装组织——成功的参与进程

应该包括所有的武装冲突方,否则和平进程将无法得到任何保障;而且,参与武装冲突的武装团体也会尊重布隆迪人民做出的选择。[1] 2000年1月16日,曼德拉与布隆迪武装冲突各方在阿鲁沙进行会谈,但是保卫民主全国委员会—保卫民主力量、胡图人民解放军—全国解放力量并未参与和平协议议案的讨论和起草。[2] 2000年4月,《阿鲁沙协议》草案被呈交给各谈判参与方。其中,第三议定书(和平与安全)、第四议定书(经济重建与发展)引起了很大的争议。布隆迪政府认为"协议草案提出的方案不切实际,充斥着混乱、模糊、双重的标准",曼德拉也被批评"急躁,而且缺乏协议和空间来操控谈判进程的核心战略"。[3] 比利时也要求删除第一议定书中有关1961年比利时对布隆迪路易·鲁瓦加索尔王子(Louis Rwagasore)谋杀案的表述。随后,2000年6月,曼德拉主持了布隆迪政府代表与胡图族武装组织之间的闭门会议。保卫民主全国委员会—保卫民主力量坚持认为军队必须参与谈判,并明确表示拒绝接受《阿鲁沙协议》,因为他们并没有参与协议草案的讨论。而皮埃卡·布约亚也寻求绕开阿鲁沙谈判委员会,与曼德拉开展直接谈判。2000年6月7日,布约亚及其部下先后在约翰内斯堡、比勒陀利亚与曼德拉进行直接对话,双方就过渡政府、军队的种族势力均衡等问题达成了初步协议。此外,在4月至8月初,各谈判参与方召开了大量的会议,讨论选举体系的设置、过渡政府的领导权和构成、停火停战协议、武装部队的性质、政治犯的处理、政治豁免权等核心、敏感问题。

2000年8月3日,联合国安理会要求所有谈判各方毫不迟疑地结束敌意冲突,呼吁捐助国支持布隆迪国内的经济重建。2000年8月7日,

---

[1] Patricia O. Daley, *Gender & Genocide in Burundi: The Search for Spaces of Peace in the Great Lakes*, Oxford: James Currey, 2008, p. 202.

[2] Benjamin Mokoena, *The Political Economy of Burundi: a History of Conflict and Peace*, Verlag: LAP LAMBERT Academic Publishing, 2010, p. 96.

[3] Patricia O. Daley, *Gender & Genocide in Burundi: The Search for Spaces of Peace in the Great Lakes*, Oxford: James Currey, 2008, p. 214.

17个政治党派以及政府、国会在阿鲁沙再次举行谈判，而布隆迪政府同保卫民主全国委员会—保卫民主力量、胡图人民解放军—全国解放力量也在南非进行了直接的对话和谈判。但是，这些谈判并没有达成任何实质性共识和协议。同时，在布琼布拉，图西族极端分子大肆煽动街头暴力，希望阻止阿鲁沙谈判。为促使各谈判参与方加快和平进程，曼德拉把2000年8月28日设立为签约日，并邀请时任美国总统克林顿参加。8月27日，《阿鲁沙协议》临时添加了有关参议院和军队组成的条款。这遭到7个胡图族政党的反对，但布隆迪民主阵线的领导人让·米纳尼在与皮埃卡·布约亚进行直接谈判后，最后做出了让步。①

2000年8月28日，《阿鲁沙协议：布隆迪和平与和解》（the Arusha Agreement: Peace and Reconciliation for Burundi，简称《阿鲁沙协议》）签字仪式召开。政府、国会、7个胡图族主导的政治党派和4个图西族主导的政治党派签署了协议。② 8月29日，两个图西族政党——瓦莱恩特联盟、民族和解党签署了协议。其他4个图西族政党——民主、社会与经济发展党，全国法律与经济发展联盟，社会民主党和独立工党于2000年9月11日在内罗毕召开的地区峰会上签署了协议。

《阿鲁沙协议》的主要内容包括：（1）建立一个为期3年的过渡政府，过渡期被分为两个时期：在第一个18个月中，总统是来自图西族主导的政治党派；在第二个18月中，总统是来自胡图族主导的政治党派。（2）成立真相与和解委员会。（3）请求联合国成立国际司法调查委员会（International Judicial Commission of Inquiry），调查种族灭绝、战争罪和反人类罪等罪行。（4）请求联合国成立国际刑事法院。（5）参议院和国会批准新宪法。（6）成立一个独立的选举委员会，组织国会

---

① International Crisis Group, "Burundi: Neither War Nor Peace," *Africa Report* No. 25, Nairobi/Brussels: ICG, 1 December 2000, pp. 2 - 3, www.crisisweb.org/library/documents/report_archieve/A40026_01122000.pdf.

② Filip Reyntjens, "Again at the Crossroads-Rwanda and Burundi, 2000—2001," *the Nordic Africa Institute*, *Current Africa*, Issue No. 24, 2001, p. 18, www.130.238.24.99/webbshop/epubl/cai/cai024.pdf.

和参议院行使选举权；其中，国会需由100名成员组成，而参议院将由胡图族和图西族的代表团共同组成。(7) 国家军队中某个种族成员的比例不得超过50%。(8) 成立执行监督委员会，监督和保障和平进程。(9) 难民的遣返与重返社会。(10) 成立国际维和部队。

但是，《阿鲁沙协议》面临三大挑战。首先，两大武装组织——保卫民主全国委员会—保卫民主力量、胡图人民解放军—全国解放力量拒绝承认和签署协议，这对《阿鲁沙和平协议》的合法性与有效性构成了严重的挑战。保卫民主全国委员会—保卫民主力量、胡图人民解放军—全国解放力量被排除在阿鲁沙进程之外，导致《阿鲁沙协议》并没有相关的停火安排。[1] 保卫民主全国委员会—保卫民主力量、胡图人民解放军—全国解放力量与布隆迪政府的武装冲突仍在持续。其次，各方对过渡政府的领导权、停火安排、武装部队的组成、政治犯的处理等核心议题仍存在较大分歧，这将严重地影响协议的执行。最后，《阿鲁沙协议》没有明确说明冲突的性质和原因。《阿鲁沙协议》只是模糊地提及了"大规模、有意识的屠杀"和"大范围的暴力"，并指出"各政治政党对布隆迪当前现象的看法不一，他们对当前政治、经济、社会、文化以及武装冲突的影响也不同"。[2] 也就是说，参与阿鲁沙谈判的各政治政党并没有就布隆迪冲突的原因和性质达成共识。而对冲突的原因和性质达成一个明确的共识是解决冲突、执行协议、开展和平建设的第一步。[3] 错误的或者不充分的诊断，只能开出错误的或者不恰当的药方。对布隆迪民众来说，和平仍是遥不可及的。

---

[1] Jan Van Eck, "Burundi Report: Relative Success of Transitional Government Essential for the Next Phase of the Burundi Peace Process," *Centre for International Political Studies*, No. 2, 2001, p. 2, www.nilebasin.com/documents/burundireport.html; Nelson Alusala, "Disarmament and the Transition in Burundi: How Soon?" *Institute for Security Studies*, *Occasional Paper 97*, January 2005, p. 1, www.iss.co.za/pubs/papers/97/Paper97.htm.

[2] Arusha Peace and Reconciliation Agreement on Burundi, 28 August 2000, pp. 16 – 17, www.iss.co.za/AF/profiles/Burundi/arusha/pdf.

[3] Charles King, *Ending Civil Wars*, New York: Oxford University Press, 1997, pp. 40 – 42.

尽管存在这些挑战，2001年11月1日布隆迪过渡政府（Transitional Government of Burundi，TGoB）成立，曼德拉也宣布其调停任务结束。根据《阿鲁沙协议》和《大湖地区有关布隆迪问题的和平倡议》（the Great Lakes Regional Peace Initiative on Burundi）① 的规定，国家进步联盟主席皮埃卡·布约亚从2001年11月至2003年4月（18个月）担任布隆迪总统，而布隆迪民主阵线的多米蒂安·恩达伊泽耶（Domitien Ndayizeye）从2003年5月到2004年10月担任总统。

（二）阿鲁沙和平进程 II：选择性和平进程

2000年8月，保卫民主力量全国委员会—保卫民主力量、胡图人民解放军—全国解放力量拒绝签署《阿鲁沙和平协议》，并继续同布隆迪政府进行武装斗争。不久，保卫民主力量全国委员会—保卫民主力量、胡图人民解放军—全国解放力量分别分裂成为两大派：由让·博斯科·恩达伊肯古鲁基耶和让·皮埃尔·恩库伦齐扎领导保卫民主力量全国委员会—保卫民主力量；阿兰·穆加巴拉博纳和阿加顿·鲁瓦萨领导胡图人民解放军—全国解放力量。为全面结束武装冲突，在南非总统祖玛的斡旋下，布隆迪过渡政府同4支武装组织派系进行了一系列的对话与谈判。

2002年2月，布隆迪过渡政府向坦桑尼亚政府寻求帮助，希望与

---

① 《大湖地区有关布隆迪问题的和平倡议》是由乌干达、坦桑尼亚和南非共同发起的，由非洲联盟起草，在联合国的委托下，解决布隆迪境内的冲突。乌干达主持了该倡议。在联合国与非盟委托的背景下，和平倡议峰会起初设定了3年的过渡期，即从2001年11月到2004年10月。但是后来延长至2005年4月，最后延长至2005年8月。和平倡议同样建议将选举从2004年11月推迟至2005年4月。最后，2005年8月，布隆迪举行大选，布隆迪过渡政府的任期结束。参见 *Arusha Peace and Reconciliation Agreement on Burundi*, 28 August 2000, p. 5, www.iss.co.za/AF/profiles/Burundi/arusha/pdf; Kofi A. Anan, "Report of the Secretary-General on Burundi," *United Nations Security Council* (S/2004/210, 16 March 2004, p. 3, www.iss.org.za/AF/current/2004/burundiun.pdf; Kristina A. Bentley and Roger Southall, *An African Peace Process: Mandela, South Africa and Burundi*, Cape Town: Human Sciences Research Council, 2005, pp. 5-8.

保卫民主力量全国委员会—保卫民主力量、胡图人民解放军—全国解放力量进行谈判。2002年2月，坦桑尼亚在达累斯萨拉姆召开会议，邀请保卫民主力量全国委员会—保卫民主力量、胡图人民解放军—全国解放力量的所有派系参与，旨在形成一个关于停火谈判的共同立场，但让·皮埃尔·恩库伦齐扎领导的保卫民主力量全国委员会—保卫民主力量、阿加顿·鲁瓦萨领导的胡图人民解放军—全国解放力量拒绝了坦桑尼亚提出的方案。2002年4月，让·博斯科·恩达伊肯古鲁基耶领导的保卫民主力量全国委员会—保卫民主力量与布隆迪过渡政府在南非进行对话，双方就停火谈判达成了协议。2002年5月，让·皮埃尔·恩库伦齐扎领导的保卫民主力量全国委员会—保卫民主力量坚决反对此协议，并对参与停火谈判提出了新的条件，包括要求南非不承认让·博斯科·恩达伊肯古鲁基耶在保卫民主全国委员会—保卫民主力量的领导地位。① 而阿加顿·鲁瓦萨领导的胡图人民解放军—全国解放力量重申，同布隆迪军队进行直接谈判是其参与和谈的先决条件。2002年5月28日至6月3日，让·皮埃尔·恩库伦齐扎领导的保卫民主力量全国委员会—保卫民主力量在达累斯萨拉姆会议上承诺将参加和平谈判，但是强调要同布隆迪军队，而不是布隆迪过渡政府进行谈判。而与此同时，布隆迪过渡政府与让·博斯科·恩达伊肯古鲁基耶领导的保卫民主力量全国委员会—保卫民主力量在比勒陀利亚的谈判也陷入困境，因为后者声称暂不适合讨论停火安排。至此，调停队伍在安排布隆迪过渡政府与武装组织之间的直接谈判过程中面临着巨大的困难。但是，在坦桑尼亚、加蓬和联合国专家的协助下，有关停火协议草案出台，并转交给各武装组织。2002年7月，保卫民主全国委员会—保卫民主力量在达累斯萨拉姆召开内部会议，最后决定与布隆迪过渡政府进行直接谈判。2002年8月6日，除了阿加顿·鲁瓦萨领导的胡图人民解放军—全国解放力量拒绝参与谈判外，其他3个武装组织都出席了会谈。2002年10月7

---

① 南非拒绝了让·皮埃尔·恩库伦齐扎的要求。随后，让·皮埃尔·恩库伦齐扎拒绝接受南非为调解人。

日，布隆迪过渡政府与让·博斯科·恩达伊肯古鲁基耶领导的保卫民主力量全国委员会—保卫民主力量、阿兰·穆加巴拉博纳领导的胡图人民解放军—全国解放力量达成了停火协议，但双方仍未实现停火。2002年12月3日，让·皮埃尔·恩库伦齐扎领导的保卫民主力量全国委员会—保卫民主力量与布隆迪过渡政府达成《停火协议》，协议中包含了释放儿童兵、开展儿童兵解除武装和复员的条款。不过，双方并没有认真执行停火协议。2003年1月24—27日，皮埃卡·布约亚总统与各武装组织在比勒陀利亚举行会谈，与会者一致同意设立联合停火委员会、非洲联盟维和部队进入布隆迪。然而，有关布隆迪政治、国防和安全权力分享等核心问题仍未解决。而阿加顿·鲁瓦萨领导的胡图人民解放军—全国解放力量仍游离在和平进程之外，并不断发起袭击。

2003年11月2日，布隆迪过渡政府与让·皮埃尔·恩库伦齐扎、让·博斯科·恩达伊肯古鲁基耶领导的保卫民主力量全国委员会—保卫民主力量签署了《比勒陀利亚议定书：布隆迪政治、国防和安全权力共享》（the Pretoria Protocol on Political, Defence and Security Power Sharing in Burundi，简称《比勒陀利亚议定书》）。根据《比勒陀利亚议定书》，保卫民主全国委员会—保卫民主力量将在国家军队的军官和士兵组成中占据40%，而胡图族和图西族分别占据布隆迪国家防务部队、军事指挥职位的50%（参见表4—4）。[①] 2003年11月16日，布隆迪过渡政府与保卫民主力量全国委员会—保卫民主力量签署了《全面停火协议》（Global Ceasefire Agreement），结束了布隆迪境内大规模的武装冲突局面。随后，阿兰·穆加巴拉博纳领导的胡图人民解放军—全国解放力量也签署了《全面停火协议》。2004年3月，布隆迪国内开启了战斗员解除武装、复员和重返社会进程，包括：整编政府军及其和平卫队、让·博斯科·恩达伊肯古鲁基耶和让·皮埃尔·恩库伦齐扎领导的保卫民主力量全国委员会—保卫民主力量、阿兰·穆加巴拉博纳领导的胡图人民

[①] The Pretoria Protocol on Political, Defense and Security Power Sharing in Burundi, 2 November 2003, www.iss.co.za.

第四章 布隆迪胡图族武装组织——成功的参与进程

解放军—全国解放力量。但是，阿加顿·鲁瓦萨领导的胡图人民解放军—全国解放力量拒绝签署上述协议，并继续招募和使用儿童兵。①

表4—4　2003年《比勒陀利亚协议》对布隆迪安全部队构成的安排②

	图西族	胡图族	布隆迪过渡政府	保卫民主力量全国委员会—保卫民主力量
军队	50%	50%	60%	40%
警察	50%	50%	65%	35%
情报部门	50%	50%	65%	35%

2005年2月28日，布隆迪就新宪法举行全民公投，最后以91.2%通过。新宪法规定，政党必须是多种族的，参议院的组成也必须是多种族的。这就要求主要的政治党派必须纳入其他种族的成员。这一全民公投以及后续通过的一系列选举法案为举行大选铺平了道路。2005年4月25日，布隆迪独立选举委员会（Burundi's Independent Electoral Commission）主席保罗·恩加兰贝（Paul Ngarambe）宣布了选举的进程表：2005年6月3日举行地方选举（Communal elections）；7月4日举行国会选举；7月29日举行参议院选举；8月19日举行总统选举；9月23日举行山区选举（Collines elections）。③ 虽然35个正式登记的政治政党中有20个政党认为选举日程的安排"违宪"，认为山区选举应最先举行，但是最后布隆迪国内仍然按照该选举日程进行。④ 布隆迪过渡政府

---

① USAID, "Burundi: Complex Emergency Situation Report," *US Agency for International Development*, 2004, p.2, www.reliefweb.int.
② Benjamin Mokoena, *The Political Economy of Burundi: a History of Conflict and Peace*, Verlag: LAP LAMBERT Academic Publishing, 2010, p.99.
③ 布隆迪的选举分为地方选举、立法选举和总统选举，三个选举是分开进行的。地方选举和立法选举进行直接选举，而行政官员和参议员由地方委员会选举选出。最后，总统由两大国民议院——新选举的国会和参议院选举选出。Benjamin Mokoena, *The Political Economy of Burundi: a History of Conflict and Peace*, Verlag: LAP LAMBERT Academic Publishing, 2010, p.103.
④ EURAC, "Great Lakes Echoes: Synthesis of Events in April," *European Network for Central Africa*, No.9, 2005, p.4, www.eurac-network.org.

的任期延长至2005年4月22日。2005年，布隆迪如期举行大选。30个政治党派参与地方选举和国会选举。登记参加选举的选民的投票率为80.6%。在3225个议席选举中，保卫民主全国委员会—保卫民主力量成为地方选举的赢家，赢得了1781个议席，约占57.3%，其次是布隆迪民主阵线822个议席，国家进步联盟获得了260个议席，公民复兴运动（Movement for the Rehabilitation of Citizens，MRC）占88个议席。2005年7月4日举行国会选举，投票率为77.23%。保卫民主全国委员会—保卫民主力量赢得58.55%的选票，布隆迪民主阵线为21.7%，国家进步联盟占7%，保卫民主全国委员会为4%，公民复兴运动为2%（参见表4—5）。2005年8月26日，让·皮埃尔·恩库伦齐扎成为布隆迪新总统，从而结束了布隆迪过渡政府的任期。[1]

表4—5　2005年布隆迪国会选举[2]

政党	得票数	得票率（%）	议席数（100/118）
保卫民主全国委员会—保卫民主力量	1,417,800	58.55%	59/64
布隆迪民主阵线	525,336	21.7%	25/30
国家进步联盟	174,575	7.215	10/15
保卫民主全国委员会	100,366	4.14%	4/4
公民复兴运动	51,730	2.14%	2/2
民族复兴党	42,223	1.74%	—/—
独立人士和其他	109,396	4.51%	—/—
为特低人保留的议席	—	—	—/3

---

[1] 这主要归因于以下三个因素：一是大多数布隆迪民众渴望结束战争、开展政治与经济变革，并认为保卫民主全国委员会—保卫民主力量是实现上述目标的最优人选；二是保卫民主全国委员会—保卫民主力量在改革安全与国防部队中发挥了重要的作用；最后，同布隆迪民主前线相比，保卫民主全国委员会—保卫民主力量有军事力量保卫选举成果。

[2] Patricia O. Daley, *Gender & Genocide in Burundi*: *The Search for Spaces of Peace in the Great Lakes*, Oxford: James Currey, 2008, pp. 223-224.

第四章　布隆迪胡图族武装组织——成功的参与进程

然而，阿加顿·鲁瓦萨领导的胡图人民解放军—全国解放力量仍对布隆迪新政府的稳定和安全构成威胁。2005年9月，阿加顿·鲁瓦萨领导的胡图人民解放军—全国解放力量拒绝与新政府开展和平对话。10月，让·皮埃尔·恩库伦齐扎总统下令，对阿加顿·鲁瓦萨领导的胡图人民解放军—全国解放力量进行武力打击。数百名胡图人民解放军—全国解放力量成员（包括儿童）遭到逮捕，被关进监狱和拘留所，却没有对他们进行应有的程序性审判。新政府的武力打击和侵犯人权行为遭到地方和国际人权组织以及国际社会的谴责。

（三）达累斯萨拉姆和平进程：全面的和平协议

2006年3月，阿加顿·鲁瓦萨领导的胡图人民解放军—全国解放力量宣布愿意参加和平对话。5月29日，在南非的调解下，布隆迪政府与胡图人民解放军—全国解放力量领导人在坦桑尼亚的达累斯萨拉姆（Dares Salaam）开展了和平对话。① 在谈判过程中，胡图人民解放军—全国解放力量与政府军在布琼布拉周边的山区进行战斗。6月，布隆迪新政府与阿加顿·鲁瓦萨领导的胡图人民解放军—全国解放力量签订了恢复和平与安全的协议，但该协议并没有包括战斗员的解除武装、复员和重返社会进程。政府仍然监禁了400多名胡图人民解放军—全国解放力量战斗员，其中至少有65名儿童兵。② 布隆迪军队也经常利用前胡图人民解放军—全国解放力量的儿童兵，来寻找和确定胡图人民解放军—全国解放力量的战斗员以及支持者。③ 一名前胡图人民解放军—全国解放力量儿童兵告诉人权观察员："我在工作，为政府军提供胡图人民解放军—全国解放力量的藏身之处，这样政府军能够设置陷阱来逮捕胡图人民解放军—全国解

---

① Human Rights Watch, *A Long Way from Home*: *FNL Child Soldiers in Burundi*, June 2006, No. 3, p. 4.
② Human Rights Watch, *A Long Way from Home*: *FNL Child Soldiers in Burundi*, June 2006, pp. 4 – 5.
③ "Burundi: Army arrests scores of child soldiers," *IRIN*, July 1, 2005, http://www.irinnews.org/print.asp? ReportID = 47925.

放力量。有些胡图人民解放军—全国解放力量的成员会被杀死，部分人只是被逮捕，并带到军营。当我与政府军在一起的时候，我从未携带过武器，但我有时候的确运输了子弹和炸弹。作为交换，我能获得金钱和食物。"①

2006年9月7日，双方在达累斯萨拉姆签署《全面停火协议》（Comprehensive Ceasefire Agreement）。协议为停止敌意行动、开展军队的重返社会和复员进程设定了日期，并建立了联合核查与监督机制（a joint verification and monitoring mechanism, JVMM）。但是，协议并没有解决胡图人民解放军—全国解放力量关注的核心问题，例如胡图人民解放军—全国解放力量的政治地位、军事人员整编、政治犯释放、儿童兵。截至2006年10月，布隆迪政府未就停止使用和招募儿童问题同胡图人民解放军—全国解放力量进行正式谈判。2007年3月，阿加顿·鲁瓦萨领导的胡图人民解放军—全国解放力量拒绝参加联合核实与监督机制，声称只有他们所关切的问题得以解决，才会执行相关协议。2007年7月，布隆迪政府与阿加顿·鲁瓦萨领导的胡图人民解放军—全国解放力量在布琼布拉举行新谈判。但是，谈判很快再次陷入僵局，这导致《全面停火协议》的执行工作陷入停顿。胡图人民解放军—全国解放力量声称，只有当政府停止对其成员的军事打击和镇压，并就胡图人民解放军—全国解放力量的政治地位达成一项协议，他们才会重回谈判桌。随后，布隆迪的安全局势恶化，胡图人民解放军—全国解放力量仍在继续招募和使用儿童兵，并且应对杀害与致残儿童、强奸和其他严重的性暴力行为负责；政府安全部队也存在虐待、任意逮捕和拘留儿童等侵权行为。② 为

---

① Human Rights Watch, *A Long Way from Home: FNL Child Soldiers in Burundi*, June 2006, No. 3, pp. 6 - 7.

② 为增强在和平谈判过程中的讨价还价能力，阿加顿·鲁瓦萨领导的胡图人民解放军—全国解放力量招募了大量儿童。据报道，2006年10月至2007年7月，布隆迪境内有85起招募儿童兵的案件，其中60起发生在签署《全面停火协议》之后的几个月。但是，由于《全面停火协议》的执行陷于停顿，战斗员福利金的发放停滞，许多儿童已经逃脱或者复员，但没有任何补偿。参见联合国：《儿童与武装冲突：秘书长的报告》（A/62/609 - S/2007/757），2008年1月28日，第6—7页，http://www.un.org/zh/documents/view_doc.asp? symbol = A/62/609。

打破僵局，2008年1月，在南非的协调下，布隆迪国内成立了"政治事务局"，① 以克服在执行《全面停火协定》时产生的政治障碍，并推动布隆迪政府与阿加顿·鲁瓦萨领导的胡图人民解放军—全国解放力量进行对话。在布隆迪和平区域倡议领导人、调解人、政治事务局和国际伙伴的共同努力和压力下，2008年5月胡图人民解放军—全国解放力量领导人返回布隆迪，并与布隆迪政府签订结束敌对行动联合宣言。为谋得更多的政治、经济福利，阿加顿·鲁瓦萨领导的胡图人民解放军—全国解放力量又招募了大量的儿童兵。2008年，阿加顿·鲁瓦萨领导的胡图人民解放军—全国解放力量招募了152名9周岁至17周岁的儿童。②

2009年1月9日，阿加顿·鲁瓦萨领导的胡图人民解放军—全国解放力量正式更名为全国解放力量。2009年1月16—17日，布隆迪问题特使小组在布琼布拉举行了会议。会后发表了《布琼布拉宣言》，列出了和平进程重要问题的截止期限，并呼吁全国解放力量在2009年1月30日前无条件地隔离所有与全国解放力量有关系的儿童。随后，全国解放力量多次向布隆迪政府和国际社会保证，愿意释放与全国解放力量有关系的儿童兵。但是，2009年2月5日，全国解放力量拒绝启动解除武装、复员与重返社会进程，并再三强调了释放儿童兵的条件，即部分战斗员必须通过整编，进入国家安全部队。在联合国与政治事务局的斡旋下，并回应《大湖区特使宣言》，2009年8个来自阿加顿·鲁瓦萨的全国解放力量协调人被提名负责提供方便，释放部队内的儿童兵。这一措施不仅促进了《全面停火协定》的执行，推动了儿童兵解除武装、复员和重返社会进程，也有助于全国解放力量转型成为一个政治政党。2009年4月，全国解放力量进行登记，成为一个政治政党。与全国解

---

① 政治事务局由南非、坦桑尼亚、乌干达、非洲联盟、欧洲联盟、联合国、布隆迪政府、民族解放阵线的代表组成。
② 联合国：《儿童与武装冲突：秘书长的报告》(A/63/785-S/2009/158)，2009年4月26日，第4—5页，http://www.un.org/zh/documents/view_doc.asp? symbol = A/63/785。

放力量有关系的 340 名儿童于 2009 年 4 月 10 日和 20 日分批释放，还有 40 名在兰达（Randa）和博拉玛塔（Buramata）营地的儿童于 2009 年 6 月 8 日获释。① 2009 年 5—6 月，《全面停火协定》第一阶段的执行工作宣告完成，全国解放力量整编至国防军、安全部队和相关国家机构。②

2009 年 4 月 22 日，布隆迪国民议会通过了刑法修正案。修正案明确规定禁止招募、监禁未满 18 周岁的儿童，将刑事责任年龄提高至 15 周岁，并对侵害儿童权利的罪犯，特别是性暴力罪犯课以更重的刑罚。③ 经联合国核实，与全国解放力量有联系的所有儿童已于 2009 年 6 月通过正式的解除武装、复员和重返社会进程获释，并与家人团聚。随后，全国解放力量从"黑名单"中被除名。

四、国际和平进程

在布隆迪内战中，保卫民主全国委员会—保卫民主力量、胡图人民解放军—全国解放力量在武装冲突中大量招募和使用儿童兵，这引起了国际社会的关注。为保护儿童的安全与发展权益，联合国及其实体机构积极介入，并取得了成功。

（一）儿童兵解除武装、复员与重返社会进程

1999 年 2 月 24—28 日，负责儿童与武装冲突问题的特别代表奥拉

---

① 联合国：《秘书长关于布隆迪境内儿童与武装冲突问题的报告》（S/2009/450），《秘书长关于布隆迪境内儿童与武装冲突问题的报告》（S/2009/450），2009 年 9 月 10 日，第 2 页，http://www.un.org/zh/documents/view_doc.asp?symbol=S/2009/450。
② 2009 年 6 月，全国解放力量成年战斗人员解除武装、复员和融入社会进程启动，并于 2009 年 8 月结束。
③ 联合国：《儿童与武装冲突：秘书长的报告》（A/64/742 – S/2010/181），2010 年 4 月 13 日，第 10 页，http://documents-dds-ny.un.org/doc/UNDOC/GEN/N10/311/27/pdf/N1031127.pdf?OpenElement。

第四章 布隆迪胡图族武装组织——成功的参与进程

拉·奥图诺先生访问布隆迪，评估战争对儿童的影响，并讨论在此情势下如何更好地保护儿童。奥图诺先生与布隆迪共和国总统皮埃卡·布约亚等高级官员举行了会谈。他会见了联合国国别小组、各国外交使团代表、宗教领袖、该国非政府组织和国际非政府组织代表、红十字国际委员会代表和妇女协会代表。他还在恩格治（Ngozi）和穆因加（Muyinga）进行实地访问，视察难民事务高级专员公署从坦桑尼亚遣返难民的工作，并前往鲁伊吉（Ruyigi）访问社区项目，包括一个孤儿中心。布隆迪政府对奥图诺先生承诺：（1）拟订立法，将招募士兵的最低年龄从16周岁提升至18周岁；（2）保护平民，依法起诉和严惩布隆迪武装部队中的不法行为；（3）将加速批准《渥太华禁雷公约》；（4）同意在阿鲁沙和平进程中加入保护儿童和儿童福利的条款；（5）妇女参与阿鲁沙进程。① 2000年，在奥图诺与尼雷尔的共同努力下，保护儿童的条款被纳入《阿鲁沙协议》。遗憾的是，奥图诺并没有同保卫民主全国委员会—保卫民主力量、胡图人民解放军—全国解放力量进行直接接触和对话。

2001年10月，布隆迪政府与儿童基金会签署谅解备忘录。在儿童基金会的帮助下，布隆迪政府设立了全国儿童兵组织（the National Structure for Child Soldiers），并为儿童兵解除武装、复员和重返社会进程以及预防儿童兵的招募设定了行动议程。尽管这时联合国及其实体机构并没有同武装组织进行直接接触和对话，但是已经开始考虑与武装组织进行对话与合作，以推动儿童兵的复员工作。② 2003年11月，儿童兵已被纳入全国解除武装、复员和重返社会的联合行动计划。在全国解除武装、复员和重返社会联合行动计划执行秘书处以及联合国布隆迪行动的共同推动下，下列武装组织派系参与了全国儿童兵组织：让·博斯

---

① 联合国：《儿童与武装冲突：特别代表的报告》（A/54/430），1999年10月1日，第13页，http：//www.un.org/zh/documents/view_doc.asp? symbol = A/54/430。
② 联合国：《儿童与武装冲突：秘书长的报告》（S/2002/1299），2002年11月26日，第6页，http：//www.un.org/zh/documents/view_doc.asp? symbol = S/2002/1299。

科·恩达伊肯古鲁基耶领导的保卫民主力量全国委员会—保卫民主力量、阿兰·穆加巴拉博纳领导的胡图人民解放军—全国解放力量、约瑟夫·卡鲁姆巴领导的全国解放力量。两大反对派政党，即艾蒂安·卡拉塔西领导的胡图人民解放军和莱奥纳尔·尼安戈马领导的保卫民主力量全国委员会也参加了对话。

2004年7月初，上述武装组织派系和政治反对派承诺停止招募18周岁以下的年轻人，遵守保护儿童免受招募的规范标准，并采用关于儿童兵复员工作的指导原则。在对话中，还分别任命了5名协调人，负责协调和促进其队伍中儿童兵解除武装、复员和重返社会进程。2004年8月底，在全国解除武装、复员和重返社会联合国行动计划执行秘书处以及联合国布隆迪行动的帮助和支持下，全国儿童兵组织对各协调人进行了培训，培训内容涉及儿童兵解除武装、复员和重返社会进程的各个方面。随后，5个武装组织派系和政治反对派参与拟定行动计划，并签署了行动计划。

按照第1539号决议（2004）的规定，[1] 联合国布隆迪行动分别与皮埃尔·恩库伦齐扎领导的保卫民主力量全国委员会—保卫民主力量、阿加顿·鲁瓦萨领导的胡图人民解放军—全国解放力量进行了对话。皮埃尔·恩库伦齐扎领导的保卫民主力量全国委员会—保卫民主力量承诺停止招募儿童，并任命了协调人，负责协调和促进其队伍中儿童兵解除

---

[1] 联合国安全理事会第1539号决议（2004）呼吁：（1）武装冲突各方应与联合国维持和平特派团、联合国国别小组开展密切协作，在3个月内拟定一项有具体时限的行动计划，停止招募和使用儿童等违反国际义务的行为；（2）为促进本决议的落实，呼请秘书长确保在现有资源范围内定期审查有关各方的遵守情况，审查进程应由国家一级，包括政府代表在内的所有利益攸关者参与；（3）由秘书长指定一名协调人，负责协调各利益攸关方参与对话，进而拟定有时限的行动计划，以便在2004年7月31日前通过特别代表向秘书长汇报，同时考虑到秘书长报告第77段所载从过去对话中吸取的经验教训；（4）打算考虑通过针对具体国家的决议，实施目标明确、逐步升级的措施，例如禁止向那些拒绝进行对话、没有制定行动计划或没有履行行动计划承诺的各方出口或供应轻小武器和其他军事设备，禁止军事援助。参见《联合国安全理事会第1539（2004）号决议》（S/RES/1539（2004）），2004年4月22日，http://www.un.org/chinese/aboutun/prinorgs/sc/sres/04/s1539.htm。

武装、复员和重返社会进程。而截至2004年8月,阿加顿·鲁瓦萨领导的胡图人民解放军—全国解放力量仍未做出具体承诺。在对话期间,该组织仍在袭击学校、医疗保健中心,并绑架和强制招募儿童。2004年8月13日,该组织在加通巴(Gatumba)临时难民营大肆屠杀难民。随后,联合国布隆迪行动中止了与阿加顿·鲁瓦萨领导的胡图人民解放军—全国解放力量之间的对话。据统计,该组织一共点燃了7个难民营,杀害了160多名刚果难民,其中包括儿童和妇女。①

2004年12月,武装组织启动了儿童兵解除武装、复员和重返社会进程。仅在12月6—15日,就有618名儿童兵复员。这些儿童兵被转送至专门负责收留他们的基特加(Gitega)复员中心。截至12月31日,这些儿童已全部重返其社区。② 据统计,2003年11月至2006年7月,在儿童基金会和世界银行的支持下,3013名儿童兵复员(各武装政治派别和政治运动,639人;布隆迪武装部队,885人;和平卫士,1383人;保卫民主全国委员会—保卫民主力量,106人),回到原来的社区,与家人团聚。截至2006年6月,约560名儿童兵已返回学校,1800人正在接受职业培训。2006年1月成立了一个技术委员会,确保将儿童兵项目顺利移交给政府,并与国家复员、安置和重返社会委员会执行秘书处负责实施的全国复员、安置和重返社会方案结合起来。技术委员会随后又拟定了胡图人民解放军—全国解放力量儿童兵的复员措施和机制。此外,国际劳工组织通过国际废除童工方案,帮助898名儿童兵重返社会,并阻止452名儿童被招募入伍。③ 2009年,复员、安置和重返

---

① 联合国布隆迪行动、联合国刚果民主共和国特派团、人权事务高级专员公署对加通巴屠杀案进行调查,确认了鲁瓦萨领导的胡图人民解放军—全国解放力量的责任,但没有提供有关肇事者的身份。参见联合国:《儿童与武装冲突:秘书长的报告》(A/59/695 – S/2005/72),2005年2月9日,第3页,http://www.un.org/zh/documents/view_doc.asp?symbol=A/59/695。

② 联合国:《儿童与武装冲突:秘书长的报告》(A/59/695 – S/2005/72),2005年2月9日,第3页,http://www.un.org/zh/documents/view_doc.asp?symbol=A/59/695。

③ 联合国:《儿童与武装冲突:秘书长的报告》(A/61/529 – S/2006/826),2006年10月26日,第5页,http://www.un.org/zh/documents/view_doc.asp?symbol=A/61/529。

社会技术协调小组成立。在民族团结部、儿童基金会的协助下，技术协调小组把布隆迪分为 2 个区，两个区已分别征聘了 2 个执行伙伴，共涵盖了 15 个省，帮助儿童重新融入社会。

（二）部署联合国布隆迪行动

为帮助布隆迪结束冲突、重建和平，联合国安全理事会通过第 1545 号决议（2004），决定建立"联合国布隆迪行动"（United Nations Operation in Burundi，ONUB），以接替"非洲联盟布隆迪行动"（African Union Mission to Burundi，AMIB）。[1] 在协助筹备"联合国布隆迪行动"的过程中，特别代表办公室向维持和平行动部派往布隆迪的评估团成员提供了有关受武装冲突影响的儿童的资料。"联合国布隆迪行动"设立了 3 名儿童保护顾问。2004 年 6 月 1 日，5650 名维和士兵开始在布隆迪执行维和任务。"联合国布隆迪行动"的职责是：对停火协议的执行情况进行监督和调查，制止违反停火协议的行为；协助开展战斗员解除武装、复员和重返社会方案中的解除武装和复员工作；监测跨越国界的非法武器流动；为人道主义援助提供必要的安全条件；促进难民及境内流离失所人员自愿返乡；保证选举在自由、透明、和平、安全的环境中进行。

（三）监测与报告机制

第 1612 号决议（2005）要求建立监测与报告机制，布隆迪等 5 个国家被列入安理会具体议程。2005 年 12 月，儿童基金会及其伙伴设立了一个儿童保护网络，以加强对布隆迪境内侵犯儿童行为的监测。2006

---

[1] 为确保流亡政治家回国后的安全，保证过渡性进程的和平进行，部署维和部队成为维持布隆迪国内稳定、和平的关键因素。尽管图西族强烈地反对非洲地区维和部队进入布隆迪，但是 2001 年 10 月 18 日，在曼德拉的请求下，南非派遣了 701 名由南非士兵组成的"南非保护支持分遣队"（South African Protection Support Detachment）进入布隆迪进行维和。2003 年 4 月 3 日，非洲联盟授权"非洲联盟布隆迪行动"管理、观察、监督和核实 2002 年停火协议的执行情况，进而巩固和平进程。

第四章　布隆迪胡图族武装组织——成功的参与进程

年8月,"联合国布隆迪行动"、儿童基金会设立了布隆迪侵犯儿童权利问题监测与报告工作队。2006年6月,"联合国布隆迪行动"在停火谈判期间向阿加顿·鲁瓦萨领导的胡图人民解放军—全国解放力量提交了一份文件,要求他们把儿童兵复员列为优先事项。但是,该组织没有签署这一文件。

2006年9月7日,布隆迪政府与阿加顿·鲁瓦萨领导的胡图人民解放军—全国解放力量签署了《全面停火协定》,建立了联合核查与监督机制,以便在"联合国布隆迪行动"与儿童基金会的配合下,进入战斗员营地、监督战斗员解除武装、复员和重返社会进程的执行情况。在儿童基金会的支持与帮助下,全国解除武装、复员和重返社会委员会执行秘书处的任务是:促使与胡图人民解放军—全国解放力量有关联的儿童兵复员,并帮助他们重返社会。然而,由于《全面停火协定》的执行发生重大延误,联合核查与监督机制也未得到有效执行。经确认,2008年1—12月,阿加顿·鲁瓦萨领导的胡图人民解放军—全国解放力量又新招募了152名9周岁至17周岁的儿童。①

2009年1月16—17日,布隆迪问题特使小组在布琼布拉举行会议,通过了《布琼布拉宣言》。《布琼布拉宣言》要求阿加顿·鲁瓦萨领导的全国解放力量在2009年1月30日前无条件地隔离所有与全国解放力量有关系的儿童。② 2009年4月2日,112名儿童从鲁比拉(Rubira)和卢加兹(Rugazi)集结地正式被释放。4月10日,228名儿童在5个集结地获得释放。6月8日,与全国解放力量有联系的40名儿童在兰达、博拉玛塔集结地被释放。③ 经联合国核实,所有儿童兵已于2009年

---

① 联合国:《儿童与武装冲突:秘书长的报告》(A/63/785 – S/2009/158),2009年4月26日,第4页,http://www.un.org/zh/documents/view_doc.asp?symbol=A/63/785。
② 2009年1月9日,阿加顿·鲁瓦萨领导的胡图人民解放军—全国解放力量正式更名为全国解放力量。
③ 联合国:《儿童与武装冲突:秘书长的报告》(A/64/742 – S/2010/181),2010年4月13日,第5页,http://documents-dds-ny.un.org/doc/UNDOC/GEN/N10/311/27/pdf/N1031127.pdf?OpenElement。

6月通过正式的解除武装、复员和重返社会进程获释,并与家人团聚。①在布隆迪,再也没有任何已知与武装团体有联系的儿童。2010年没有新的记录招募或使用儿童兵的报告。随后,秘书长在2010年儿童与武装冲突问题的报告"黑名单"中删除了阿加顿·鲁瓦萨领导的全国解放力量。尽管布隆迪已经摆脱了冲突,但是鉴于国家仍存在安全挑战,国家监测与报告工作组仍在继续监测布隆迪儿童的状况,继续监测包括8名女孩在内的626名儿童重返社会的情况。②

(四) 帮助布隆迪进行保护儿童权利和法律的改革

第一,促进布隆迪法律体系的完善和改革。1990年,布隆迪签署并批准了《儿童权利公约》。2001年11月13日,布隆迪签署《儿童权利公约关于儿童卷入武装冲突问题的任择议定书》,2005年1月28日批准该议定书。但是,禁止在武装冲突中招募和使用儿童兵的行为尚未写入布隆迪的《刑法》法典。为促使布隆迪法律体系符合其对保护儿童权益的承诺,在联合国的协助下,布隆迪政府修订了《刑法》和《刑事诉讼法》。在儿童基金会、人权高专办驻布隆迪办事处牵头开展宣传工作之后,《刑法》和《刑事诉讼法》的修正案草案均包括加强保护儿童权利的内容。例如,《刑法》修正案中包括一些对儿童权利具有巨大影响的措施:把刑事责任年龄从13周岁提高到15周岁;禁止招募和使用未满18周岁的儿童兵;对侵害儿童,如绑架、酷刑、虐待、强奸和性暴力的罪犯课以重刑;用社会司法援助、社区服务替代监禁未成年犯罪嫌疑人;对因犯罪或违法而定罪的儿童应从轻处罚。2009年4月22日,布隆迪国民议会通过了《刑法》修正案。

---

① 联合国:《儿童与武装冲突:秘书长的报告》(A/64/742 - S/2010/181),2010年4月13日,第13页,http://documents-dds-ny.un.org/doc/UNDOC/GEN/N10/311/27/pdf/N1031127.pdf? OpenElement。

② 联合国:《儿童与武装冲突:秘书长的报告》(A/65/820 - S/2011/250),2011年4月23日,第13页,http://www.un.org/zh/documents/view_doc.asp? symbol = S/2011/250。

第二，向布隆迪安全部队、法律事务人员提供有关保护儿童权利的培训，以加强其能力建设。培训的主要内容是：儿童权利、国际人道主义法、和平时期保护儿童、冲突局势下保护儿童、联合国安全理事会第1612号决议（2005）、具体的行动计划和保护方案。① 2006年10月6—12日，"联合国布隆迪行动"、儿童基金会以及联合国其他机构联合举办了有关人权和国际人道主义法的培训研讨会，培训人员是来自布琼布拉第一军区的30名军官。2006年12月4—22日，联合国综合人权办公室为布琼布拉军事法院的军事法官举办了一次培训研讨会。其间，儿童基金会也协助对这些法官进行了保护儿童权利的培训，重点强调在武装冲突中对儿童的保护。2007年1月，"联合国布隆迪行动"综合办事处为布隆迪30名国内治安警察提供了有关人权和儿童保护的培训。2007年8月13—16日，来自布琼布拉第一军区的20名军官接受了有关《儿童权利公约》《儿童权利公约关于儿童卷入武装冲突问题的任择议定书》条款的培训。

第三，预防和打击针对儿童的性暴力行为。2006年11月27日和28日，"联合国布隆迪行动"与民族团结、人权和性别事务部合作，在布琼布拉组织了题为"布隆迪社会的强奸问题：原因、后果和策略"的讲习班。其间，布隆迪政府重申，决心建立旨在打击一切形式的暴力侵害妇女和女童行为的机制。儿童基金会也与当地社区合作，继续就性暴力问题开展预防和提高认识活动。2007年1—6月，儿童基金会在布隆迪5个省份开展了向性暴力受害者提供全面援助的项目，包括215名儿童在内的397名受害者接受了医疗、心理和法律援助，并受到保护。②

---

① 联合国：《秘书长关于布隆迪境内儿童与武装冲突问题的报告》（S/2009/450），2009年9月10日，第10页，http：//www.un.org/zh/documents/view_doc.asp？symbol=S/2009/450。

② 联合国：《秘书长关于布隆迪境内儿童与武装冲突问题的报告》（S/2007/686），第9页，2007年11月28日，http：//www.un.org/zh/documents/view_doc.asp？symbol=S/2007/686。

五、验证与分析

在武装冲突中，保卫民主力量全国委员会—保卫民主力量、胡图人民解放军—全国解放力量大量招募和使用了儿童兵。但是，随着保卫民主力量全国委员会—保卫民主力量、胡图人民解放军—全国解放力量在国际、国内层面参与实践的深入，他们最终放弃招募和使用儿童兵。在此，将对干扰变量、核心假设及其分假设进行检验和分析。

（一）干扰变量控制

在本书第一部分讨论了干扰变量——法律威慑与制裁、武力打击、间接政治施压与经济制裁的作用和影响。首先，尽管保卫民主力量全国委员会—保卫民主力量、胡图人民解放军—全国解放力量被列入了"黑名单"，但是联合国安理会并没有采取实际行动，指控和起诉保卫民主力量全国委员会—保卫民主力量、胡图人民解放军—全国解放力量的领导人。其次，武力打击的作用有限。在图西族掌权时期，图西族控制的军队对保卫民主力量全国委员会—保卫民主力量、胡图人民解放军—全国解放力量，甚至是胡图族平民进行了毫不留情的武力打击和镇压。然而，鉴于胡图族与图西族之间的人口比例，武力打击不仅难以消灭保卫民主力量全国委员会—保卫民主力量、胡图人民解放军—全国解放力量，而且刺激后者有目的地袭击和杀害图西族平民，大量招募和使用儿童兵和成人士兵。此外，胡图族民众为反抗图西族的统治，也自愿应征入伍，或者同情和支持保卫民主力量全国委员会—保卫民主力量、胡图人民解放军—全国解放力量。为解决胡图族的"种族屠杀威胁"，图西族控制的军队以及平民又对胡图族武装组织和平民进行报复性屠杀。这样，图西族和胡图族就陷入了相互屠杀的恶性循环。让·皮埃尔·恩库伦齐扎领导的保卫民主全国委员会—保卫民主力量通过选举上台后，也对胡图人民解放军—全国解放力量采取了强硬的军事措施。为获得有关胡图人民解放军—全国解放力量的军事活动情报，布隆迪政府安全部队非法逮捕、拘留和审讯该组织的儿童兵。而胡图人民解放军—全国解放力量也频频袭击学校、医院和难民营，杀害平民，强制招募儿童兵，实施抢劫和强奸等暴行。可以说，儿童、妇女和平民成为布隆迪内战与武装冲突的牺牲品和受害者。

最后，政治施压与经济制裁的作用有限。保卫民主力量全国委员会—保卫民主力量、胡图人民解放军—全国解放力量的支持者主要是来自布隆迪国内的胡图族民众。为免遭图西族军队以及平民的屠杀，胡图族平民自愿为保卫民主力量全国委员会—保卫民主力量、胡图人民解放军—全国解放力量提供了大量的资金、食物、兵源，以获取他们的保护。虽然这两个武装组织也从周边的武装组织和邻国获得了一些经济、军事和政治支持，但是这些支持是有限的。而且，鉴于周边邻国也存在内战和武装冲突，向外部支持国及其武装组织施加政治压力、进行经济制裁，进而约束保卫民主力量全国委员会—保卫民主力量、胡图人民解放军—全国解放力量暴力行为的可能性很小。更具有讽刺意义的是，在皮埃卡·布约亚1996年通过军事政变上台后，9个非洲国家宣布对布隆迪实行制裁。经济制裁从1996年7月持续至1999年1月。但是，经济制裁产生了非本意后果，国际合作与援助的中断导致布隆迪国内和平进程中断、武装冲突升级，并出现了严重的人道主义危机。

（二）假设验证

1. 武装组织的国内参与实践与进程同其规范遵守程度呈正相关关系

布隆迪国内和平进程大致可以划分为三个阶段：阿鲁沙和平进程I、阿鲁沙和平进程II和达累斯萨拉姆和平进程。在这三个阶段，不同的武装组织及其派系参与和平进程的程度不同，其释放儿童兵、接受儿童兵规范的程度也不同。

第一，阿鲁沙和平进程I的特点是排斥性。1996年6月25日至

2000年8月28日，在坦桑尼亚前总统朱利叶斯·尼雷尔和南非前总统纳尔逊·曼德拉的斡旋下，布隆迪各政治党派启动了阿鲁沙谈判，最后签署了《阿鲁沙协议》。然而，保卫民主力量全国委员会—保卫民主力量、胡图人民解放军—全国解放力量被排除在外。为此，他们拒绝签署和承认《阿鲁沙协议》，并在武装冲突中大量招募和使用儿童兵。2001年11月1日，布隆迪过渡政府宣布成立。但对于布隆迪民众来说，和平仍然是遥不可及的，而暴力依旧是生活的常态。

第二，阿鲁沙和平进程 II 具有选择性。为结束布隆迪内战，在坦桑尼亚、南非的斡旋下，布隆迪过渡政府被迫与胡图族武装组织进行接触、对话和谈判。2002年2月，坦桑尼亚在达累斯萨拉姆召开会议，邀请保卫民主力量全国委员会—保卫民主力量、胡图人民解放军—全国解放力量的所有派系参与，旨在形成一个关于停火谈判的共同立场。但是，恩库伦齐扎派、鲁瓦萨派拒绝了坦桑尼亚提出的和谈方案，并强调与布隆迪军队进行直接谈判是他们参与和谈的先决条件。为此，布隆迪过渡政府选择性地同实力相对弱小的恩达伊肯古鲁基耶派、穆加巴拉博纳派进行对话和谈判，以向实力相对强大的恩库伦齐扎派和鲁瓦萨派施压。然而，这种选择性接触，不仅面临诸多困难，还遭到后者的坚决反对和抵制，布隆迪国内大部分地区仍处于武装冲突状态。在坦桑尼亚、加蓬和联合国专家的帮助与斡旋下，有关停火协议草案出台，并转交给各武装组织派系。2002年8月6日，除了鲁瓦萨派拒绝参与谈判外，其他3个武装派系都出席了会谈。2002年10—12月，布隆迪过渡政府先后与这3个武装组织达成了停火协议，其中包含了释放儿童兵、开展儿童兵解除武装和复员的条款。不过，各方并没有认真执行停火协议。

2003年1月24—27日，皮埃卡·布约亚总统与各武装组织在比勒陀利亚举行会谈，与会者一致同意设立联合停火委员会、非洲联盟维和部队进入布隆迪。然而，有关布隆迪政治、国防和安全权力分享，战斗员（包括儿童兵）解除武装，复员与重返社会等核心问题仍未解决。直至2003年11月2日，布隆迪过渡政府才与保卫民主力量全国委员会—保卫民主力量签署了《比勒陀利亚议定书：布隆迪政治、国防和安全权力共享》。根据《比勒陀利亚议定书》，保卫民主力量全国委员会—保卫民主力量将在国家军队的军官和士兵组成中占据40%，而胡图族和图西族分别占据布隆迪国家防务部队、军事指挥职位的50%。2003年11月16日，布隆迪过渡政府与保卫民主力量全国委员会—保卫民主力量签署了《全面停火协议》，结束了布隆迪境内大规模的武装冲突局面。随后，穆加巴拉博纳派也签署了《全面停火协议》。2004年3月，布隆迪国内开启了战斗员（包括儿童兵）解除武装、复员和重返社会进程，包括：整编政府军及其和平卫队、保卫民主力量全国委员会—保卫民主力量与穆加巴拉博纳派。但是，鲁瓦萨派拒绝签署上述协议，并持续招募和使用儿童兵。

2005年2月28日，新宪法通过，为布隆迪大选奠定了法律基础。2005年8月26日，恩库伦齐扎赢得选举，成为布隆迪新总统，布隆迪过渡政府任期结束。但是，鲁瓦萨派仍游离在和平进程之外，并对新政府的统治和安全构成威胁。

第三，达累斯萨拉姆和平进程最终签署了《全面和平协议》。为全面结束国内武装冲突，在南非的调解下，恩库伦齐扎领导的布隆迪政府与鲁瓦萨派启动了达累斯萨拉姆和平进程，并于2006年9月7日达成了《全面停火协议》。协议为停止敌意行动，开展战斗员（包括儿童兵）的解除武装、复员和重返社会进程设定了日期，并建立了联合核查与监督机制。然而，2007年3月，鲁瓦萨派拒绝履行协议、参加联合核实与监督机制，声称协议并没有解决与其切身利益相关的核心问题，比如政治地位、军事人员整编与政治犯释放等。2007年7月，新谈判在布琼布拉举行。但是，谈判很快再次陷入僵局，并导致《全面停火协议》的执行工作再次陷入停顿。鲁瓦萨派声称，只有当政府停止对其成员的军事打击和镇压，并就其政治地位达成一项协议，他们才会重回谈判桌。为增强在和平谈判过程中讨价还价的能力，鲁瓦萨派再次招募了大量儿童兵，并存在杀害与致残儿童、强奸和其他严重的性暴力行为；

政府安全部队也存在虐待、任意逮捕和拘留儿童等侵权行为。为打破僵局，2008年1月，在南非的协调下，布隆迪国内成立了"政治事务局"，以克服在执行《全面停火协定》中产生的政治障碍，推动布隆迪政府与鲁瓦萨派之间对话。在布隆迪和平区域倡议领导人、调解人、政治事务局和国际伙伴的共同努力下，2008年5月鲁瓦萨返回布隆迪，与布隆迪政府签订结束敌对行动的联合宣言。

2009年1月9日，鲁瓦萨派更名为全国解放力量。2009年1月16—17日，布隆迪问题特使小组在布琼布拉举行会议，并在《布琼布拉宣言》中列出了和平进程重要问题的截止期限，呼吁全国解放力量在2009年1月30日前无条件地隔离所有与其有关系的儿童。随后，全国解放力量多次向布隆迪政府和国际社会保证，愿意释放与其有关系的儿童。但是，2009年2月5日，全国解放力量拒绝启动解除武装、复员与重返社会进程，并再三强调了释放儿童兵的条件，即部分战斗员必须通过整编，进入国家安全部队。在多方斡旋下，2009年4月全国解放力量进行登记，成为一个政治政党，并开始履行承诺，分批释放儿童兵。2009年4月22日，布隆迪国民议会通过了《刑法》修正案。修正案明确规定禁止招募、监禁未满18周岁的儿童，将刑事责任年龄提高至15岁，并对侵害儿童权利的罪犯，特别是性暴力罪犯课以更重的刑罚。2009年5—6月，《全面停火协定》第一阶段的执行工作宣告完成，全国解放力量整编至布隆迪国防军、安全部队和相关国家机构。经联合国核实，与全国解放力量有联系的所有儿童已于2009年6月通过正式的解除武装、复员和重返社会进程获得释放，并与家人团聚。随后，全国解放力量被联合国从"黑名单"中剔除。

2. 武装组织的国际参与实践与进程同其规范学习和接受程度呈正相关关系

1999年2月24—28日，联合国秘书长负责儿童与武装冲突问题的特别代表奥拉拉·奥图诺访问布隆迪，与布隆迪总统及高级部门负责人讨论战争对儿童的影响及其儿童保护问题。2000年，在奥图诺与尼雷尔的共同努力下，保护儿童的条款被纳入《阿鲁沙协议》。2001年10月，联合国儿童基金会与布隆迪政府签署谅解备忘录，并帮助布隆迪政府设立了全国儿童兵组织，为儿童兵解除武装、复员和重返社会进程，预防儿童兵的招募设定了行动议程。尽管这时联合国及其实体机构并没有同胡图族武装组织进行直接接触和对话，但是已经开始考虑与其进行对话和合作。2003年11月，儿童兵已被纳入全国解除武装、复员和重返社会的联合行动计划。

为帮助布隆迪结束冲突、重建和平，联合国安全理事会通过第1545号决议（2004），决定建立"联合国布隆迪行动"，并于2004年6月1日接替"非洲联盟布隆迪行动"。"联合国布隆迪行动"的职责是：对停火协议的执行情况进行监督和调查，制止违反停火协议的行为；协助开展战斗员解除武装、复员和重返社会方案中的解除武装和复员工作；监测跨越国界的非法武器流动；为人道主义援助建立必要的安全条件；促进难民及境内流离失所人员自愿返乡；保证选举在自由、透明、和平、安全的环境中进行。

根据第1539号决议（2004），在"联合国布隆迪行动"、全国解除武装、复员和重返社会联合行动计划执行秘书处的推动下，恩库伦齐扎派、恩达伊肯古鲁基耶派和穆加巴拉博纳派参加了全国儿童兵组织的对话。2004年7月初，上述武装派系承诺停止招募18周岁以下的年轻人，遵守保护儿童免受招募的规范标准，并采用关于儿童兵复员工作的指导原则。在对话中，他们还分别任命了5名协调人，负责协调和促进其队伍中儿童兵解除武装、复员和重返社会进程。而鲁瓦萨派拒绝参与对话和做出承诺，并实施了招募和使用儿童兵、攻击学校、医院和难民营等暴行。2004年8月底，在"联合国布隆迪行动"、儿童基金会和世界银行的帮助和支持下，3个武装组织派系的协调人参加了有关在武装冲突局势中保护儿童、儿童兵解除武装、复员和重返社会进程的培训，并参与了儿童兵行动计划的拟订。2004年12月，在"联合国布隆迪行动"、儿童基金会等联合国机构的监督下，3个武装派系启动了儿童兵解除武装、复员和重返社会进程，签署并采取实际行动执行行动计划。据统计，2003年11月至2006年7月，在儿童基金会和世界银行的支持下，3013名前儿童兵复员（各武装政治派别和政治运动，639人；布隆迪武装部队，885人；和平卫士，1383人；保卫民主全国委员会—保卫民主力量，106人）。

2006年6月，"联合国布隆迪行动"在停火谈判期间向鲁瓦萨派递交了一份文件，要求他们把儿童兵复员列为优先事项，但遭到后者的拒绝。鲁瓦萨派还拒绝启动联合核查与监督机制，阻止"联合国布隆迪行动"与儿童基金会进入战斗员营地、监督战斗员解除武装、复员和重返社会进程的执行情况。经过确认，2008年1—12月，鲁瓦萨派新招募了152名9周岁至17周岁的儿童。2009年1月16—17日，布隆迪问题特使小组在布琼布拉举行会议，通过了《布琼布拉宣言》，要求鲁瓦萨派在2009年1月30日前无条件地隔离所有与其有关系的儿童。在联合国与政治事务局的多次斡旋下，为回应《大湖区特使宣言》，8个来自全国解放力量协调人被任命负责提供方便，释放部队内的儿童兵。这一措施不仅促进了《全面停火协定》的执行，推动了儿童兵解除武装、复员和重返社会进程，也有助于全国解放力量转型成为一个政治政党。2009年4月，全国解放力量正式启动儿童兵解除武装、复员和重返社会进程。2009年4月2日，第一批儿童（112名）从鲁比拉和卢加兹集结地正式被释放。4月10日，228名儿童在5个集结地获得释放。6月8日，40名儿童在兰达、博拉玛塔集结地被释放。经联合国核实，所有儿童兵于2009年6月底前获释，并开启解除武装、复员和重返社会进程。

3. 武装组织的双重参与实践及进程越高，其越容易接受国际规范

胡图族武装组织参与国内、国际和平进程经历了一个从低到高的过程。从国内层面来说，保卫民主力量全国委员会—保卫民主力量、胡图人民解放军—全国解放力量没有参与阿鲁沙谈判，并在武装冲突中大量招募儿童兵来扩充军事实力。在停火协议与和平谈判的低程度参与阶

段，胡图族武装组织开始重视儿童保护问题，并多次做出释放儿童兵的承诺。但为增强在和平谈判过程中讨价还价的能力，他们仍存在不履行承诺或者继续招募儿童兵的行为。随后，各方就布隆迪政治、国防和安全权力分享、战斗员（包括儿童兵）解除武装、复员与重返社会等核心问题进行了多轮和平谈判。直到各方就关键、敏感问题达成了妥协与一致，并签署和平协议后，胡图族武装组织才开始履行承诺，分批释放儿童兵。最后，布隆迪政府进行国内司法改革与建设，通过了《刑法》和《刑事诉讼法》修正案，从根本上内化国际规范、提高儿童保护的标准。

从国际层面来说，联合国等国际组织一直致力于倡导和传播儿童兵规范，并为推动武装组织与主权国家政府启动国内和平进程进行斡旋，提供解决方案。为防止在武装冲突中发现侵犯儿童的行为，同武装组织就儿童保护问题进行对话和接触是关键。进行对话并不是承认武装组织的合法性或国际法律地位，对话的唯一宗旨是确保接近和保护弱势儿童群体。在低程度参与阶段，武装组织开始了解儿童兵规范的概念和意义。一般来说，说服武装组织承诺保证人道主义救援人员以及物资安全相对容易，但是要求武装组织释放儿童兵，并保证不再招募是比较困难的。这需要联合国机构积极、持续地保持同武装组织的对话和谈判，督促武装组织签署行动计划。在高程度参与阶段，联合国等国际组织对武装组织的协调人进行培训，启动儿童兵解除武装、复员和重返社会进程，并对此进行核查与监督。最后，经联合国核实，布隆迪国内所有儿童兵已被释放，并且布隆迪的武装组织也被移出"黑名单"。可以说，高程度的双重参与有助于武装组织接受国际规范、保持行为克制。

4. 机制设置越明确，武装组织越愿意做出并履行承诺

根据联合国安理会第1612号决议（2005），"联合国布隆迪行动"和儿童基金会设立了布隆迪侵犯儿童权利问题监测与报告工作队，以监测和报告布隆迪国内各行为体，包括武装组织和国家安全部队在武装冲突中侵害儿童权利的6种行为。这为保护武装冲突中的儿童、启动儿童

兵解除武装、复员和重返社会进程提供了重要的信息和情报。在启动儿童兵解除武装、复员和重返社会进程后，还进行持续的监督，以预防武装组织重新招募儿童兵。

布隆迪和平进程的开展也与相对完善的制度设计分不开。一方面，联合国安理会的决议为联合国与武装组织进行接触、对话和谈判提供了法律依据。按照联合国安全理事会第1539号决议（2004）的规定，"联合国布隆迪行动"分别与各个胡图族武装组织进行对话。这些对话有助于促进他们做出承诺、签署与履行行动计划。另一方面，停火协议与和平协定的讨论、起草和定稿也为武装组织参与国内和平进程、保持行为克制提供了动力。停火协议为武装组织同政府之间实行停火、启动和平谈判奠定了基础。在经过多轮对话与谈判后，武装组织还与布隆迪政府讨论了武装组织的政治地位、儿童兵、军事人员整编、政府建设、种族和解等核心、敏感问题。只有当和平协议有效地处理和解决这些核心、敏感问题后，才能更好地促使武装组织放下武器、释放儿童兵、参与新政府组建。

简而言之，自1993年布隆迪爆发内战以来，布隆迪胡图族武装组织大量招募和使用儿童兵。儿童不仅是暴行的施害者，更是战争的受害者。为保护受武装冲突影响的儿童，坦桑尼亚、南非、联合国等国际组织积极同武装组织、布隆迪政府进行对话与接触，调停布隆迪内战。这有助于改变武装组织对使用和招募儿童兵的认知，促使他们停止招募和使用儿童兵，保护儿童。而武装组织同布隆迪政府之间的接触与对话，也有助于双方实现停火、签署和平协议、组建新政府、进行司法改革和建设。成功地解决布隆迪儿童兵问题，为日后受冲突影响国家的儿童保护、约束和治理武装组织的不法行为和不人道行为提供了有益的经验。

第五章

"上帝抵抗军"——失败的参与进程

20世纪80年代末,"上帝抵抗军"在北乌干达兴起,武力反抗乌干达政府。在北乌干达冲突中,"上帝抵抗军"强制招募和使用了大量的儿童兵。随着"上帝抵抗军"活动区域的扩大,北乌干达冲突外溢至苏丹共和国、刚果民主共和国、中非共和国。"上帝抵抗军"袭击当地平民、绑架和强制招募儿童兵,这不仅严重侵犯了儿童的安全和发展权益,也对北乌干达以及周边国家的和平和安全构成了严重的威胁。

本章的安排如下:第一部分首先简要介绍北乌干达冲突的背景以及"上帝抵抗军"强制招募和使用儿童兵的原因。第二部分阐述了国际社会为解决儿童兵问题,与"上帝抵抗军"之间的互动情况。第三部分回顾和梳理了乌干达政府与"上帝抵抗军"之间的朱巴和平进程。在此基础上,第四部分对本书的理论假设进行了检验,即分析"上帝抵抗军"参与国际、国内和平进程的程度对其接受国际规范的程度、保持行为克制的影响。最后对本章进行了小结。

一、北乌干达冲突以及"上帝抵抗军"的背景介绍

乌干达史称布干达,公元1000年,在乌干达中南部成立了布干达王国。19世纪中叶,布干达王国成为东非地区最强盛的国家。1843年,阿拉伯商人开始进入布干达,伊斯兰教也随之传入。1850年后,英国、

法国和德国殖民者也相继入侵。随后，境内基督教、天主教和伊斯兰教信徒之间的矛盾激化，最后爆发了长达几十年的战争，布干达王国也迅速衰落。1890年，英国和德国签订了瓜分东非的协议，英国还迫使布干达王国国王签订"保护协定"，将布干达纳入英国的势力范围。1894年6月，英国成为布干达的"保护国"。1896年，"保护国"范围扩展到乌干达北部地区。1907年，英国在布干达设总督进行殖民统治。①1962年10月9日，布干达宣布独立，但仍留在英联邦内。1963年10月，布干达修改宪法，取消英国的总督统治，布干达国王穆特萨二世（Edward Mutesa II）任总统。1966年4月，阿波罗·米尔顿·奥博特（Apolo Milton Obote）被选举为总统。1967年9月8日，布干达废除封建王国和联邦制，并更名为乌干达共和国。但是，英国殖民统治时期的统治体制对独立后乌干达的政治、经济和军事产生了深远的影响。

地区种族和部落种族政治身份主导着乌干达政治局势的发展和演变。②一是地区种族政治身份。按照语言划分，乌干达主要有班图人、尼罗人、尼罗—闪米特人、苏丹人四大族群，而每个族群又有若干部族、次部族。班图族群主要集中在南乌干达，讲班图语，占全国总人口的2/3以上，包括巴干达（占总人口的18%）、巴尼安科莱（占总人口的16%）、巴索加（占总人口的8%）和巴基加等20个部族。尼罗族群包括兰吉（占总人口的4%）、阿乔利（占总人口的4%）等5个部族，主要分布在北部地区，讲尼罗河语。尼罗—闪米特族群包括伊泰索（占总人口的8%）、卡拉莫琼（占总人口的2%）等7个部族，主要分布在东北地区，讲尼罗河语。苏丹族群包括卢格巴拉（占总人口的4%）、马迪等4个部族，主要居住在西北部地区，讲苏丹语。③殖民统治时期，

---

① 参见外交部网站，http：//www.fmprc.gov.cn/chn/pds/gjhdq/gj/fz/1206_45_7/。
② Adam Branch, "Exploring the Roots of LRA Violence: Political Crisis and Ethnic Politics in Acholiland," in Tim Allen and Koen Vlassenroot, eds., *The Lord's Resistance Army: Myth and Reality*, London & New York: Zed Books, 2010, pp. 25 – 27.
③ 参见外交部网站，http：//www.fmprc.gov.cn/chn/pds/gjhdq/gj/fz/1206_45_7/。

第五章 "上帝抵抗军"——失败的参与进程

英国将乌干达划分为南乌干达和北乌干达两个地区。这种"南北分治"在后殖民时期的政权统治中得以巩固。在1964年至1971年初，北乌干达许多重要的部族领袖在政府、军队等重要部门任职，小资产阶级的势力和政治作用也逐渐扩大。[①] 奥博特总统还致力于军队建设，军队人数从700人扩充至9000人（截至阿明军事政变），其中有1/3是阿乔利人。与此同时，班图人在国家政治、军队、经济生活中处于边缘地位，这也为日后全国抵抗军（National Resistance Army，NRA）的叛乱埋下了隐患。[②] 二是部落种族政治身份。部落种族政治身份是指每个部落都有其内部的政治权威，即基于血统的部落领袖。但是，这遭到了英国殖民统治的破坏。英国对不同部落"分而治之"，实行间接统治。按照不同的部落，南乌干达设立了5个"条约王国"（treaty kingdoms）。北乌干达设立"行政区"（districts）。以部落风俗的名义，英国任命首长，对不同部落实行统治。可以说，在独立后，地区种族政治和部落种族政治身份相互交织、相互竞争，最后导致了乌干达国内的政治危机和内战。

1971年1月15日，伊迪·阿明（Idi Amin）发动军事政变，同年3月就任总统。在其统治期间（1971年1月25日至1979年4月13日），

[①] 在殖民统治时期，英国在乌干达设立总督，实行代理人统治。但是，英国在乌干达的代理人面临着乌干达内部政治权威的挑战。在北乌干达，尤其是在阿乔利兰（Acholiland），阿乔利人的政治权威主要是基于血统的种族政治。新兴的小资产阶级在国家政府部门工作，是阿乔利农民阶层和国家政府之间重要的联系纽带，并日益发展成为一股重要的政治力量。但是，小资产阶级无法掌控土地和重要的政府部门权力。20世纪50年代，基于血统的种族政治权威和新兴的小资产阶级都非常不满英国的代理人统治。为应对这种威胁，英国设立了地区委员会。地区委员会的本意是为了将种族政治领袖和小资产阶级稳定在国家政治机构中，但是这也为两大群体结盟、形成统一的政治立场提供了舞台。参见Adam Branch, "Exploring the Roots of LRA Violence: Political Crisis and Ethnic Politics in Acholiland," in Tim Allen and Koen Vlassenroot, eds., *The Lord's Resistance Army: Myth and Reality*, London & New York: Zed Books, 2010, pp. 25 – 36.

[②] 南方人成立了政治组织——乌干达全国抵抗运动，并建立了辅助性军事武装势力——全国抵抗军。1995年1月，全国抵抗军改名为乌干达人民国防军，乌干达全国抵抗运动更名为乌干达全国运动。2003年，乌干达全国运动改为全国抵抗运动组织。

阿明声称要终结兰吉人和阿乔利人的种族优待政策，并在政府、军队中削弱和清洗兰吉人和阿乔利人的势力。1979年4月，乌干达民族解放军（Uganda National Liberation Army，UNLA）攻占首都，阿明出逃，并于4月11日建立临时政府。1980年12月，乌干达举行选举，奥博特获胜，重掌乌干达政权。此时，尽管某些重要的阿乔利部族领袖进入了新政府，但大量的阿乔利中产阶级已无法在政府中任职。而乌干达民族解放军再次倚重阿乔利人和兰吉人也激起了南方人的强烈不满和暴力反抗。南部地区，尤其是被迫流亡在外的南方人认为必须推翻北方人在国家政权中的主导地位，结束北方政权的军事独裁统治。1985年7月，蒂托·奥凯洛（Tito Okello）发动军事政变，推翻奥博特政权，建立了军政权。1986年1月25日，全国抵抗军击败乌干达民族解放军，攻占首都，推翻奥凯洛军政权。1月29日，乌干达全国抵抗运动的领导人约韦里·卡古塔·穆塞韦尼（Yoweri Kaguta Museveni）成为乌干达总统。

1986年初，数千名阿乔利士兵（原乌干达民族解放军）战败返回北乌干达，这为北乌干达的动荡埋下了隐患。部分乌干达民族解放军成员组织成立了乌干达人民民主军（the Uganda People's Democratic Army，UPDA），试图通过暴力从穆塞韦尼手中夺回政权，从而获得了许多阿乔利人的信任和支持。这使得乌干达人民民主军能够相对容易地招募阿乔利人士兵，并且采取常规战术、游击战甚至恐怖战术与穆塞韦尼政权及其全国抵抗军进行战斗。而穆塞韦尼及其全国抵抗军掌权后，也开始在新政府中打压和排斥阿乔利人的政治势力，并在阿乔利地区血腥镇压和打击乌干达人民民主军及其支持者。在全国抵抗军的残酷打击下，乌干达人民民主军很难为阿乔利人提供充分的保护。为确保食物和兵源的供应，乌干达人民民主军甚至使用暴力或以暴力威胁阿乔利人，这进一步瓦解了与阿乔利部族领袖之间的结盟关系。

1987年4月末，阿乔利一名叫艾丽丝·阿乌玛·拉奎娜的女巫师领导成立了圣灵运动（the Holy Spirit Movement，HSM），并逐渐吸纳了

第五章 "上帝抵抗军"——失败的参与进程

部分乌干达人民民主军。① 为控制和约束年轻的阿乔利士兵，阿乔利部族领袖也对圣灵运动提供了某种支持。1987年10—11月，在乌干达全国抵抗军的围剿下，圣灵运动大败，艾丽丝·阿乌玛·拉奎娜逃往肯尼亚。

1987年底，约瑟夫·科尼领导圣灵运动、乌干达人民民主军以及其他反政府武装运动的残余势力组建了"上帝抵抗军"，继续与乌干达政府及其全国抵抗军进行战斗。② 科尼宣称，"上帝抵抗军"是以上帝为名，为"十诫"而战，通过建立阿乔利人的精神秩序以及暴力反抗穆塞韦尼政权，来重建阿乔利人的政治权威。可以说，科尼宣传的意识形态不仅具有强烈的宗教色彩，而且为加强内部团结、开展武装斗争提供了指导。③ "上帝抵抗军"采取了内外两种战略。内部战略包括：强化军事力量、绑架和强制招募儿童兵、对新成员进行洗脑、强调无所畏惧和无所不能、灌输军事思想、制造和利用恐怖心理、自残、游击战。

---

① 艾丽丝·阿乌玛·拉奎娜（Alice Auma Lakwena）自称曾是一名叫拉奎娜（Lakwena）的意大利人的妻子。Lakwena 的意思是上帝的信差。艾丽丝·阿乌玛·拉奎娜自称是上帝派来拯救阿乔利人的信差，强调阿乔利人精神、精神净化以及某种宗教神力，旨在树立其合法性和统治权威。参见 Heike Behren, *Alice Lakwena and the Holy Spirits: War in Northern Uganda 1986 - 1997*, Oxford, Kampala, Nairobi and Athens: James Currey/ Fountain Publishers/ EAEP/ Ohio University Press, 1999。

② 约瑟夫·科尼（Joseph Kony）中学就辍学了，曾是古卢（Gulu）地区一名辅祭。科尼最初将该反抗运动叫做圣灵运动 II，希望借助圣灵运动的名声来树立其威望，随后改名为"圣灵拯救军"（Lord's Salvation Army），旨在与圣灵运动划清界线。1988年，乌干达人民民主军最高司令欧东·勒特克（Odong Latek）拒绝接受乌干达政府的和平协议，率领部分乌干达人民民主军加入了"上帝抵抗军"，随后文森特·欧迪（Vincent Otti）也加入。"圣灵拯救军"再次改名为联合民主基督运动（the United Democratic Christian Force），注重使用游击战以及恐怖战术，淡化宗教神秘主义色彩。在欧东·勒特克死后，科尼领导的军队开始回归宗教，于1992年改名为"上帝抵抗军"。参见 Anthony Vinci, *Armed Groups and the Balance of Power: the International Relations of Terrorists, Warlords and Insurgents*, London and New York: Routledge, 2009, pp. 90 - 92, p. 152。

③ Kristof Titeca, "The Spiritual Order of the LRA," in Tim Allen and Koen Vlassenroot, eds., *The Lord's Resistance Army: Myth and Reality*, London & New York: Zed Books, 2010, pp. 59 - 73.

外部战略就是与阿乔利部族长老和苏丹结盟。① 起初，科尼还能争取到一些阿乔利人和部族长老的支持，但很快就面临着两大问题。一是志愿兵源严重短缺，越来越多的阿乔利人不愿加入"上帝抵抗军"，暴力反抗乌干达政府；二是"上帝抵抗军"的暴力行为也引起了许多阿乔利人的反感和反抗。为获得食品、武器、兵源，科尼领导的"上帝抵抗军"越来越多地对阿乔利平民实施暴力和抢劫。

1993—1994 年的和平进程失败后，乌干达全国抵抗军对"上帝抵抗军"进行了残酷的军事打击，这彻底地改变了"上帝抵抗军"的行为准则。为维持生存，抵御全国抵抗军的军事打击，"上帝抵抗军"需要招募更多的士兵。但是，随着"上帝抵抗军"与阿乔利部族领袖结盟关系破裂，阿乔利人对"上帝抵抗军"的经济、政治以及民意支持也日益减少。因无法招募到足够的成人士兵，"上帝抵抗军"开始有目的、大规模地强制招募和绑架儿童。而 2000 年颁布的《大赦协议》（Amnesty Accord）规定，将赦免所有放下武器、走出丛林的"上帝抵抗军"分子。② 许多成年战斗员因此选择放下武器、重返社会，这在一定程度上削弱了科尼的军事力量。但是，《大赦协议》也造成一个非本意的后果，即促使"上帝抵抗军"更倾向于强制招募和使用儿童兵。③

"上帝抵抗军"绑架和强制招募的儿童大多数只有 9 周岁到 10 周岁。自 1986 年以来，"上帝抵抗军"在北乌干达绑架和强制招募了大约

---

① Anthony Vinci, "Beyond Terror and Insurgency: the LRA's Dirty War in Northern Uganda," in Georger Kassimeris, ed., *Warrior's Dishonour: Barbarity, Morality and Torture in Modern Warfare*, Hampshire & Burlington: Ashgete, 2006, pp. 87 – 98; Anthony Vinci, *Armed Groups and the Balance of Power: the International Relations of Terrorists, Warlords and Insurgents*, pp. 90 – 92, p. 152.

② Refugee Law ProjectWorking Paper, "Behind the Violence: Causes, Consequences, and the Search for Solution to the War in Northern Uganda," No. 11, Kampala, 2004, p. 6, http://www. refugeelawproject. org/working_papers/RLP. WP11. pdf.

③ Human Rights Watch, *Abducted and Abused: Renewed Conflict in Northern Uganda*, London, 15 July 2003, p. 21, http://www. unhcr. org/refworld/publisher, HRW, UGA, 45dac88720. html.

2.5名万儿童。① "上帝抵抗军"的各个阶层几乎都是强制招募而来的儿童,男童与女童占据整个部队人数的80%到90%。② 2002年5月到2003年5月,"上帝抵抗军"强制招募儿童兵的活动达到了顶峰。据报道,约有1万名儿童被迫离开了家园、学校和社区。2005年以后,"上帝抵抗军"的招募活动与规模有了明显的下降,但是估计其部队内仍有2000多名年轻妇女与儿童。③ 从一开始,这些儿童就被迫亲手杀死其亲人和邻居,告别正常的社会生活,拿起武器走进丛林,参与战斗。此外,儿童兵因年龄小、心智发展不成熟而更容易被控制和操纵,进而更容易卷入强制绑架儿童、暴力抢劫、杀害平民等活动。据报道,"上帝抵抗军"为每个小分队设置了招募儿童的数量目标,并派遣他们到各个村落强行招募和绑架儿童。④ 被绑架的女童则成为"上帝抵抗军"指挥官和士兵的"妻子"。

二、"被遗忘的"国际和平进程

长期以来,外界对"上帝抵抗军"关注甚少,更谈不上了解。1996年,"上帝抵抗军"从阿博克中学(Aboke School)绑架女学生的案件引起了国际社会对北乌干达冲突、"上帝抵抗军"强制招募和绑架儿童情况的关注。2001年3月,联合国人权事务高级专员办公室派遣

---

① 联合国:《儿童与武装冲突:特别代表的报告》(A/62/228),2007年8月13日,第17页,http://www.un.org/zh/documents/view_doc.asp?symbol=A/62/228;Coalition to Stop the Use of Child Soldiers, *Global Report*, London: Coalition to Stop the Use of Child Soldiers, 2008, p. 388, http://www.child-soldiers.org/library/global-reports?root_id=159&directory_id=165。

② Kathryn C. Troyer, "The Mental Health Needs of Child Soldiers in Uganda: a Case Study of Structural Violence," *The Applied Anthropologist*, Vol. 25, No. 2, 2005, pp. 135–146.

③ Coalition to Stop the Use of Child Soldiers, *Global Report on Child Soldiers*, 2008, pp. 388–389, http://www.child-soldiers.org/library/global-reports?root_id=159&directory_id=165.

④ Amnesty International, "Uganda, Breaking God's Commands: the Destruction of Childhood by the Lord's Resistance Army," AFR 59/01/97, 18 September 1997, www.amnesty.org/en/library/.../afr590011997en.pdf.

了评价团前往乌干达和苏丹,联合国儿童基金会、儿童和武装冲突问题特别代表也随同前往。联合国秘书长在2001年儿童与武装冲突问题报告中指出,"上帝抵抗军"在北乌干达绑架儿童,然后再把他们送到苏丹境内的基地进行军事培训。争取释放儿童兵的努力往往徒劳无功。逃跑是被绑架儿童唯一、也是最危险的出路。在过去一年(指2000年)期间,逃跑成功的儿童不到200人。儿童在逃跑时往往丧失性命或被抓回,并遭受毒打、虐待。还有数以千计的儿童仍然下落不明。① 但是,在2003年以前,北乌干达冲突以及那里发生的人道主义危机似乎被国际社会遗忘了。②

2003年11月,联合国负责人道主义事务的副秘书长兼紧急救援协调员扬·埃格兰(Jan Egeland)访问北乌干达,呼吁国际社会重视北乌干达冲突以及当地严重的人道主义危机。随后,数百家联合国机构、地方性和国际性的非政府组织、记者、咨询顾问以及研究者蜂拥而至。例如,在2000年,乌干达接受的人道主义援助仅为1950万美元,2002年

---

① 联合国:《儿童与武装冲突:秘书长的报告》(A/56/342 – S/2001/852),2001年9月17日,第8页,http://documents.un.org/mother.asp。

② 这主要有四个方面的原因。一是穆塞韦尼政权在一定程度上扭转了乌干达混乱、贫穷的局势。在阿明和奥博特统治时期的混乱之后,穆塞韦尼总统完成了一个让世人震惊的转变。乌干达,特别是南乌干达的经济迅速复苏和发展。当艾滋病在非洲还被人忌讳的时候,他就公开讨论艾滋病。二是穆塞韦尼赢得了西方人的支持,成为他们的"宠儿"。他不仅接受了世界银行和国际货币基金组织倡导的自由市场经济改革,还在活动家们越来越怀疑其才智的时候让市场经济运作良好。他甚至把上万名被阿明驱逐出境的亚洲人请了回来,恳求他们帮助重建经济。穆塞韦尼曾被认为是纳尔逊·曼德拉之后撒哈拉以南非洲最有影响力的领袖。在这个大洲极端缺乏可靠盟友的情况下,伦敦和华盛顿很少有人去仔细观察穆塞韦尼在北乌干达的失败。三是混乱、冲突的周边环境。在20世纪90年代初,内战席卷苏丹;民主刚果——当时称做扎伊尔——正在总统蒙博托·塞塞·塞科(Mobutu Sese Seko)的统治下全速倒退;在肯尼亚,总统丹尼尔·阿拉普·莫伊(Daniel Toroitich arap Moi)总管着其党羽,进行着全国规模的经济掠夺;卢旺达年迈的统治者们正忙着制定种族灭绝的计划。四是国际社会认为"上帝抵抗军"是一帮"装神弄鬼"的乌合之众,缺乏清晰的政治议程,并相信穆塞韦尼政权能够尽快结束北乌干达冲突。参见Matthew Green, *The Wizard of the Nile: The Hunt for Africa's Most Wanted*, London: Portobello Books Ltd, 2008, pp. 81 – 85。

第五章 "上帝抵抗军"——失败的参与进程

为5600万美元,2007年升至1.195亿美元,[①] 2009年约为1.88亿美元。[②] 2000年、2005年、2008年、2009年,乌干达分别获得3100万、3000万、1800万、4000万美元的官方发展援助和官方援助。[③] 截至2005年10月,古卢(Gulu)有216个登记的非政府组织,基特古姆(Kitgum)有100多个,帕德尔(Pader)也有50个。[④] 各大国际媒体和网站充斥着大量有关儿童兵、北乌干达人道主义危机的报道、图片、纪录片。

尽管"上帝抵抗军"强制招募和使用儿童兵的问题非常严重,但是国际社会,尤其是联合国及其实体机构并没有与"上帝抵抗军"进行直接的对话和谈判。联合国等国际组织在解决"上帝抵抗军"问题上主要采取了以下措施。

(一)点名与羞辱

联合国等国际组织没有同"上帝抵抗军"开展直接接触和对话,而是对"上帝抵抗军"实行了严厉的道德舆论施压和法律制裁。联合国秘书长在关于儿童与武装冲突问题的年度报告中,谴责"上帝抵抗军"招募和使用儿童兵,杀害、伤害和绑架儿童,强奸儿童和其他侵犯儿童权利的行为。[⑤] 2005年7月8日,国际刑事法院第二预审分庭发出

[①] Sandrine Perrot, "Northern Uganda: a 'Forgotten Conflict' Again? The Impact of the Internationalization of the Resolution Process," in Tim Allen and Koen Vlassenroot, eds., *The Lord's Resistance Army: Myth and Reality*, London & New York: Zed Books, 2010, p. 191.

[②] UNOCHA, *Financial Tracking Service: Emergency Uganda*, 2009, http://fts.unocha.org/pageloader.aspx?page=emerg-emergencyDetails&appealID=831.

[③] World Bank, *World Development Indicators Database*, *Uganda Data Profile*, 2010, http://ddp-ext.worldbank.org/ext/ddpreports/ViewSharedReport?REPORT_ID=9147&REQUEST_TYPE=VIEWADVANCED&DIMENSIONS=213.

[④] Sandrine Perrot, "Northern Uganda: a 'Forgotten Conflict' Again? The Impact of the Internationalization of the Resolution Process," in Tim Allen and Koen Vlassenroot, eds., *The Lord's Resistance Army: Myth and Reality*, London & New York: Zed Books, 2010, pp. 188–191.

[⑤] 截至2012年1月,联合国秘书长公布了6份关于儿童与武装冲突问题的年度报告,分别是2003年、2005年、2007年、2009年、2010年、2011年。

了对科尼等 5 名"上帝抵抗军"领导人的逮捕令。2005 年 10 月 13 日，国际刑事法院宣布起诉和逮捕科尼等 5 名"上帝抵抗军"领导人。他们被指控犯有战争罪和危害人类罪，包括谋杀、绑架、性奴役、残害、强制招募和使用儿童兵等罪行。

2010 年，儿童与武装冲突问题工作组主席发表公开声明：（1）强烈谴责"上帝抵抗军"违反可适用的国际法，对儿童犯下的各种虐待和侵害行为，特别是在乌干达、苏丹南部、刚果民主共和国和中非共和国招募和使用儿童兵、杀戮和致残、强奸以及其他性暴力、绑架行为。（2）回顾"上帝抵抗军"在 2008 年 2 月签署《解除武装、复员和重返社会协定》时做出的承诺，敦促"上帝抵抗军"毫不拖延地制止这种违法行为。（3）特别回顾，"上帝抵抗军"承诺尽早释放和推动孕妇和哺乳期妇女以及所有 18 岁以下儿童重新融入社区和家庭。（4）强烈敦促"上帝抵抗军"：A. 允许联合国国家工作队参与该区域立即释放"上帝抵抗军"部队中所有儿童或者新生儿的工作；在此过程中，应根据 2008 年 2 月《解除武装、复员和重返社会协定》的规定，不得使被释放的婴儿、幼童与母亲分离，并提供名字、年龄清单，供进行全面核查；B. 立即停止强奸和其他性暴力、杀戮和残害儿童的行为；C. 停止对平民，特别是儿童的绑架和袭击，这种做法违反了可适用的国际法。（5）密切监测第 1612 号决议（2005）、第 1882 号决议（2009）的遵守情况，要求"上帝抵抗军"释放儿童兵，停止对儿童实施杀戮、致残、强奸以及其他性暴力。[①]

（二）监测与报告机制

根据第 1612 号决议（2005）的要求，联合国在乌干达设立了监测与报告工作队。监测与报告工作队由联合国儿童基金会和联合国人权事

[①] 儿童与武装冲突问题工作组：《关于乌干达境内儿童与武装冲突问题的结论》（S/AC.51/2010/1），2010 年 6 月 16 日，第 2 页，http://www.un.org/zh/documents/view_doc.asp? symbol=S/AC.51/2010/1。

务高级专员办公室共同主持，成员包括乌干达拯救儿童联盟和乌干达人权委员会。监测与报告工作队的目的是：为儿童保护行动提供支持，并向安理会工作组提供有关的信息；促使乌干达政府制定预防战略，确保非政府组织和社区组织参与建立监测与报告机制。① 2006年9月至2007年1月，监测与报告工作队举办了三次培训，主要对象是地方保护监测员网络、营地管理员、非政府组织、社区组织。2006年12月，监测与报告工作队任命了一名全职联络员，以加强儿童基金会和人权事务高级专员办公室在各地区的监测与报告机制。

此外，监测与报告工作队还在北乌干达难民营和县级以下各级设立儿童保护委员会。委员会成员包括：社区领导人、家长、教师、地方性官员和工作人员、儿童，其任务是监测被绑架和被招募儿童、性暴力、儿童兵重返社区、家庭暴力等问题。在区一级，非政府组织和社区组织组成儿童保护工作组，工作组受到区当局和儿童基金会的共同领导，从而确保侵犯儿童权利的行为不会出现不报告或不予处理的情况。区工作组为国家机构间常设委员会儿童保护次专题组提供信息，次专题组向国家一级的委员会儿童保护专题组报告，国家一级的委员会再向人道主义协调员报告。②

2006年以来，"上帝抵抗军"已经基本离开北乌干达，并主要在刚果民主共和国、苏丹南部、中非共和国活动。鉴于此，联合国秘书长及其特别代表都建议讨论关于保护受"上帝抵抗军"影响的儿童的区域

---

① 联合国：《秘书长关于乌干达境内儿童与武装冲突问题的报告》（S/2007/260），2007年5月7日，第9页，http://www.un.org/zh/documents/view_doc.asp?symbol=S/2007/260。
② 联合国：《秘书长关于乌干达境内儿童与武装冲突问题的报告》（S/2007/260），2007年5月7日，第9—10页，http://www.un.org/zh/documents/view_doc.asp?symbol=S/2007/260。

战略，加强跨境工作报告。① 2011 年 1 月，维持和平行动部、儿童基金会、负责儿童与武装冲突问题特别代表办公室联合召开会议，最终确定了跨境报告以及地区协调中心的模式：儿童基金会将利用在乌干达各办事处，以国家监察和报告任务组的名义，协调驻中非共和国、刚果民主共和国、南苏丹和乌干达的国家工作组的联合报告。各有关部门和机构，包括军事顾问以及负责解除武装、复员和重返社会方案的专家们将帮助完善监测和报告机制的建设。秘书长在 2011 的年报告中建议：(1) 建立协调、完善的监测和报告机制，加强活动协调、信息收集与分享、提出联合行动方案与建议；(2) 开展儿童兵解除武装、复员和重返社会进程，遣返那些随着武装部队或团体来到外国领土上作战的儿童，帮助他们返回原籍国，重归平民生活。在这种情况下，需要加强与国家主管部门、儿童保护伙伴之间的密切沟通与协调。②

（三）任命特使，促进朱巴和谈

2006 年 12 月 1 日，联合国秘书长任命莫桑比克前总统若阿金·阿尔贝托·希萨诺（Joaquim Alberto Chissano）为"上帝抵抗军"影响地区特使，以促进恢复中断的和平谈判。在区域内进行一系列协商后，2007 年 3 月 11 日，乌干达政府代表和"上帝抵抗军"谈判代表团向若阿金·阿尔贝托·希萨诺特使表示，他们仍然受 2007 年 2 月 28 日到期的《中止敌对状态协议》的约束；重申对和平的承诺，决心寻求和平解决当前危机的办法。2007 年 8 月 24 日，若阿金·阿尔贝托·希萨诺

---

① 联合国：《秘书长关于乌干达儿童与武装冲突问题的补充报告》(S/2008/409), 2008 年 6 月 23 日，第 3 页，http：//www.un.org/zh/documents/view_doc.asp? symbol = S/2008/409；联合国：《儿童与武装冲突：秘书长的报告》(A/65/820 - S/2011/250), 2010 年 4 月 13 日，第 41—42 页，http：//documents-dds-ny.un.org/doc/UNDOC/GEN/N10/311/27/pdf/N1031127.pdf? OpenElement。

② 联合国：《儿童与武装冲突：特别代表的报告》(A/66/256), 2012 年 8 月 6 日，第 9 页，http：//www.un.org/ga/search/view_doc.asp? symbol = A/67/256&Lang = C&Area = UNDOC。

特使向"上帝抵抗军"谈判代表团团长转达了安理会工作组主席的信息，这包括：（1）提醒"上帝抵抗军"朱巴和谈代表团团长注意：安理会已收到了2007年5月7日秘书长关于乌干达境内儿童与武装冲突问题的报告（S/2007/260），强调没有具体迹象表明与"上帝抵抗军"有关系的儿童获得了释放。（2）强烈谴责"上帝抵抗军"继续招募和使用儿童兵、其他各种侵犯和虐待儿童行为。（3）指出国际刑事法院已将招募和使用儿童兵界定为战争罪，并决定起诉和逮捕科尼等5名"上帝抵抗军"领导人。（4）坚决重申释放儿童不得以缔结和平协议为条件。（5）敦促"上帝抵抗军"立即采取措施，释放与其部队有关系的儿童；立即执行联合国儿童基金会制定的透明程序，核实儿童兵的复员情况；允许人道主义工作人员不受阻碍地接触到急需援助的民众；确保各方将关于儿童问题的具体规定纳入谈判的各个阶段，铭记将侵犯儿童和虐待儿童的罪犯绳之以法的重要性。（6）强烈敦促"上帝抵抗军"对上述信息做出积极回应，并切实采取后续行动。[1]

（四）与乌干达政府接触和合作

为保护受"上帝抵抗军"以及北乌干达冲突影响的儿童，联合国与乌干达政府进行了一系列的接触、对话与合作。但是，联合国并没有直接与"上帝抵抗军"接触和对话。2006年6月，负责儿童与武装冲突问题的特别代表访问乌干达，并与乌干达政府、人民国防军进行了会谈和接触，旨在了解受"上帝抵抗军"以及武装冲突影响的儿童的情况，督促他们放弃招募和使用儿童兵，与联合国签署行动计划，采取一

---

[1] 联合国：《秘书长关于乌干达儿童与武装冲突问题的补充报告》（S/2008/409），2008年6月23日，第2页，http：//www.un.org/zh/documents/view_doc.asp?symbol=S/2008/409；儿童与武装冲突问题工作组：《通过受"上帝抵抗军"影响地区问题特使向"上帝抵抗军"朱巴和谈代表团团长转达工作组主席发表的公开声明》（S/AC.51/2007/12），2007年7月20日，第1页，http：//www.un.org/zh/documents/view_doc.asp?symbol=S/AC.51/2007/12。

切必要措施保护儿童。① 2009 年 1 月 16 日，乌干达政府与乌干达监测与报告工作组签署了行动计划。随后，乌干达监测与报告工作组对乌干达人民国防军（Uganda People's Defence Force，UPDF）在北乌干达的军事设施、营地进行了核查访问，并向儿童与武装冲突问题特别代表办公室提交了核查报告。在此基础上，秘书长在 2009 年关于儿童与武装冲突问题报告（A/63/785 – S/2009/158）的"黑名单"中删除了乌干达人民国防军及其辅助部队（地方防卫分队）。秘书长还向乌干达政府提出了儿童保护方面的若干关切，主要涉及乌干达人民国防军进入邻国追捕与打击"上帝抵抗军"的问题，尤其是遣返从"上帝抵抗军"手中解救或逃脱的乌干达儿童与妇女。② 2010 年 5 月，儿童与武装冲突问题特别代表访问乌干达，在与乌干达人民国防军统帅阿兰达·恩雅柯里玛（Aronda Nyakayrima）的会晤中，重申了上述关切。随后，双方一致同意，由联合国起草一份标准作业程序，就接收、移交和遣返在刚果民主共和国、苏丹和中非共和国脱离"上帝抵抗军"的儿童和弱势妇女问题做出规定。9 月，标准作业程序草案被递交给乌干达人民国防军。③安理会儿童与武装冲突问题工作组主席在公开声明中表示：（1）欢迎乌干达政府继续与联合国合作，保护受"上帝抵抗军"影响的儿童，与邻国共同努力，加强合作，解决"上帝抵抗军"带来的严峻威胁。（2）请乌干达政府与刚果民主共和国、中非共和国和苏丹政府联合制定一项区域战略，解决"上帝抵抗军"侵犯和虐待儿童的问题，同时利用现有区域机制，协助报告和处理侵犯儿童的违法行为。（3）鼓励

---

① 为搜集情报，打击"上帝抵抗军"，乌干达人民国防军也经常招募和使用被抓捕、或从"上帝抵抗军"逃离出来的儿童兵。此外，乌干达人民国防军也被指控犯有杀害与残害儿童、强奸和其他形式的性暴力等罪行。详细参见 2003 年、2005 年、2006 年、2007 年联合国秘书长关于儿童与武装冲突问题的报告。

② 联合国：《儿童与武装冲突：秘书长的报告》（A/64/742 – S/2010/181），2010 年 4 月 13 日，第 35 页，http：//documents-dds-ny.un.org/doc/UNDOC/GEN/N10/311/27/pdf/N1031127.pdf?OpenElement。

③ 联合国：《儿童与武装冲突：秘书长的报告》（A/65/820 – S/2011/250），2011 年 4 月 23 日，第 39 页，http：//www.un.org/zh/documents/view_doc.asp?symbol = S/2011/250。

乌干达政府：A. 支持并酌情制定和实施联合制止"上帝抵抗军"侵犯和虐待儿童的区域战略；B. 继续采取一切必要措施，优先保护受武装冲突影响的儿童，包括对"上帝抵抗军"部队采取军事行动；C. 继续确保儿童兵重新融入社会，在这个过程中，充分顾及儿童，特别是女孩的特殊需要；D. 继续采用过渡司法机制，充分考虑到儿童权利、最佳利益及其特殊需要；E. 继续履行《巴黎原则和准则》。[①]

三、朱巴和平进程

乌干达政府与"上帝抵抗军"之间真正具有里程牌意义的和平进程是指 2006 年至 2008 年的朱巴和平进程（Juba Peace Process）。然而，在朱巴和平进程之前，乌干达政府与"上帝抵抗军"也有过两次短暂的接触和对话：一是 1988 年谈判，二是 1993 年至 1994 年的对话。但是，这两次对话并没有产生实质性成果。

（一）无诚意的接触：1987 年末至 2006 年 6 月

1988 年初，乌干达政府与科尼进行了有限的接触和谈判，但是谈判很快就破裂了，且没有达成任何协议。[②] 1988 年谈判失败的原因有三。一是科尼领导的"上帝抵抗军"已成为阿乔利地区唯一的反政府武装。1987 年末至 1988 年初，部分乌干达人民民主军接受政府赦免，并整编至全国抵抗军。科尼将这些人视为叛徒，[③] 并接收另外一部分拒

[①] 儿童与武装冲突问题工作组：《关于乌干达境内儿童与武装冲突问题的结论》（S/AC.51/2010/1），2010 年 6 月 16 日，第 2—3 页，http：//www.un.org/zh/documents/view_doc.asp? symbol = S/AC.51/2010/1。

[②] Caroline Lamwaka, "The Peace Progress in Northern Uganda, 1986 – 1990," in Okello Lucima, ed., *Protracted Conflict, Elusive Peace*: *Initiatives to End the War in Northern Uganda*, London: Conciliation Resources in Collaboration with Kacoke Madit, 2002, p.31.

[③] Heike Behren, *Alice Lakwena and the Holy Spirits*: *War in Northern Uganda* 1986—1997, Oxford, Kampala, Nairobi and Athens: James Currey/ Fountain Publishers/ EAEP/ Ohio University Press, 1999, pp.173 – 174.

绝向乌干达政府投降的乌干达人民民主军。科尼和其他一些指挥官还强烈质疑乌干达政府和平协议的可信度。1988年10月，乌干达政府在阿乔利地区对阿乔利平民实行强制迁移，对拒不迁离者施加暴力，旨在减少他们对"上帝抵抗军"的支持。二是抵抗委员会（Resistance Councils，RC）系统的巩固以及阿乔利地方自卫分队（Local Defence Units，LDUs）的建立。全国抵抗军在占领阿乔利地区后，就设立了抵抗委员会。抵抗委员会的作用和职能是很明晰的，它不是为阿乔利人的利益服务的，而是政府在当地的喉舌，帮助政府监视、控制以及镇压暴乱。1988年2月，全国抵抗运动（National Resistance Movement，NRM）开始组织成立地方自卫分队，并且招募了部分前乌干达民族解放军、前乌干达人民民主军以及阿乔利人，以强化对当地的控制。乌干达政府这一措施成功地离间了"上帝抵抗军"与阿乔利人之间的政治结盟关系。三是科尼认为，只有通过武装暴力才能解决北乌干达冲突、驱逐外来者（主要指穆塞韦尼政权）。为报复部分阿乔利人"投降"穆塞韦尼政权的背叛行为，"上帝抵抗军"针对阿乔利平民进行了袭击和屠杀。例如，"上帝抵抗军"1995年在阿提阿克（Atiak）、1996年在卡鲁玛（Karuma）和阿乔利难民营、1997年在卢康—帕拉贝克（Lokung-Palabek）大肆屠杀平民。此后，类似的大屠杀一直在继续，严重地威胁和侵害了阿乔利人的安全。

1993年12月，贝蒂·拜贡比（Betty Bigombe）作为北乌干达安抚部长，发起了乌干达政府与"上帝抵抗军"的对话。1994年1月，贝蒂·拜贡比、阿乔利部族、宗教领袖与科尼进行了会面。随后，科尼和贝蒂·拜贡比进行了一次私人录音会谈。在会谈中，科尼要求"上帝抵抗军"、阿乔利部族、流亡国外的政治家以及乌干达政府共同参与和平谈判，缔结一项全面的和平协议来结束叛乱。但是，穆塞韦尼总统拒绝了科尼的提议，要求"上帝抵抗军"在7天内放弃武装斗争，聚集到指定地点，否则将结束和平对话进程。据称，乌干达政府得到可靠的军事情报："上帝抵抗军"正在与苏丹政府进行秘密接触，苏丹政府将为

"上帝抵抗军"提供武器和其他的支持。① 随后，乌干达政府对"上帝抵抗军"发起了军事打击，这也标志着贝蒂·拜贡比调停"上帝抵抗军"与乌干达政府的努力失败。②

在"上帝抵抗军"与乌干达政府之间的和平谈判破裂之后，苏丹政府开始向"上帝抵抗军"提供武器、食品、经济援助、军事培训以及医疗卫生服务。苏丹政府支持"上帝抵抗军"的逻辑和原因很简单。因为乌干达政府支持了苏丹政府长期的敌人——苏丹人民解放军/运动（Sudan People's Liberation Army/Movement，SPLA/M）。基于"我敌人的敌人就是我的朋友"的逻辑，苏丹政府决定支持"上帝抵抗军"。在苏丹南部，"上帝抵抗军"在苏丹政府军事设施周边建立了基地。以南部苏丹为基地，"上帝抵抗军"不仅经常进入北乌干达袭击平民、强制招募儿童兵，还积极协助苏丹政府打击苏丹人民解放军。"上帝抵抗军"与苏丹人民解放军之间的武装冲突甚至比"上帝抵抗军"与乌干达人民国防军之间的武装冲突更为频繁。作为回报，苏丹政府积极援助和支持"上帝抵抗军"。"上帝抵抗军"接受的军事培训、武器装备以及其拥有的战斗力甚至超过了乌干达人民国防军。③ 尽管国际社会批评和谴责苏丹政府支持和援助"上帝抵抗军"，但是苏丹政府坚决予以否认。而实质上，苏丹政府已经与"上帝抵抗军"结成了某种意义上的军事联盟。1995年，乌干达政府与苏丹政府断绝外交关系。1999年12月，

---

① Ronald R. Atkinson, "'The Realists in Juba'? An Analysis of the Juba Peace Talks," in Tim Allen and Koen Vlassenroot, eds., *The Lord's Resistance Army: Myth and Reality*, London & New York: Zed Books, 2010, p. 205.

② Ruddy Doom and Koen Vlassenroot, "Kony's Message: A New Koine? The Lord's Resistance Army in Northern Uganda," *African Affairs*, Vol. 98, No. 390, 1999, pp. 5–37.

③ 对"上帝抵抗军"在苏丹南部地区的活动，参见 Sverker Finnström, *Living with Bad Surroundings: War, History, and Everyday Movements in Northern Uganda*, Durham, NC: Duke University Press, 2008, pp. 84–91; Gérard Prunier, "Rebel Movements and Proxy Warfare: Uganda, Sudan and the Congo 1986—1999," *African Affairs*, 2004, pp. 359–383; Mareike Schomerus, *The Lord's Resistance Army in Sudan: A History and Overview*, Geneva: the Small Arms Survey, 2007, http://www.ecoi.net/file_upload/1002_1257163855_swp-8-lra.pdf.

乌干达和苏丹两国关系正常化,并声称互不支持同对方政府为敌的武装组织,但是双方并没有很好地履行承诺。在卡特中心的支持下,2001年1月,两国就后续执行计划再次召开了会谈。2001年8月,苏丹总统巴希尔表达了停止经济援助"上帝抵抗军"的意愿。"9·11"恐怖袭击后,美国国务院将"上帝抵抗军"也列入恐怖主义名单。为改善与华盛顿的关系,巴希尔总统同意与乌干达总统穆塞韦尼进行会谈,并制定了一个共同军事行动计划,旨在在干旱季节结束前清除两国边境地区的"上帝抵抗军"。2002年1月,苏丹政府和乌干达政府在喀土穆举行会议,穆塞韦尼在会议上宣布停止对苏丹人民解放军提供支持。2002年3月中旬,两国政府达成协议,苏丹政府同意乌干达人民国防军进入南部苏丹开展"有限的军事行动"。不过,在苏丹内战的背景下,"上帝抵抗军"仍是苏丹政府一枚重要的"棋子"。

2002年4月,乌干达人民国防军发起了"铁拳行动"(Operation Iron Fist)。据统计,2003年至2004年,在"铁拳行动"的高峰期,乌干达人民国防军打死了至少2500名"上帝抵抗军"战斗员,而"上帝抵抗军"针对平民的袭击大概有252起,造成至少1500名平民伤亡。[①]2004年10月,穆塞韦尼单方面宣布停火,旨在促使"上帝抵抗军"放下武器、参与和谈。2004年12月29日,乌干达内部事务大臣鲁哈卡纳·鲁贡达(Ruhakana Rugunda)以及贝蒂·拜贡比与"上帝抵抗军"的主要发言人塞缪尔·科罗(Samuel Kolo)以及文森特·欧迪(Vincent Otti)在北乌干达进行了会谈。不过,双方的会谈并未涉及儿童兵问题。据报道,科尼还同阿乔利部族领袖进行了会谈,穆塞韦尼也表示有可能与科尼直接进行会谈。2004年12月31日,停火期结束,乌干达政府与"上帝抵抗军"之间的对话也到了紧急关头。文森特·欧迪称科尼需要更多的时间来评估乌干达政府提供的协议,但是穆塞韦尼总统

---

① Ronald R. Atkinson, "'The Realists in Juba'? An Analysis of the Juba Peace Talks," in Tim Allen and Koen Vlassenroot, eds., *The Lord's Resistance Army: Myth and Reality*, London & New York: Zed Books, 2010, p. 310.

第五章 "上帝抵抗军"——失败的参与进程

不愿再延长时间,并命令乌干达人民国防军在2005年1月1日开展了新的军事行动。尽管如此,贝蒂·拜贡比仍在同塞缪尔·科罗、文森特·欧迪进行接触。2005年2月初,乌干达政府宣布实行为期18天的停火。然而,短暂的停火期并没有带来和平。2月22日,乌干达人民国防军与"上帝抵抗军"之间又爆发了新的武装冲突。

综上所述,"上帝抵抗军"与乌干达政府虽然进行了短暂的对话,但是并未达成任何停火协议。为解决"上帝抵抗军"的威胁,乌干达政府主要采取了四种手段。一是坚决打击"上帝抵抗军",反对外来干预和调停。二是抹黑对手。在战争与武装冲突期间,媒体在意识形态、战况报道、舆论导向等方面发挥了重要的作用,在某种程度上,战争是媒体造就的。[1] 乌干达的政府也深谙媒体宣传的重要性。由于外界对"上帝抵抗军"的信息所知甚少,乌干达政府成功地将自身描述成受害者,而"上帝抵抗军"则被描述成人权的侵害者以及威胁国家安全、和平与稳定的恐怖分子。乌干达官方控制的报纸——《新视野》(New Vision)将"上帝抵抗军"称为"疯子""乌合之众",[2] 穆塞韦尼将"上帝抵抗军"称为"撒旦抵抗军"。[3] 三是塑造乌干达政府负责任、遵守国际规则的良好形象。乌干达政府多次声明,坚决遵守和履行联合国决议和义务,与援助国保持行动、步调的一致,改善北乌干达的人道主义状况。乌干达政府还提供了1600名士兵,支持和配合美国在非洲的反恐行动,以增进同美国的关系。四是转移矛盾焦点。乌干达政府指责联合国在苏丹、扎伊尔(民主刚果共和国的前身)的维和部队、联合

---

[1] Tim Allen and Jean Seaton, "Introduction," in Tim Allen and Jean Seaton, eds., *The Media of Conflict*: *War Reporting and Representations of Ethnic Violence*, London and New York: Zed Books, 1999, p. 3.

[2] "Only One Solution to End War," *New Vision*, 23 January 2000; Gérard Prunier, "Rebel Movements and Proxy Warfare: Uganda, Sudan and the Congo 1986—1999," *African Affairs*, 2004, p. 359.

[3] Tim Cocks, "Uganda Resumes Peace Talk with LRA Rebels in Sudan," 14 December 2006, http://reliefweb.int/node/221344.

国驻刚果民主共和国特派团（MONUC）未能有效地控制住"上帝抵抗军"。

(二) 朱巴和平进程：低程度的参与

在回顾朱巴和平进程之前，有必要首先对准南苏丹政府调停北乌干达冲突、"上帝抵抗军"和乌干达政府决定参与朱巴和平进程的背景进行介绍和分析。

1. 背景介绍

2005年1月，苏丹政府与约翰·加朗（John Garang）领导的苏丹人民解放军签署了《全面和平协议》，[①] 结束了苏丹国内长达21年的南北内战。7月9日，加朗就任苏丹副总统，并在公开讲话中一再强调"上帝抵抗军"严重地威胁了南部苏丹地区的安全与稳定，要求他们离开。[②] 7月30日，在结束同穆塞韦尼的会谈后，加朗乘坐直升机返回苏丹。途中，飞机坠毁，加朗遇难。继任者萨尔瓦·基尔·马亚尔迪特（Salva Kiir Mayardit）也公开强调，苏丹人民解放军不能也不会容忍"上帝抵抗军"继续在南苏丹存在，希望早日解决北乌干达冲突。[③] 可以说，准南苏丹政府介入北乌干达冲突，调停乌干达政府与"上帝抵抗军"，主要是基于安全与政治的考虑。出于不同的原因和目的，苏丹政府曾邀请了"上帝抵抗军"和乌干达人民国防军进入南苏丹境内。最

[①] 2005年1月9日，苏丹内战南北双方达成《全面和平协议》，苏丹将组建由南北双方共同参与的民族团结政府，并进入为期6年的过渡期；过渡期结束后，南方居民通过公决决定自己的未来。2011年1月9日，苏丹南部地区举行全民公投，绝大多数选民赞成苏丹南部地区从苏丹分离。2011年7月9日，南苏丹正式宣布独立，7月14日联合国大会以鼓掌方式一致通过决议，接纳南苏丹共和国为联合国第193个成员国。在南苏丹独立之前，本书将苏丹人民解放军在苏丹南部地区的统治机构称为准南苏丹政府。

[②] "Garang…," *New Vision*, 4 July 2005; John Garang, *Address on Inauguration of the Sudan Collegiate Presidency*, 9 July 2005, www.ssidp.org; "Garang Warns Kony," *New Vision*, 30 July 2005.

[③] International Crisis Group, "Garang's Death: Implications for Peace in Sudan," *African Briefing* No. 30, Nairobi/Brussels: ICG, 2005, http://www.crisisgroup.org/en/regions/africa/horn-of-africa/sudan/B030-garangs-death-implications-for-peace-in-sudan.aspx.

第五章 "上帝抵抗军"——失败的参与进程

初,"上帝抵抗军"主要在东赤道州(Eastern Equatoria)活动,但是截至2005年8月,他们已经跨过尼罗河,进入了中部和西部赤道州(Central and Western Equatoria)。"上帝抵抗军"不仅袭击平民、绑架儿童,还与当地反苏丹人民解放军的武装分子和地方领袖建立了关系,甚至达成了共同防御协议,共同抵御第三方对对方的攻击。[①]可以说,"上帝抵抗军"对准南苏丹政府的安全、主权与合法性构成了威胁和挑战。而乌干达人民国防军进入南苏丹打击"上帝抵抗军"可能导致"冲突正逐渐从北乌干达转移至南苏丹"。

外界对"上帝抵抗军"决定参加和平进程也有许多猜测和分析。乌干达政府认为,在乌干达人民国防军的武力打击下,"上帝抵抗军"伤亡惨重,这迫使科尼决定参加和平进程。尽管军事实力对科尼决定参加和平进程有一定的影响,但是乌干达人民国防军的军事行动并没有彻底地打垮和消灭"上帝抵抗军"。有人认为科尼希望通过参加和平谈判来延缓或者避免国际刑事法院的逮捕。但是,在"上帝抵抗军"参与朱巴和谈后,国际刑事法院还是一直坚持要起诉和逮捕科尼等人,拒绝对他们进行豁免或赦免。可以说,国际刑事法院的起诉和逮捕令很难说服科尼等人参与朱巴和平进程,因为无论是参加还是拒绝和谈,他们都面临着国际刑事法院的指控和起诉。还有人认为"上帝抵抗军"参与谈判是为了争取时间,重整军备。如果这一解释成立,那么"上帝抵抗军"在参与谈判前和谈判期间,应该会大规模地招募、扩充武装部队。而实际情况与这一解释并不相符。据统计,"上帝抵抗军"在2005年大概绑架了1500人,而2006年前6个月被绑架人数大幅度减少到222

---

① 在"上帝抵抗军"副指挥官文森特·欧迪的领导下,部分"上帝抵抗军"分子穿越苏丹边境,藏匿在刚果民主共和国境内的加兰巴国家公园(Garamba National Park),并袭击附近村庄和平民。International Crisis Group, "Peace in Northern Uganda?" *African Briefing* No. 41, Nairobi/Brussels: ICG, 2006, pp. 4 – 5, http://www.crisisgroup.org/en/regions/africa/horn-of-africa/uganda/B041-peace-in-northern-uganda.aspx。

人；2006年5月有17名被绑架儿童均在48小时内被释放。[①] 本书认为，苏丹因素（包括南北苏丹）对"上帝抵抗军"决定与南苏丹政府保持接触和对话，最终参与朱巴和平谈判有着重要影响。长期以来，苏丹南部是"上帝抵抗军"的基地，苏丹政府也为"上帝抵抗军"提供了大量的援助和支持。但是《全面和平协议》的签署，不仅大大地降低了"上帝抵抗军"对苏丹政府的重要性，而且"上帝抵抗军"在苏丹南部的活动也受到准南苏丹政府的抵制。准南苏丹政府对"上帝抵抗军"使用了"胡萝卜加大棒"政策。准南苏丹政府明确地告知"上帝抵抗军"：（1）他们将尽力避免使用武力，如果这样做也是迫不得已；（2）承认"上帝抵抗军"的合法诉求；（3）认为乌干达政府并没有全力以赴来解决北乌干达冲突；（4）赞同撤销国际刑事法院对科尼等5名"上帝抵抗军"领导人的起诉和逮捕令；（5）承诺推进"上帝抵抗军"与乌干达政府之间的和平对话和谈判。[②] 如果不参与和平对话，"上帝抵抗军"将遭到准南苏丹政府的孤立和打击，甚至被迫离开长期以来相对安全的避难所。除非苏丹南部地区再次陷入冲突和混乱，"上帝抵抗军"才有机会与不同政见的党派、武装组织合作，共同反抗苏丹人民解放军和准南苏丹政府。

基于上述考虑，2006年2月，准南苏丹政府与"上帝抵抗军"达成了一项正式协议。协议包括三项主要内容：（1）作为调解人，准南苏丹政府将努力推动"上帝抵抗军"与乌干达政府之间开展和平谈判；（2）"上帝抵抗军"应停止在南苏丹境内的敌意行动；（3）如果"上帝抵抗军"无法接受上述两条，那么准南苏丹政府将使用武力迫使他们离开南苏丹。协议的附属条款还特别指出："上帝抵抗军"应减少或者

---

① 联合国：《儿童与武装冲突：秘书长的报告》（A/61/529 - S/2006/826），2006年10月26日，第23页，http://www.un.org/zh/documents/view_doc.asp?symbol=A/61/529。

② Ronald R. Atkinson, "'The Realists in Juba'? An Analysis of the Juba Peace Talks," in Tim Allen and Koen Vlassenroot, eds., The Lord's Resistance Army: Myth and Reality, London & New York: Zed Books, 2010, pp. 210 – 211.

第五章 "上帝抵抗军"——失败的参与进程

停止对北乌干达、刚果民主共和国东部地区以及南苏丹地区的袭击。① 这一协议为"上帝抵抗军"与乌干达政府之间开展和平对话和谈判奠定了基础。

一开始，乌干达政府对准南苏丹政府与"上帝抵抗军"之间的协议并不感兴趣。2005 年 12 月，乌干达常驻联合国代表在联合国安理会会议上说道："'上帝抵抗军'正在死亡的边缘苦苦挣扎，这是非常明确的。终结'上帝抵抗军'愚蠢、野蛮战争的时刻终于来临。一少撮领导人和武装组织分子已经逃往刚果民主共和国，还有一些残余分子正分散在南苏丹和北乌干达的丛林中。值得强调的是，乌干达政府以及政府军已经控制了北乌干达的整个局势。在冲突快要结束时，任何形式的国际干预将是无用的，这只会制造不必要的麻烦。"② 2006 年 5 月 1 日，乌干达安全部长阿玛玛·姆巴巴齐（Amama Mbabazi）飞往喀土穆与苏丹总统以及联合国官员会谈，试图寻求一种地区性方案解决"上帝抵抗军"问题，穆塞韦尼总统则公开表态，不考虑与反叛分子进行对话。③ 大概同一时期，在乌干达政府不知情的情况下，苏丹人民解放军副指挥官里克·马沙尔④与约瑟夫·科尼、文森特·欧迪在刚果民主共和国和苏丹交界处秘密见面。在录像带中，马沙尔直接要求"上帝抵抗军"与乌干达政府开展和平谈判，而科尼和欧迪表示同意参加谈判，结束冲突、恢复和平。在录像带接近尾声时，马沙尔从黑色的包中拿出 2 万美元，并把钱装进信封，然后将信封递交给科尼。马沙尔说这是基尔副总统让他转交的，并强调这些钱是用来帮助他们购买食物，而非购买武器

---

① Ronald R. Atkinson, "'The Realists in Juba'? An Analysis of the Juba Peace Talks," in Tim Allen and Koen Vlassenroot, eds., The Lord's Resistance Army: Myth and Reality, London & New York: Zed Books, 2010, p. 210.

② Sandrine Perrot, "Northern Uganda: a 'Forgotten Conflict' Again? The Impact of the Internationalization of the Resolution Process," in Tim Allen and Koen Vlassenroot, eds., The Lord's Resistance Army: Myth and Reality, London & New York: Zed Books, 2010, p. 196.

③ "Museveni Rules Out Talks with LRA," New Vision, 4 May 2006.

④ 南苏丹独立后，里克·马沙尔（Riek Machar）成为副总统。

和弹药的。① 2006 年 5 月 12 日，苏丹副总统基尔参加了穆塞韦尼总统的就职典礼。借此机会，基尔向穆塞韦尼通报了准南苏丹政府与"上帝抵抗军"之间达成的协议及其三项主要条款，并转达了科尼呼吁乌干达政府参与朱巴会谈的要求。2006 年 5 月 16 日，穆塞韦尼总统对此做出了公开表态。在公开讲话中，他首先提及了国际刑事法院的逮捕令，随后又表示如果科尼严肃、认真地寻求和平解决方案，乌干达政府将确保他的安全。不过，在 2006 年 8 月 1 日之前，科尼必须停止叛乱，接受乌干达政府的大赦。如果"上帝抵抗军"不付诸实际行动，那么乌干达人民国防军将与苏丹人民解放军合作，共同开展军事打击行动。② 在穆塞韦尼公开讲话后，国际刑事法院回应说，乌干达政府应遵循国际刑事法院的程序，而且科尼等 5 人必须接受起诉和审判。2006 年 5 月 30 日，穆塞韦尼呼吁，美国应推动乌干达、刚果民主共和国、苏丹共和国以及联合国之间的合作，共同追捕"上帝抵抗军"领导人约瑟夫·科尼。5 月 31 日，基尔以及马沙尔强调，应尽快启动乌干达政府与"上帝抵抗军"之间的和平对话与谈判。6 月，有关和平谈判和军事打击的争论仍在继续。穆塞韦尼总统在 6 月中旬仍然坚持，乌干达政府将不会派遣谈判代表团前往朱巴，并反复强调要进入苏丹南部地区和刚果民主共和国追捕、打击"上帝抵抗军"。③ 在此期间，南苏丹政府以及非政府组织为推动朱巴会谈顺利召开，做了大量的努力和工作。④ 直到 6 月

---

① Ronald R. Atkinson, "'The Realists in Juba'? An Analysis of the Juba Peace Talks," in Tim Allen and Koen Vlassenroot, eds., *The Lord's Resistance Army: Myth and Reality*, London & New York: Zed Books, 2010, pp. 212 - 213.

② Ronald R. Atkinson, "'The Realists in Juba'? An Analysis of the Juba Peace Talks," in Tim Allen and Koen Vlassenroot, eds., *The Lord's Resistance Army: Myth and Reality*, London & New York: Zed Books, 2010, p. 213.

③ "Government will not Talk to Kony," *New Vision*, 14 June 2006; "Museveni Wants to Hunt LRA in Congo," *New Vision*, 19 June 2006.

④ 有关非政府组织为推动朱巴会谈而开展工作，参见 Simon Simonse, Willemijn Verkoren and Gerd Junne, "NGO Involvement in the Juba Peace Talks: the Role and Dilemmas of IKV Pax Christi," in Tim Allen and Koen Vlassenroot, eds., *The Lord's Resistance Army: Myth and Reality*, London & New York: Zed Books, 2010, pp. 223 - 241。

底，局势才朝着和平对话与谈判的方向发展。2006年6月28日，穆塞韦尼总统任命内部事务大臣鲁哈卡纳·鲁贡达为谈判代表团团长，前往朱巴参与谈判。①

2. 朱巴和谈

2006年7—12月，"上帝抵抗军"与乌干达政府在朱巴举行了第一阶段会谈。2006年7月14日，在准南苏丹政府的调解下，"上帝抵抗军"与乌干达政府在朱巴举行了和平对话。7月29日，在马沙尔的调解和斡旋下，"上帝抵抗军"副指挥官欧迪与乌干达政府代表在刚果和苏丹边界进行了会面和对话。一开始，各方对会谈的预期都很高。"上帝抵抗军"谈判代表团发布声明称："从未出现今天这种机遇。"乌干达政府谈判代表团也对会谈做出了相似的评价。② 然而，会谈并不顺利。

第一，停火问题。在会谈中，"上帝抵抗军"谈判代表团要求实现停火，而乌干达政府拒绝了这一要求。在双方纠缠这一问题时，乌干达人民国防军持续对"上帝抵抗军"发起军事进攻，并在8月12日打死了"上帝抵抗军"的第三号人物拉什卡·卢克维亚（Raska Lukwiya）。这严重地影响了谈判的进行，双方的言辞更为激烈，许多人都担忧会谈的前景。但是，出乎意料的是，8月26日双方签署了《中止敌对状态协议》（Cessation of Hostilities Agreement, CoH），有效期至2007年2月28日。这也是"上帝抵抗军"与乌干达政府签署的第一个双方协议。2006年8月29日《中止敌对状态协议》生效，乌干达政府和"上帝抵抗军"之间实现停火。随后，大约有30万人离开营地，试图返回家乡。③

---

① "Rugnda Heads to Juba," *New Vision*, 28 June 2006; "President now Sends Team to Juba," *Monitor*, 29 June 2006.

② "LRA Talks Begin in Juba," *New Vision*, 15 July 2006; Sverker Finnström and Ronald R. Atkinson, "Uganda's Moment for Peace," *International Herald Tribune*, 10 August 2006.

③ 联合国：《秘书长关于乌干达境内儿童与武装冲突问题的报告》（S/2007/260），2007年5月7日，第4页，http://www.un.org/zh/documents/view_doc.asp? symbol = S/2007/260。

第二，谈判代表的合法性。在谈判进行的第六周，各方代表的资格问题遭到质疑。国际刑事法院坚持起诉和逮捕"上帝抵抗军"5名领导人的决定，引起了"上帝抵抗军"领导人的担忧和疑虑。在和谈开展初期，马沙尔要欧迪亲自参加和谈，但是欧迪以安全为由（主要是考虑到国际刑事法院的逮捕令）拒绝了。最后，马沙尔妥协了，但是这引起了"上帝抵抗军"对他协调能力、技巧、立场的怀疑。"上帝抵抗军"还指责乌干达政府在北乌干达、苏丹南部地区也犯下了大量招募和使用儿童兵、袭击和杀害当地平民等战争罪和反人类罪。这一度致使和谈陷入僵局。

第三，违反协议。《中止敌对状态协议》仍是双方会谈的一项重要成果。但是，到了2006年10月中旬，"上帝抵抗军"、乌干达政府违反或者被指控违反了《中止敌对状态协议》。作为协议的一部分，"上帝抵抗军"的战斗员将在苏丹南部边境的里—科旺巴（Ri-Kwangba）和欧尹—基布尔（Owiny-Kibul）营地集结。但是，乌干达人民国防军经常违反《中止敌对状态协议》，启用直升机和军队前往上述两个营地打击"上帝抵抗军"。这对"上帝抵抗军"谈判代表团以及战斗员的安全构成了严重威胁。乌干达政府、军队以及总统反复无常、自相矛盾和好斗的姿态，不仅激起了"上帝抵抗军"的反击和报复，也消磨了"上帝抵抗军"以及南苏丹政府的耐心和意志。为解决已经出现的问题，2006年11月1日，双方对《中止敌对状态协议》进行修订。直到2007年2月，双方才就修订的协议条款达成统一。

第四，议程设置与协调问题。朱巴和谈主要有5项议题。（1）双方停火，并签署《中止敌对状态协议》。（2）冲突的根本原因和全面解决办法，包括特别关注和重视北乌干达的经济重建与复苏、阿乔利人在乌干达政府中的职位以及建立专项赔偿资金。（3）责任、和解与赦免，包括设立高等法院的特别法庭、推动真相告知、进行传统司法机制建设。（4）开展乌干达战斗员解除武装、复员以及重返社会进程。（5）签署《最终和平协议》（Final Peace Agreement），监测和报告协议的执行情况。一旦"上帝抵抗军"签署《全面和平协议》,在过渡时期,政府应要求联合国安理会通过一项决议,推迟国际刑事法院针对科尼等人的所有调查和起诉一年。① 在朱巴和谈的第一阶段,"上帝抵抗军"与乌干达政府主要就议题一和议题二进行了对话和谈判。在和谈之初,乌干达政府就认为应该重点就议题一进行谈判,甚至建议将议题一和议题二合并。也就是说,乌干达政府将朱巴和谈的主要目标限定在达成一项停火协议,而不是彻底解决北乌干达冲突、安置"上帝抵抗军"等复杂、棘手的问题。马沙尔也同意乌干达的建议,并向"上帝抵抗军"谈判代表团施压,迫使他们放弃其立场。乌干达政府以及马沙尔的观点和态度在一定程度上体现了他们对"上帝抵抗军"合法性、和谈诚意以及解决冲突能力的质疑。但是,"上帝抵抗军"谈判代表坚决反对乌干达政府的建议,认为这一建议实际上是不承认、不尊重"上帝抵抗军"的合法地位和作用。在"上帝抵抗军"谈判代表团的坚持下,议题一和议题二并没有合并。但是,"上帝抵抗军"对主要协调人马沙尔的怨言和不满日益强烈,认为马沙尔缺乏有效的协调技巧和手腕,而且立场不坚定、不公正,强烈要求更换协调人。2006年11月22日,"上帝抵抗军"谈判代表团拒绝在有关议题二的协议上签字。

此外,"上帝抵抗军"与乌干达政府一直无法就《中止敌对状态协议》的修订文本达成一致,再加上圣诞节来临,和谈暂时休会。2007年1月9日,巴希尔和基尔参加了《全面和平协议》签署两周年的纪念仪式。基尔抱怨"上帝抵抗军"无限期地推迟会谈,并说他已经快要对和谈失去耐心了。随后,巴希尔表示:"我们将准备开展一项共同的军事行动,来驱除'上帝抵抗军'。我们并不需要他们。如果我们不能够找到一个和平的方案,来解决北乌干达冲突,那么我们必须诉诸军事

---

① International Crisis Group, "Northern Uganda: The Road to Peace, with or without Kony," *Africa Report* No. 146, Nairobi/Brussels: ICG, 10 December 2008, p. 2, http://www.crisis-group.org/en/regions/africa/horn-of-africa/uganda/146-northern-uganda-the-road-to-peace-with-or-without-kony.aspx.

行动。"①

按照规定，2007年1月12日朱巴和谈应该复会。但是同一天，"上帝抵抗军"谈判代表团团长马丁·欧乔（Martin Ojul）告诉内罗毕记者："鉴于（巴希尔和基尔）两位领导人的声明，出于安全考虑，'上帝抵抗军'谈判代表团将不会返回朱巴参与和谈。"两天后，有消息称"'上帝抵抗军'的领导人命令代表团成员不要返回朱巴，参加和平对话"。② 随后，乌干达政府以及诸多行为体开展了一系列活动，力图劝说"上帝抵抗军"重返和谈。尽管如此，2007年2月底，"上帝抵抗军"仍然拒绝更新《中止敌对状态协议》（《中止敌对状态协议》的效力将于2007年2月28日到期）。③ 文森特·欧迪以及"上帝抵抗军"谈判代表团反复强调，只有当其切身关注的安全、权力问题得以解决，他们才会继续和谈。此外，"上帝抵抗军"代表团还拒绝接受马沙尔作为主要协调人、朱巴作为后续和谈的地点。这导致朱巴和平进程一度陷入僵局。

第五，重启朱巴和谈。朱巴和谈搁浅后，许多行为体，包括阿乔利部族的文化、宗教以及国会领袖、当地政府、地方性以及国际性非政府组织、援助国、其他相关政府以及联合国，公开或秘密地开展了一系列活动，力图重启朱巴和谈。联合国乌干达北部冲突问题特使、前莫桑比克总统若阿金·阿尔贝托·希萨诺积极游说准南苏丹政府、乌干达政府做出一定妥协和退让，重启与"上帝抵抗军"的沟通和对话。2007年3月23日，若阿金·阿尔贝托·希萨诺向安理会汇报了工作进展，分析了"上帝抵抗军"退出和谈的原因。同一天，乌干达政府谈判代表团团长鲁哈卡纳·鲁贡达在媒体吹风会上宣布4月13日将重启和谈。

---

① "Al-Bashir Wants Uganda Rebels out of Sudan," *Sudan Tribune*, 11 January 2007.
② Ronald R. Atkinson, "'The Realists in Juba'? An Analysis of the Juba Peace Talks," in Tim Allen and Koen Vlassenroot, eds., *The Lord's Resistance Army: Myth and Reality*, London & New York: Zed Books, 2010, p. 215.
③ "LRA Refuse to Renew Ceasefire Agreement," *Monitor*, 23 February 2007.

第五章 "上帝抵抗军"——失败的参与进程

2007年3月31日至4月6日，各方在肯尼亚蒙巴萨（Mombasa）召开了一系列协调会议。在非政府组织的协调下，① 乌干达政府的谈判代表团与"上帝抵抗军"朱巴谈判代表团的部分成员进行了见面和会谈。在会谈中，各方讨论了阻碍朱巴会谈的核心问题，包括即将到期的《中止敌对状态协议》、主要调解人、北乌干达冲突。

2007年4月15日，朱巴和谈重启。17日，谈判各方在里—科旺巴签署《中止敌对状态协议》的修订文本。2007年5月2日，乌干达政府与"上帝抵抗军"在议题二的协议文本上签字。该协议涉及了一系列的原则性问题，例如建立一个具有包容性和民主的政府、"上帝抵抗军"的战斗员整编至军队和其他安全机构、评估和修订乌干达政府机构以及军队中地区代表权不均等问题、帮助难民自愿和安全地离开难民营并重返家园、执行北乌干达经济复苏计划。② 这为全面结束北乌干达冲突、签署《全面和平协议》奠定了基础。2007年6月29日，双方就议题三——责任、和解与赦免签署协议。该协议糅合了地方和国家的司法机制，有助于促进和解，明确"上帝抵抗军"与乌干达人民国防军的战争责任和罪行。但是"上帝抵抗军"内部的分歧和矛盾再次打断了

---

① 非政府组织"基督和平—荷兰"（Pax Christi Netherland）积极介入和推动"上帝抵抗军"与乌干达政府开展和平对话与谈判。1997年，"基督和平—荷兰"开始介入，试图调停北乌干达冲突。这主要包括以下几次调停：（1）1997—1998年，"基督和平—荷兰"试图与"上帝抵抗军"首领科尼接触，调解北乌干达冲突，但是失败了。（2）2003年11月，"基督和平—荷兰"与当地合作伙伴在苏丹东赤道州召开会议。会议上，合作伙伴以及北乌干达的宗教领袖呼吁"基督和平—荷兰"再次调停北乌干达冲突，因为"上帝抵抗军"与乌干达政府（2002年以来）、"上帝抵抗军"与苏丹人民解放军（1994年以来）之间的武装冲突，严重地威胁与侵害了当地民众的安全和稳定。最后，"基督和平—荷兰"决定再次调停北乌干达冲突。但是2005年10月，国际刑事法院对科尼等5名"上帝抵抗军"领导的指控和逮捕令，导致"基督和平—荷兰"必须寻求新的调停方式和地点。（3）2006年开始同南苏丹政府进行合作，为推动朱巴和谈而与多方对话和沟通。详细参见 Simon Simonse, Willemijn Verkoren and Gerd Junne, "NGO Involvement in the Juba Peace Talks: the Role and Dilemmas of IKV Pax Christi," in Tim Allen and Koen Vlassenroot, eds., *The Lord's Resistance Army: Myth and Reality*, London & New York: Zed Books, 2010, pp. 223-241.

② "Govt., LRA Sign Second Agreement," *Monitor*, 3 May 2007; "Govt., LRA Rebels Sign New Pact," *Sunday Vision*, 6 May 2007.

朱巴和平进程,"上帝抵抗军"与乌干达政府之间正式的对话几乎停止。有流言说,乌干达政府秘密贿赂"上帝抵抗军"谈判代表团的成员,挑拨离间"上帝抵抗军"谈判代表团与战斗员、"上帝抵抗军"领导人之间的矛盾。2007年10月8日,科尼下令抓捕并处死"上帝抵抗军"副司令文森特·欧迪,① 谈判代表团团长马丁·欧乔也被解除职务,随后任命大卫·奈克拉奇·马特桑戈（David Nyekorach Matsanga）为谈判代表团团长。②

2008年1月,朱巴和谈再次举行。2月初,"上帝抵抗军"和乌干达政府谈判代表团就议题四和议题五——战斗员解除武装、复员和重返社会进程以及签署《最终和平协议》进行谈判。2008年2月,双方签署《解除武装、复员和重返社会协定》。《解除武装、复员和重返社会协定》规定:"武装部队和武装团体招募和使用儿童兵侵犯了儿童的权利。""上帝抵抗军"也表示:"确保尽早释放孕妇和哺乳期妇女以及所有18周岁以下的儿童,并将其遣返至乌干达。"③ 按照规定,2008年4月10日,科尼将在《全面和平协议》上签字,4天后穆塞韦尼总统也应该签字。然而,科尼并没有出现。2008年4月11日,科尼在发表的公报中宣布,先前签署的和平协议一概无效。大卫·奈克拉奇·马特桑戈也宣布辞去"上帝抵抗军"谈判代表团团长的职务。随后,科尼任命亚历克斯·欧勒亚（Alex Oloya）为谈判代表团团长,并邀请阿乔利部族长老、乌干达政府谈判代表以及冲突协调人于5月13日在苏丹南部召开会议,讨论有关重建性司法（restorative justice）和报复性司法

---

① 罪名是文森特·欧迪收取了乌干达政府的贿赂。
② 大卫·奈克拉奇·马特桑戈在接受采访时表示,科尼希望结束北乌干达冲突,签署和平协议;"上帝抵抗军"内部有人并不同意与乌干达政府签署和平协议;朱巴和谈副团长詹姆斯·欧比塔（James Obita）以及桑托·欧克特（Santo Okot）只对钱感兴趣。参见 African Press International, "Matsanga: I resigned for the truth," 17 May 2008, http://africanpress.me/2008/05/17/matsanga-i-resigned-for-the-truth/。
③ 联合国:《秘书长关于乌干达儿童与武装冲突问题的补充报告》（S/2008/409）, 2008年6月23日, 第3页, http://www.un.org/zh/documents/view_doc.asp?symbol=S/2008/409。

（retributive justice）等争议性问题。2008年5月13日，科尼并没有出席。阿乔利部族长老、乌干达政府谈判代表以及南苏丹协调人共同发表了一项联合公报：指责科尼没有亲自参加会议，赞扬主要调停人马沙尔的耐心和努力，并督促科尼签署和平协议、履行承诺以结束北乌干达冲突。

第六，朱巴和谈的终结。2008年5月25日，科尼拒绝与乌干达政府签署《全面和平协议》，也不愿履行已经签署的4项和平协议。科尼说，他宁愿战死在丛林，也不愿将自己的命运交给乌干达政府或者国际刑事法院。① 朱巴和平进程再次陷入困境。若阿金·阿尔贝托·希萨诺公开声明对"上帝抵抗军"与乌干达政府重启和谈、签署和平协议抱有希望，南苏丹政府在同年7月底也试图重新与"上帝抵抗军"进行接触和会谈，但最终均未成功。2008年7月和8月，"上帝抵抗军"和乌干达人民国防军再次违反停火协定，爆发冲突。10月，基尔承认苏丹南部领导人推动朱巴和谈的承诺已经结束，并表示科尼不再拥有无限的时间来考虑和平协议，并坚持应为签署协议设定最后期限。② 乌干达政府宣布2008年11月29日是"上帝抵抗军"签字的最后期限。

与此同时，"上帝抵抗军"在刚果民主共和国的处境也发生了变化。2006年以来，"上帝抵抗军"藏匿在刚果民主共和国境内的加兰巴国家公园，并与刚果民主共和国政府达成了某种默契，双方互不干扰。2008年7—8月，刚果民主共和国武装部队（FARDC）部署在加兰巴国家公园周围。为了报复刚果民主共和国的挑衅行为，"上帝抵抗军"频频袭击刚果民主共和国以及苏丹南部边境的平民，有时甚至袭击刚果民主共和国武装部队和苏丹人民解放军。在国际社会的干预下，刚果民主共和国宣布停止对"上帝抵抗军"的军事行动，以便科尼能够安全地

---

① Ronald R. Atkinson, "'The Realists in Juba'? An Analysis of the Juba Peace Talks," in Tim Allen and Koen Vlassenroot, eds., The Lord's Resistance Army: Myth and Reality, London & New York: Zed Books, 2010, p. 220.
② Ronald R. Atkinson, "'The Realists in Juba'? An Analysis of the Juba Peace Talks," in Tim Allen and Koen Vlassenroot, eds., The Lord's Resistance Army: Myth and Reality, London & New York: Zed Books, 2010, p. 220.

抵达里—科旺巴营地，与乌干达政府签署和平协议。

2008年11月29—30日，乌干达和国际代表团再次齐聚里—科旺巴营地，等待科尼露面，签署和平协议。但是，科尼并没有出现。2008年12月14日，乌干达人民国防军联合刚果民主共和国、苏丹人民解放军发起"雷电行动"（Operation Lighting Thunder），对"上帝抵抗军"在加兰巴国家公园的大本营进行狂轰滥炸，旨在击毙或者抓捕科尼等高级指挥官，彻底消灭"上帝抵抗军"。

至此，朱巴和谈已经进入死胡同，而之前达成的4项协议也沦为一纸空文。

四、验证与分析

在梳理和回顾了"上帝抵抗军"在国际、国内层面的参与实践以及进程后，需要对本书的核心假设及其分假设进行检验。不过，在检验本书核心假设之前，有必要讨论一下干扰变量——法律威慑与制裁、武力打击、间接政治施压与经济制裁的作用和影响。

（一）干扰变量控制

1. 国际刑事法院与"上帝抵抗军"的治理困境

1998年7月17日，联合国设立国际刑事法院，全权代表外交会议通过了《国际刑事法院罗马规约》（Rome Statute of the International Criminal Court，简称《罗马规约》）。《罗马规约》第一条就国际刑事法院的地位、性质和目的做出了明确的规定："国际刑事法院为常设机构，有权就本约所提到的、受到国际关注的最严重犯罪对个人行使其管辖权，并对国家刑事管辖权起到补充作用。本法院的管辖权和运作由本规约的条款加以规定。"① 国际刑事法院还界定了种族灭绝罪、反人类罪、

---

① 联合国：《国际刑事法院罗马规约》，http://www.un.org/chinese/work/law/Roma1997.htm。

第五章 "上帝抵抗军"——失败的参与进程

战争罪①和侵略罪等最严重犯罪,并规定《罗马规约》必须获得60个国家的签署和批准方能生效。前联合国秘书长安南（Kofi Atta Annan）评价道:"国际刑事法院即将成立的前景,让我们看到了普遍正义的希望,这是一个简单的、令人兴奋的希望。这个希望快要实现了。我们将始终不懈地朝着这个目标尽自己的努力。我们希望你们……也尽你们的努力,共同奋斗,确保没有一个统治者、国家、军人集团或者军队能够在任何地方侵犯人权和逍遥法外。只有到那时,陷入在远离我们的地方发生的战争和冲突中的无辜人民才能放心,知道自己也得到正义的保护,可以安枕无忧,并且知道,他们也享有权利,侵犯权利的人将会受到惩罚。"② 2002年7月4日,国际刑事法院正式成立。③

1999年3月17日,乌干达签署了《罗马规约》,并于2002年6月14日正式批准。2003年12月16日,乌干达向国际刑事法院检察官办公室（Office of the Prosecutor）提交了有关"上帝抵抗军"在北乌干达地区实施犯罪行为的情势。④ 这是国际刑事法院自成立后接受的第一个大案,并且很快成为一个重点关注的议题。根据《罗马规约》第十四条:"缔约国可以向检察官提交显示一项或多项本法院管辖权内的犯罪已经发生的情势,请检察官调查该情势,以便确定是否应指控某个人或某些人实施了这些犯罪。在提交情势时,（缔约国）应尽可能具体说明

---

① 《国际刑事法院罗马规约》第8（2）条详细界定了战争罪的内容,其中明确规定,在非国际性武装冲突中,武装组织或者武装集团招募和使用儿童兵将构成战争罪。
② 参见 http://www.un.org/chinese/law/icc/overview.htm。
③ 截至2013年5月1日,已经有122个国家批准了《罗马规约》。美国、中国、以色列、日本、俄罗斯、印度等国家出于政治原因反对或者拒绝签署和批准《罗马规约》。参见 http://www.icc-cpi.int/en_menus/icc/about%20the%20court/icc%20at%20a%20glance/Pages/icc%20at%20a%20glance.aspx。
④ The Hague, "President of Uganda Refers Situation Concerning the Lord's Resistance Army (LRA) to the ICC," 29 January, 2004, www.icc-cpi.int/php/index.php. 有关国际刑事法院调查和起诉的相关人物以及进展的详细数据,参见 http://en.wikipedia.org/wiki/International_Criminal_Court。

相关情节，并附上提交情势的国家所掌握的任何辅助文件。"① 但是，缔约国政府对这一情势的提交并不会自动生成一项调查，而且检察官也并不一定有义务去进行调查。像其他任何资料来源一样，这仅仅为检察官提供了一些资料，注意到那些可能已经实施的罪行。换言之，检察官可以自行根据有关本法院管辖权内的犯罪资料开始调查。在决定是否开始调查时，检察官应该考虑到下列要点："（1）检察官掌握的资料是否提供了合理根据，可据以认为有人已经实施或正在实施本法院管辖权内的犯罪；（2）根据第十七条，该案件是否为可予受理或将可予受理；（3）考虑到犯罪的严重程度和被害人的利益，是否仍有实质理由认为调查无助于实现公正。如果检察官确定没有进行调查的合理根据，而且其决定是完全基于上述第三项做出的，则应通知预审分庭。"② 2004年1月29日，国际刑事法院首席检察官路易斯·莫雷诺·奥坎波（Luis Moreno Ocampo）与乌干达总统约韦里·卡古塔·穆塞韦尼在伦敦召开联合新闻发布会，公开表示有信心对"上帝抵抗军"进行调查和审判。2004年7月29日，奥坎波宣布将正式对"上帝抵抗军"已经和正在实施的犯罪进行调查。2005年7月8日，国际刑事法院第二预审分庭发出了对约瑟夫·科尼（Joseph Kony）、文森特·欧迪（Vincent Otti）、拉什卡·鲁克维亚（Raska Lukwiya）、奥考特·奥德汉波（Okot Odhiambo）、多米尼克·昂文（Dominic Ongwen）5名"上帝抵抗军"领导人的逮捕令。③ 2005年10月13日，国际刑事法院宣布起诉和逮捕科尼等5名"上帝抵抗军"领导人。他们被指控犯有战争罪、反人类罪，涉及谋杀、绑架、性奴役、残害、强制招募和使用儿童兵等罪行。

---

① 联合国：《国际刑事法院罗马规约》，http：//www.un.org/chinese/work/law/Roma1997.htm。
② 联合国：《国际刑事法院罗马规约》，第53（1）条，http：//www.un.org/chinese/work/law/Roma1997.htm。
③ 据报道，2006年8月12日拉什卡·鲁克维亚在与乌干达政府军的交火中死亡；而文森特·欧迪因被指在朱巴和谈进程中接受了乌干达政府的贿赂，于2007年被科尼下令处死。其他3名遭受指控的指挥官仍在逃亡中。

第五章 "上帝抵抗军"——失败的参与进程

针对"上帝抵抗军"5名指挥官的逮捕令是国际刑事法院签发的第一份逮捕令，因而具有开拓性意义。但是，事情并没有按照预期发展，而且国际刑事法院的干预及其执行效果也招致了大量的质疑与批评。迄今，科尼等5名"上帝抵抗军"领导人不仅没有被逮捕，而且在2006—2008年举行的朱巴和谈中，如何停止或者规避国际刑事法院的法律进程成为和谈的一个潜在话题。① 可以说，由于国际刑事法院的介入，解决"上帝抵抗军"问题在某种程度上陷入了困境。②

第一，正义理念与逻辑的冲突。在解决"上帝抵抗军"问题时，一个核心的争论焦点就是有关正义相互冲突的解释。国际刑事法院、阿乔利人就究竟应该优先考虑应报式正义（retributive justice）还是修复式正义（restorative justice）存在争议。③ 应报式正义的逻辑是，犯罪人应当为其犯罪行为承担司法责任，接受法律的谴责、惩罚、刑罚，从而实现和维护正义。但是，应报式正义的目的不是刑罚，其根本目的在于确保刑罚的正义性。一般来说，应报式正义主张通过审判、惩罚和刑罚，做到有罪必罚、重罪重罚，从而维护司法公平和正义，进而预防和威慑

---

① Tim Allen, "Bitter Roots: the 'Invention' of Acholi Traditional Justice," in Tim Allen and Koen Vlassenroot, eds., *The Lord's Resistance Army: Myth and Reality*, London and New York: Zed Books, 2010, p. 242.

② Adam Branch, "International Justice, Local Justice," *Dissent*, Vol. 51, No. 3, 2004; Adam Branch, "The Political Dilemmas of Global Justice: Anti-Civilian Violence and the Violence of Humanitarianism, the Case of Northern Uganda," PhD Dissertation, Columbia University, 2007, http://www-rohan.sdsu.edu/~abranch/Publications/2007% 20PhD% 20Dissertation—Branch.pdf; Adam Branch, "Uganda's Civil War and the Politics of ICC Intervention," *Ethics and International Affairs*, Vol. 21, No. 2, 2007, pp. 179-198.

③ Lucy Hovil and Joanna R. Quinn, *Peace First, Justice Later: Traditional Justice in Northern Uganda*, Kampala: Refugee Law Project, 2005, http://www.refugeelawproject.org; Erin K. Baines, "The Haunting of Alice: Local Approaches to Justice and Reconciliation in Northern Uganda," *International Journal of Transitional Justice*, Vol. 1, 2007, pp. 91-114; Stephen Arthur Lamony, *Approaching National Reconciliation in Uganda: Perspectives on Applicable Justice Systems*, Kampala: Uganda Coalition on the International Criminal Court, 2007; Kamari Maxine Clark, *Fictions of Justice: The International Criminal Court and the Challenge of Legal Pluralism in Sub-Saharan Africa*, New York: Cambridge University Press, 2009, p. 119.

犯罪行为。修复式正义是在反思与批判应报式正义的基础上发展而来的。有学者归纳了修复式正义理论的3个特征：（1）修复式正义理论强调犯罪不仅是对法律的违反，对政府权威的侵犯，更是对被害人、社会甚至犯罪人自己的伤害；（2）修复式正义理论强调刑事司法程序应有助于对这些伤害进行弥补；（3）修复式正义理论反对政府对犯罪行为的社会回应方面的权力独占，提倡被害人、社会对司法权的参与。[1]因此，修复式正义的基本目标在于平衡加害人、被害人、社区及社会利益，努力促成多元关系社群的动态和谐，而非仅仅终止于判决或惩罚，满足于非单纯形式化或抽象化的社会安全或正义之名。从根本上讲，修复式正义在于追求与实现和谐正义。[2]

总部设在海牙的国际刑事法院及其检察官倾向于应报式正义，坚持实施暴行和杀戮的人应该为其罪行负责。在他们看来，实现和维护正义，需要对加害人的犯罪行为进行惩罚。只有通过恢复和捍卫司法正义，才能够在此基础上重建和平。如果不对加害人进行公开的审判和处以刑罚，那么将难以疏解受害者的怨恨心理，从而无法洗净历史的伤口，促进国家和解以及重建和平。其次，司法审判和惩罚有助于吓阻暴力和杀戮。在涉及到族裔冲突和武装冲突等情况下，暴力会带来更多的暴力，杀戮是一个冤冤相报的恶性循环。如果能够保证至少有一些犯了战争罪或种族灭绝罪的人会受到审判，就能起一定吓阻作用，增大结束冲突的可能性。20世纪90年代，前南斯拉夫和卢旺达分别设立了两个特设国际刑事法庭，目的就是希望加快结束暴力冲突，并防止再次发生。最后，在国际刑事法院及其检察官看来，对人权的保护驱动了国际人道主义法的发展。这就要求国家阻止和惩罚各种反人类的罪行，并且严格限制国家赦免的范围。也就是说，国际法优先于国内法。基于这些

---

[1] John R. Gehm, "Victim-Offender Mediation Programs: An Exploration of Practice and Theoretical Frameworks," *Western Criminology Review*, Vol. 1, No. 1, 1998, p. 17.

[2] 李建华、张善燚："修复式正义：基于刑事司法展开的伦理"，《道德与文明》2006年第6期，第54页。

第五章　"上帝抵抗军"——失败的参与进程

理由，国际刑事法院针对5名"上帝抵抗军"领导人提起控诉，发出逮捕令。

北乌干达地区的民众更倾向于支持修复式正义。尽管深受"上帝抵抗军"的折磨，但为了早日结束冲突、重建和平，当地民众、援助工作者、基督教神职人员、人权活动分子惊人地一致认为，国际刑事法院的干预可能是毫无益处的，刑事审判的定罪并不是一个得到普遍认可的司法途径。在他们看来，和解优先于惩罚，大赦和真相告知是比对犯人的惩罚更可接受的，尤其是那些受害者能够获得某种形式的补偿。① 他们坚持的修复性正义是：如果一个人犯罪了，行凶者公开地、真诚地承认自己的罪行，并且不带恐惧或者羞耻地忏悔，而且由行凶者家庭和宗族承担支付赔偿的集体责任。② 例如，如果一个人被蓄意谋杀，那么行凶者宗族按照传统习俗，必须要向受害者一方支付赔偿，以重建受害者和行凶者两个宗族之间的联系。在此，赔偿不仅仅是行凶者的责任，而且还牵涉其整个家庭和宗族；赔偿同时还作为一种修复关系、重建社会凝聚力的机制。即便杀害是意外造成的，例如一起交通事故，那么也需要向受害者家庭与宗族支付赔偿，赔偿的东西一般是山羊、牛或者相应的现金。尽管在北乌干达地区，阿乔利人、兰吉人等宗族部落有着不同形式的和解仪式，但是其中都包括涤罪、忏悔、赔偿、和解、庆祝这些基本的要素。③

第二，政治观与法律观的矛盾。一般而言，政治注重和解与宽恕，而法律的目的是维护正义和量罪而罚。换言之，法律意味着原则至上，而政治则充分考虑现实。国际刑事法院旨在通过强有力的惩罚来吓阻暴

---

① Tim Allen, "Bitter Roots: the 'Invention' of Acholi Traditional Justice," in Tim Allen and Koen Vlassenroot, eds., *The Lord's Resistance Army: Myth and Reality*, London and New York: Zed Books, 2010, p. 244.

② Chris Dolan, *Social Torture: The Case of North Uganda (1986—2006)*, New York & Oxford: Berghahn Books, 2009, p. 172.

③ 有关这些传统仪式的详细介绍，参见 Stephen Arthur Lamony, *Approaching National Reconciliation in Uganda: Perspectives on Applicable Justice Systems*, Kampala: Uganda Coalition on the International Criminal Court, 2007, pp. 8 – 14。

力和杀戮，恢复和捍卫司法正义，进而重建和平。然而，国际刑事法院所认可的收益是建立在这一假定的基础之上的，即一国必须充分稳定和安全，并且就构成最恰当的司法机制达成了共识。但是，在北乌干达冲突中实现和解与追究责任存在一定的冲突，从而使得实现和平与追求正义变得更加困难。当地人对国际刑事法院干预所带来的实际效果存在疑虑，这包括：国际刑事法院能否真正地保护脆弱的群体，尤其是儿童与证人；能否有效地吓阻"上帝抵抗军"的暴力与杀戮，而不是加剧当地的暴力；它是否会破坏脆弱的朱巴和平进程，进而阻碍北乌干达冲突的解决。从政治的角度而言，2006年开启的朱巴和平进程曾经为解决"上帝抵抗军"问题、恢复和重建北乌干达地区的和平与经济带来了一线曙光。[①] 从政治上说，允许科尼等"上帝抵抗军"的高级指挥官参与谈判，在一定程度上授予了他们政治合法性，并且赋予了谈判议程的可信性。也有人认为科尼希望通过参加和平谈判来延缓或者避免国际刑事法院的逮捕。的确，乌干达政府曾经宣称，出于和平的目的，有可能考虑对科尼等5人进行特赦，或者按照传统的司法正义来审判科尼等人的罪行。根据乌干达政府主办的官方报纸《新视野》的报道："乌干达政府计划要求国际刑事法院放弃对'上帝抵抗军'5名领导人战争罪和反人类罪的指控，前提是达成一项和平协议以及双方达成一个替代性的司法体系。"[②] 国际危机集团建议，可以在乌干达设立高等法院的特别法庭，单独审判科尼等人，从而取代和规避国际刑事法院的起诉和审判。[③] 但是，在"上帝抵抗军"参与朱巴和谈后，国际刑事法院还是一直坚持

[①] 2004年12月至2005年2月初，乌干达政府与"上帝抵抗军"有着短暂的接触与对话，但是双方并未达成任何停火协议。2006年，在准南苏丹政府的调停、斡旋下，乌干达政府和"上帝抵抗军"开启了朱巴和谈。

[②] "LRA Accept Responsibility for War Crimes," *New Vision*, 22 June 2007.

[③] International Crisis Group, "Northern Uganda: The Road to Peace, with or without Kony," *Africa Report* No. 146, Nairobi/Brussels: ICG, 10 December 2008, p. iii, http://www.crisisgroup.org/en/regions/africa/horn-of-africa/uganda/146-northern-uganda-the-road-to-peace-with-or-without-kony.aspx.

第五章 "上帝抵抗军"——失败的参与进程

要逮捕和起诉科尼等人，拒绝对他们进行豁免或赦免。也就是说，无论是参加还是拒绝和谈，和谈成功抑或是失败，科尼等人都将面临国际刑事法院的指控和起诉。鉴于此，国际刑事法院不仅很难说服科尼等人放弃武装斗争、释放儿童兵，而且给当时正在进行的朱巴和平进程也制造了一个实践难题。原"上帝抵抗军"朱巴和谈代表团团长大卫·奈克拉奇·马特桑戈在接受采访时表示："国际刑事法院的司法正义并不是（解决北乌干达冲突）最好的方法。我们需要的是能够治愈战争创伤、带来永久和平的司法正义。逮捕科尼、在海牙法庭审判科尼，却留下加兰巴国家公园1万多名"上帝抵抗军"战斗员，这只会导致"上帝抵抗军"内部产生新的领导人以及战争的继续。我们认可国际刑事法院作为国际组织的权威，但是国际刑事法院的所作所为并不能给乌干达带来持久的和平。"[1] 阿乔利人也希望赦免科尼等5人，早日启动与"上帝抵抗军"的谈判，缔结全面和平协议，结束北乌干达冲突。在乌干达的许多非政府组织和法律专家认为，出于"正义利益"（interests of justice）的考虑，国际刑事法院的检察官应该停止在北乌干达的调查和逮捕令，允许乌干达开展和平谈判。只有这样做，道德、法律和政治问题才能够在一个地区性和历史性复杂的情境中得到有效的解决，而且地方的司法机制才能得以运转。而国际刑事法院及其首席检察官却坚持认为：当个人涉嫌犯下严重的罪行，并且煽动和挑起了系统的、广泛的暴行时，那么这一决定将会成为一个令人不安的先例；在最坏的情况下，政治和解甚至会沦为对暴行的妥协和纵容。鉴于此，他们仍然坚持拒绝让国际刑事法院的决定服从国家的赦免条款，坚信对战争罪和反人类罪等罪行的赦免只会削弱建设持久和平的努力。

2008年5月25日，科尼拒绝与乌干达政府签署《全面和平协议》，也不愿履行已经签署的4项和平协议。简而言之，国际刑事法院的干预在政治上产生了非本意的后果。一方面，国际刑事法院的逮捕令在一定

---

[1] African Press International, "Matsanga: I resigned for the truth," 17 May 2008, http://africanpress.me/2008/05/17/matsanga-i-resigned-for-the-truth/.

程度上阻碍了联合国等国际组织与"上帝抵抗军"开展直接接触和对话；另一方面，在一定程度上打击了科尼等人参与和谈、释放儿童兵的积极性，从而不利于朱巴和平进程的发展。总而言之，国际刑事法院的法律观以法律至上和应报式正义为核心原则，从而与当地人以结束冲突与和平建设为核心的政治观之间存在严重的冲突。

第三，外界对国际刑事法院的干预条件与法律效力的质疑。其一，对国际刑事法院"补充性"干预的解读。《国际刑事法院罗马规约》在序言中强调，根据本规约设立的国际刑事法院对国内刑事管辖权起补充作用，并且在第17、18、19条详细地阐明了可予以受理或者不受理案件的条件、标准与程序。① 根据"受害者的利益"与"正义的利益"，国际刑事法院可以在任何可能的时候补充国家的司法进程，进而展开相关的行动。但是，《罗马规约》并没有清晰地解释"补充性"应该如何被解读。如果说国际刑事法院的干预是补充性的，那么只要乌干达政府能够对其国内的犯罪行为进行充分调查和审判，国际刑事法院对"上帝抵抗军"指挥官的起诉和逮捕令就是可以被撤销的。或者说，一旦北乌干达地区传统的司法正义被纳入至乌干达的国家法律体系，那么它们可以以此来审判"上帝抵抗军"的罪行，而国际刑事法院的逮捕令将被

---

① 第17条详细地阐明了不可受理案件的条件：（一）考虑到序言第十段及第一条，在下列情况下，本法院应断定案件不可受理：1. 对案件具有管辖权的国家正在对该案件进行调查或起诉，除非该国不愿意或不能够切实进行调查或起诉；2. 对案件具有管辖权的国家已经对该案进行调查，而且该国已决定不对有关的人进行起诉，除非做出这项决定是由于该国不愿意或不能够切实进行起诉；3. 有关的人已经由于作为控告理由的行为受到审判，根据第二十条第三款，本法院不得进行审判；4. 案件缺乏足够的严重程度，本法院无采取进一步行动的充分理由。（二）为了确定某一案件中是否有不愿意的问题，本法院应根据国际法承认的正当程序原则，酌情考虑是否存在下列一种或多种情况：1. 已经或正在进行的诉讼程序，或一国所做出的决定，是为了包庇有关的人，使其免受第五条所述的本法院管辖权内的犯罪的刑事责任；2. 诉讼程序发生不当延误，而根据实际情况，这种延误不符合将有关的人绳之以法的目的；3. 已经或正在进行的诉讼程序，没有以独立或公正的方式进行，而根据实际情况，采用的方式不符合将有关的人绳之以法的目的。（三）为了确定某一案件中是否有不能够的问题，本法院应考虑，一国是否由于本国司法系统完全瓦解，或实际上瓦解或者并不存在，因而无法拘捕被告人或取得必要的证据和证言，或在其他方面不能进行本国的诉讼程序。

撇到一边。例如，在2007年的朱巴和谈中，"上帝抵抗军"与乌干达政府签订的《责任与和解协议》（Agreement on Accountability and Reconciliation）建议，源自阿乔利人及其邻居传统风俗的司法措施必须得到官方的正式认可，并且应该被写入乌干达的法律之中。如果《责任与和解协议》得以生效和执行，那么这将对国际刑事法院的"补充性原则"构成重大的挑战，因为乌干达的司法进程已经很充分了，国际刑事法院不再需要介入"上帝抵抗军"问题，更无法干涉乌干达国内司法体系对科尼等人的审判结果。其二，国际刑事法院对其非成员国的法律效力问题。对于《罗马规约》的非缔约国，如果其声明自愿接受国际刑事法院的有关规定，国际刑事法院才有权对之进行管辖，否则没有管辖权。更进一步看，国际刑事法院不允许缺席审判，因此即便预审分庭裁定国际刑事法院受理该案，但如果犯罪嫌疑人不到庭，审判也就无法实际进行。此外，国际刑事法院没有类似警察这样的机构，对犯罪嫌疑人的逮捕有赖于主权国家的合作。作为国际刑事法院的成员国，穆塞韦尼政权非常乐意与其合作，共同打击和逮捕科尼等人。2002—2004年乌干达人民国防军开展的"铁拳行动"曾经重创了"上帝抵抗军"的军事实力，迫使其逃离北乌干达，深入苏丹南部地区腹地，甚至流窜至中非共和国、刚果民主共和国。2008年12月乌干达人民国防军的"雷电行动"导致"上帝抵抗军"变得更加分散、流动性更强，也更难追踪和打击。虽然中非共和国与刚果共和国已经批准了《罗马规约》，也愿意为逮捕科尼等人提供合作与支持，但是鉴于两国国内动荡的安全与政治局势以及诸多派系的武装组织，他们很难有能力和精力来全力逮捕和打击科尼领导的"上帝抵抗军"。苏丹曾经签署了《罗马规约》，但至今仍未批准。2009年3月4日，国际刑事法院以涉嫌在苏丹达尔富尔地区犯有战争罪和反人类罪为由，正式对苏丹总统巴希尔发出逮捕令。此举不仅开创了一个"危险的先例"，导致达尔富尔地区的和平变得更加复杂，而且也不利于说服苏丹政府在逮捕科尼等人问题上提供相关的合作。迄今，"上帝抵抗军"仍在中非共和国、刚果民主共和国、南苏丹境内活动，而国际刑事法院要想真正地实行有效的审判，必须要得到上述国家尤其是苏丹的大力支持与合作。

2. 武力打击的负面效应

自穆塞韦尼及其全国抵抗军掌权后，他们从未放弃对"上帝抵抗军"的打击和清剿。20世纪80年代末至90年代，乌干达政府一方面强制迁离阿乔利人，希望减少他们对"上帝抵抗军"的同情和支持，另一方面在阿乔利地区建立抵抗委员和地方自卫分队，监控和打击"上帝抵抗军"。这不仅导致大量阿乔利人流离失所或者居住在难民营，引发了当地严重的人道主义危机，而且强化了阿乔利人对"上帝抵抗军"的厌恶和恐惧，进而成功地挑拨了二者的关系。乌干达政府和军队还积极制订军事行动计划，一旦占据有利时机或者谈判破裂，就立即开展军事行动。2002年3月，苏丹政府准许乌干达人民国防军进入苏丹南部地区。4月，乌干达人民国防军就开展了"铁拳行动"。"铁拳行动"重创了"上帝抵抗军"的军事实力，迫使其逃离北乌干达，深入苏丹南部地区腹地，甚至流窜至中非共和国、刚果民主共和国。不过，这在一定程度上促使"上帝抵抗军"进行军事战术的变革，变得更加分散、流动性更强，也更难追踪和打击。为反击和报复，"上帝抵抗军"加剧了对儿童和平民的袭击和绑架。据报道，2003年"上帝抵抗军"就绑架了8000多名儿童，这是在过去17年冲突中绑架人数最多的一年，而乌干达人民国防军及其地方自卫分队也招募和使用儿童兵，甚至重新招募逃离"上帝抵抗军"或被解救出来的儿童。① 2008年12月，乌干达人民国防军的"雷电行动"敲响了朱巴和谈进程的丧钟。但是，"雷电行动"并没有实现其既定目标。"上帝抵抗军"不仅冲破重围，流窜至刚果民主共和国、苏丹共和国、中非共和国，还在上述地区频频绑架儿童、袭击和杀戮平民。据统计，2009年"上帝抵抗军"杀害了1096名平民，绑架了1373名成人以及255名儿童，造成刚果民主共和国

---

① 联合国：《儿童与武装冲突问题：秘书长的报告》（A/58/546 - S/2003/1053），2003年10月，第10页，http://www.un.org/zh/documents/view_doc.asp?symbol=A/58/546。

第五章 "上帝抵抗军"——失败的参与进程

282661 人、南苏丹 80000 多人流离失所。① 2010—2013 年，"上帝抵抗军"频频在刚果民主共和国、南苏丹共和国、中非共和国境内发起袭击，造成了大量平民伤亡、流离失所（参见表 5—1、图 5—1）。

表 5—1　2010—2013 年"上帝抵抗军"的袭击活动及影响②

2010 年"上帝抵抗军"的袭击活动及影响				
	刚果民主共和国	苏丹	中非共和国	合计
袭击次数	214	24	68	306
死亡人数	251	27	77	355
绑架人数	316	52	312	680
受伤人数	50	13	18	81
境内流离失所者人数	293429	45024	42500	380953
境内收留的难民人数	1500	19805	3500	24805
2011 年"上帝抵抗军"的袭击活动及影响				
	刚果民主共和国	南苏丹	中非共和国	合计
袭击次数	229	25	24	278
死亡人数	96	18	6	120
绑架人数	205	49	48	302
受伤人数	41	9	6	56
境内流离失所者人数	347360	70000	21144	438504
境内收留的难民人数	5800	17231	5359	28390

---

① OCHA, "LRA Regional Update: DRC, CAR and South Sudan: January-December 2011," 25 January 2012, p.1, http://reliefweb.int/node/480668.

② OCHA, "LRA Regional Overview & Update (January-December 2010)," 17 February 2011, p.1, http://reliefweb.int/node/19263; OCHA, "LRA Regional Update: DRC, CAR and South Sudan (January-December 2011)," 25 January 2012, p.1, http://reliefweb.int/node/480668; OCHA, "LRA Regional Update: DRC, CAR and South Sudan (October-December 2012)," 14 February 2013, http://reliefweb.int/sites/reliefweb.int/files/resources/LRA_Regional_Update_Q4-2012-21Feb2013.pdf; OCHA, "LRA Regional Update: DRC, CAR and South Sudan (July-September 2013)," 7 November 2013, http://reliefweb.int/sites/reliefweb.int/files/resources/LRA_Regional_Update_Q3-2013-30Oct2013.pdf.

续表

2012年"上帝抵抗军"的袭击活动及影响			
	刚果民主共和国	南苏丹	中非共和国	合计
袭击次数	169	0	43	212
死亡人数	22	0	23	45
绑架人数	131	0	89	220
境内流离失所者人数	347794	49000	21008	416802
境内收留的难民人数	1705	19180	2966	23851
2013年1月至9月"上帝抵抗军"的袭击活动及影响				
	刚果民主共和国	南苏丹	中非共和国	合计
袭击次数	112	0	21	133
死亡人数	23	0	33	56
绑架人数	81	0	128	209
境内流离失所者人数	255923	49000	21008	325931
境内收留的难民人数	6505	15222	6304	27761

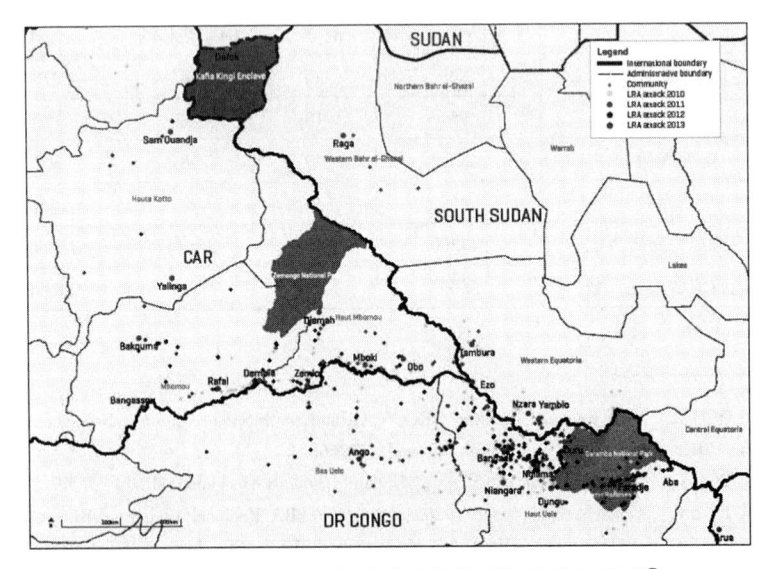

图5—1 2010—2013年"上帝抵抗军"的袭击区域[①]

---

① "Map: LRA attacks, January 2010 – June 2013," http://reliefweb.int/sites/reliefweb.int/files/resources/Loosening_Konys_Grip_July_2013_0.pdf.

3. "无实质作用"的政治施压与经济制裁

20世纪90年代以来,苏丹政府为"上帝抵抗军"提供了大量的经济、军事支持。国际社会,尤其是乌干达政府对苏丹政府施加政治压力,要求苏丹政府停止对"上帝抵抗军"的支持。虽然苏丹政府允许乌干达人民国防军入境打击"上帝抵抗军",但是实际上,苏丹政府有着更深层次的战略考虑。鉴于苏丹政府与南苏丹政府仍在油田分配等问题存在争端和冲突,苏丹政府仍会直接或者间接支持"上帝抵抗军",以牵制南苏丹政府和苏丹人民解放军。此外,"上帝抵抗军"主要是依靠抢劫平民和国际人道主义救援物资,几乎与外界没有任何的贸易往来,因此对其进行经济制裁的意义不大。

在分析了法律威慑与制裁、武力打击、间接政治施压与制裁的影响和作用后,接下来对"上帝抵抗军"在国际、国内层面参与实践和进程的假设进行评估。

(二)假设验证

1. 国际和平进程:无接触,不接受

迄今,联合国都没有与"上帝抵抗军"进行直接的接触、对话和谈判。[①] 负责儿童与武装冲突问题的特别代表两度访问乌干达,仅限于同乌干达政府接触和对话,或者倾听幸存者对"上帝抵抗军"蹂躏北乌干达人民的可怕暴行。联合国对"上帝抵抗军"采取的措施和态度都是比较强硬的,包括点名与羞辱、监测和报告、道德谴责、政治与法律施压。例如,在朱巴和谈进程中,若阿金·阿尔贝托·希萨诺特使向"上帝抵抗军"谈判代表团转交了儿童与武装冲突工作组主席的公开声明,但是并没有与后者开展直接的对话与谈判。在这种情况下,"上帝抵抗军"不仅很难接受相关国际人道主义规范,更不可能执行联合国的各种"命令",比如停止袭击和杀害平民、释放儿童兵、停止招募和使

[①] 国际刑事法院对科尼等5名"上帝抵抗军"领导人的起诉和逮捕令在一定程度上阻碍了联合国与"上帝抵抗军"进行直接接触与对话。

用儿童兵、开展儿童兵解除武装、复员和重返社会进程。即便"上帝抵抗军"释放了一些儿童兵和妇女，[①] 但是鉴于联合国与"上帝抵抗军"没有任何直接的接触，这一信息无法得到证实。此外，乌干达人民国防军的"雷电行动"以及"上帝抵抗军"的报复性袭击，导致若阿金·阿尔贝托·希萨诺特使于 2009 年 6 月 30 日提前结束了他的工作。在一定程度上，这也意味着联合国丧失了说服"上帝抵抗军"放弃招募和使用儿童兵、接受国际规范的间接接触平台。迄今，"上帝抵抗军"仍在继续袭击与杀害平民、绑架儿童与妇女、招募和使用儿童兵，对北乌干达、刚果民主共和国、南苏丹共和国以及中非共和国的和平、稳定与安全构成了严重的威胁。

"上帝抵抗军"与联合国等国际组织尚未开展直接的接触（甚至是处于敌对的状态），这不仅导致"上帝抵抗军"难以接受儿童兵等相关国际规范，而且也不利于推动乌干达国内的和平进程。这也证明了：H_1：武装组织与国际组织之间进行直接接触与合作的概率越低，国际规范越难向武装组织扩散；H_2：武装组织在国际政治层面的参与程度越低，其越不愿意接受国际规范。

2. 国内和平进程：低参与，低接受度

朱巴和平进程不仅为"上帝抵抗军"直接与乌干达政府进行接触和对话提供了平台，也有助于"上帝抵抗军"做出承诺、接受规范、保持行为克制。在对话与和谈中，"上帝抵抗军"与乌干达政府就签署停火协议，寻求结束冲突的全面解决方案，责任、和解与赦免，开展乌干达战斗员解除武装、复员和重返社会进程以及签署《全面和平协议》5 项议题达成了共识，并签署了前 4 项议题的和平协议。其中，议题四就是针对战斗员的解除武装、复员以及重返社会进程，这有助于说服"上帝抵抗军"在未来释放儿童兵、放弃招募和使用儿童兵，进而为结束北乌干达冲突、重建北乌干达和平提供了希望。据报道，在《中止敌

---

① 在朱巴和谈中，"上帝抵抗军"谈判代表团声称，他们不久前已释放了所有被绑架或强征的儿童和妇女，留在丛林的妇女和儿童是"上帝抵抗军"成员的家属。

对状态协议》生效后，大约70名儿童（女童占15%）从苏丹南部回到古卢、基特古姆、帕德尔和利拉（Lira）的接待中心。在联合国儿童基金会儿童保护方案的支持下，3名儿童已经成功地回到自己的社区。国别监测和报告工作队呼吁"上帝抵抗军"继续释放其控制的妇女和儿童。①

但是"上帝抵抗军"低程度的参与进程，导致"上帝抵抗军"接受国际规范的程度也低。"上帝抵抗军"参与朱巴和平进程仍然集中在阶段一（达成停火协议）和阶段二（参与和平谈判），而没有上升至高程度的参与进程（签订和平协议）。"上帝抵抗军"与乌干达政府签署《中止敌对状态协议》，实现停火，这在一定程度上保障了北乌干达儿童以及平民的安全。但是，双方并没有完全放弃使用武力等暴力手段，而乌干达政府采取的军事行动、"上帝抵抗军"的报复性袭击也多次影响和阻止了和谈的进行。"上帝抵抗军"与乌干达政府对司法正义，解除武装、复员和重返社会进程，政治解决框架，权力分配，战后重建等关键、敏感问题并未达成真正的共识和信任。这导致科尼拒绝签署《全面和平协议》。这也验证了 H_3：武装组织参与国内和平进程的程度越低，武装组织越不可能接受规范。

3. 双重参与程度低，难以保持行为克制

"上帝抵抗军"与联合国等国际组织没有直接的接触和对话，而国际刑事法院的起诉和逮捕令，导致它更难以直接与其他国际组织进行有意义、有深度的对话与合作。在朱巴和平进程中，"上帝抵抗军"与乌干达政府的对话和谈判也基本上集中在阶段一和阶段二，双方不仅互信与合作程度低，而且还屡次违反停火协议，诉诸武力和暴力。低程度的双重参与，导致"上帝抵抗军"不可能释放儿童兵、停止招募和使用儿童。这也验证了 H_4：武装组织在国际与国内政治层面的双重参与程度越低，其越不可能保持行为克制。

---

① 联合国：《儿童与武装冲突：秘书长的报告》（A/62/609 – S/2007/757），2008年1月28日，第33—34页，http://www.un.org/zh/documents/view_doc.asp?symbol=A/62/609。

4. 机制设置越模糊，武装组织越不愿意做出和履行承诺

朱巴和谈进程的机制设置存在先天性缺陷。尽管存在较完整的监测与报告机制，但是在制度设计时存在诸多问题。科尼没有在《全面和平协议》上签字，这虽然令人失望，但是从某种程度上讲也在意料之中。

其一，核心议题模糊。在朱巴和谈中，乌干达政府和"上帝抵抗军"在核心问题上并没有达成一致。科尼要求乌干达政府进一步阐明解除武装、复员和重返社会进程以及科尼及其战斗员所面临的法律责任，这不仅包括国际刑事法院的起诉和逮捕令，也涉及乌干达国内传统的和正式的司法程序。科尼等"上帝抵抗军"领导人和成员的安全保障问题，导致双方难以达成互信，进而无法彻底结束冲突。乌干达政府与"上帝抵抗军"之间的对话与互动的基本模式是："上帝抵抗军"试图通过和谈来寻求认同与控制权，而乌干达政府的目的是羞辱和贬低"上帝抵抗军"。① 这种充满敌意与攻击的互动模式导致双方难以达成共识，而科尼也没有动力释放儿童兵，开展战斗员解除武装、复员和重返社会进程。

其二，儿童保护并没有成为优先考虑事项。儿童兵不仅是施害者，也是武装冲突的受害者。朱巴和平进程虽然讨论了"上帝抵抗军"战斗员的解除武装、复员和重返社会进程，但这主要是针对乌干达的儿童兵和战斗员。然而，"上帝抵抗军"内部存在大量来自刚果民主共和国、苏丹共和国和中非共和国的儿童兵。1994年"上帝抵抗军"迁移至苏丹南部地区后，强制招募和绑架大量的苏丹共和国、刚果民主共和国的儿童。如今，这些儿童已经成为"上帝抵抗军"的主力军。他们对以乌干达为核心的朱巴和平进程不感兴趣，而是更加关注与自身有关的解除武装、复员和重返社会进程，希望能够有朝一日重返自己的家园，而不是科尼的家乡。因此，他们并不乐见科尼与乌干达政府签署《全面和平协议》。如果科尼签署协议，这可能导致他丧失对"上帝抵

---

① Chris Dolan, *Social Torture*: *the Case of Northern Uganda 1986 – 2006*, New York & Oxford: Berghahn Books, 2009, pp. 86 – 106.

第五章 "上帝抵抗军"——失败的参与进程

抗军"的绝对控制权。

其三，协调人影响力不够。在朱巴和平进程中，准南苏丹政府及其主要协调人马沙尔在喀土穆和坎帕拉的影响力很小，而且"上帝抵抗军"也非常不满马沙尔的调停立场与能力。其次，"上帝抵抗军"的外部支持国——苏丹并没有参与。最后，国际社会没有为和谈以及南苏丹政府提供充足的政治、技术、后勤支持。若阿金·阿尔贝托·希萨诺没有直接与科尼及其主要指挥官进行对话和谈判。有研究认为，在进行穿梭外交（shuttle diplomacy）时，可以咨询主要协调人马沙尔的意见，但是联合国/非洲联盟任命的乌干达北部冲突问题特使应该组织最后一轮的谈判。如果若阿金·阿尔贝托·希萨诺不愿接受这一新任务，那么应该另外任命一名来自本地区、熟悉苏丹以及有着强硬军事背景的资深官员。这名资深官员将在各方势力以及利益攸关者之间，而不仅是乌干达政府和"上帝抵抗军"之间，进行协调和斡旋。[①]

其四，阿乔利人的心理怨恨。朱巴和平进程没有解决阿乔利人被边缘化、当做牺牲品的心理怨恨。2006年2月，穆塞韦尼在乌干达大选中赢得了60%多的选票，成功地实现了连任，但是90%多的阿乔利人将选票投给了其竞争对手。阿乔利人不支持穆塞韦尼的主要原因就是穆塞韦尼在政治、经济、社会等层面打压北乌干达。在穆塞韦尼统治期间，阿乔利人在政府中担任的职务和职位受到限制。2008年10月，穆塞韦尼发起了《和平与复苏发展计划》（Peace and Recovery Development Project，PRDP），宣布3年内将投入约6.065亿美元来重建受不安全局势影响的地区，这其中包括但不局限于北乌干达。乌干达政府将会出资

[①] International Crisis Group, "Northern Uganda: The Road to Peace, with or without Kony," *Africa Report* No. 146, Nairobi/Brussels: ICG, 10 December 2008, p. ii, http://www.crisisgroup.org/en/regions/africa/horn-of-africa/uganda/146-northern-uganda-the-road-to-peace-with-or-without-kony.aspx.

30%，其余部分则依靠国际援助国的支持。① 但是，2009 年 1 月乌干达政府宣布推迟 2009/2010 年的《和平与复苏发展计划》，理由是他们无法保证 30% 的资金投入。就教育而言，在北乌干达，200 名儿童甚至更多挤在一间简陋的教室；学生众多，课本极少，而老师也几乎没有接受过任何职业培训。② 为打击"上帝抵抗军"，穆塞韦尼还迫使阿乔利人离开阿乔利地区、镇压和迫害同情与支持"上帝抵抗军"的阿乔利平民。此外，乌干达政府仍未开展民族和解、真相告知、公正赔偿、司法审判、认定罪行责任等活动。可以说，穆塞韦尼和平解除北乌干达冲突的政治意愿、经济投入以及司法建设程度都是很低的。即便科尼走出丛林、签署和平协议，也无法彻底地消除北乌干达民众的心理怨恨，并避免出现新的叛乱。在一定意义上，科尼签署和平协议对解决北乌干达冲突的意义不大。③ 只要阿乔利人仍然对穆塞韦尼政权心怀怨恨，那么"上帝抵抗军"或者其他的武装组织运动仍可能成为他们发泄沮丧、绝望情绪的一种渠道。

上述问题也证明了 H_5：机制设置越模糊，武装组织越不愿意参与和平进程、履行承诺与协议。

综上所述，"上帝抵抗军"的参与程度低，或者不参与，导致其不愿意接受和遵守规范。这从反面证明了参与进程的重要性。

迄今，"上帝抵抗军"与乌干达政府之间的武装冲突已经持续了近 30 年。2003 年以前，国际社会似乎遗忘了北乌干达冲突。扬·埃格兰访问北乌干达，引起了国际社会对北乌干达冲突以及当地严重的人道主

---

① Sandrine Perrot, "Northern Uganda: a 'Forgotten Conflict' Again? The Impact of the Internationalization of the Resolution Process," in Tim Allen and Koen Vlassenroot, eds., *The Lord's Resistance Army: Myth and Reality*, London & New York: Zed Books, 2010, p. 200.

② 联合国：《儿童与武装冲突：特别代表的报告》（A/62/228），2007 年 8 月 13 日，第 19 页，http://www.un.org/zh/documents/view_doc.asp?symbol=A/62/228。

③ International Crisis Group, "Northern Uganda: The Road to Peace, with or without Kony," *Africa Report No. 146*, Nairobi/Brussels: ICG, 10 December 2008, pp. i – ii, http://www.crisisgroup.org/en/regions/africa/horn-of-africa/uganda/146-northern-uganda-the-road-to-peace-with-or-without-kony.aspx.

义危机的关注。随后，数百家联合国机构、地方性和国际性的非政府组织、记者、咨询顾问以及研究者蜂拥而至。但是，联合国等国际组织并没有与"上帝抵抗军"开展直接的接触和对话。2006年6月，在准南苏丹政府的调解下，"上帝抵抗军"与乌干达政府开展了朱巴和谈。朱巴和谈主要有5项议题：双方达成停火协议，冲突的根本原因和全面解决办法，责任、和解与赦免，解除武装、复员以及重返社会进程，签署《全面和平协议》。双方就前4项议题达成了共识，并签署了相关协定。但是，由于科尼等"上帝抵抗军"领导人的安全、权力等核心、敏感问题并没有得到解决，科尼拒绝在《全面和平协议》上签字。随后，乌干达政府立即发起了"雷电行动"，而"上帝抵抗军"也针对平民实施了报复性袭击，这导致朱巴和平进程失败。

自2002年乌干达人民国防军开展"铁拳行动"以来，"上帝抵抗军"基本上已经离开了北乌干达，而2008年"雷电行动"导致"上帝抵抗军"以小组形式分散在南苏丹、刚果民主共和国和中非共和国。2009年至2013年，"上帝抵抗军"对平民进行了报复性攻击，包括杀戮、绑架、强行招募儿童、强奸和抢劫，造成大量儿童死亡和失踪，几十万人流离失所。在武装冲突持续的情况下，国际危机集团认为，乌干达政府应该派遣更多装备精良的军队，进入南苏丹共和国、刚果民主共和国以及中非共和国追踪和打击"上帝抵抗军"；而南苏丹共和国、刚果民主共和国以及中非共和国应该准许乌干达人民国防军的入境打击，其中非洲联盟起着组织、协调的作用；美国和欧盟也应全力支持非盟充分发挥作用和影响，并为此提供政治、经济与舆论支持。[①] 但是，武力打击不是万能的。武力打击不仅难以彻底消灭"上帝抵抗军"，更无法充分地保障北乌干达及其周边邻国的和平与稳定。大卫·奈克拉奇·马特桑戈认为，要化解朱巴和平进程僵局，需要"持续对科尼施加压力，

[①] International Crisis Group, "The Lord's Resistance Army: End Game?" *Africa Report* No. 182, Nairobi/Brussels: ICG, 17 November 2011, pp. ii – iii, http://www.crisisgroup.org/en/regions/africa/horn-of-africa/uganda/182-the-lords-resistance-army-end-game.aspx.

促使他签署和平协议。我们不能匆忙诉诸军事行动,因为这只会在乌干达境内制造混乱和动荡。科尼将很快会屈服于压力。"①

要真正地解决北乌干达冲突以及"上帝抵抗军"问题,仅仅依靠国际法的惩罚与威慑、武力打击、间接经济制裁和政治施压是不够的,国际社会、乌干达政府必须综合考虑各种因素,平衡各方利益。

第一,实现正义需要考虑当地的司法方式和冲突解决实践。北乌干达地区民众和社会对国际刑事法院的不满包括:正义不是由国际法令强加的,而且强加正义可能带来副作用,因为如果"上帝抵抗军"被视为罪犯,那么他们将不会接受一项和平协议;实现正义需要考虑当地的司法方式,必须要为地方社会所接受。② 虽然常年的冲突与战争侵蚀了阿乔利人传统的价值观,但是重拾阿乔利人传统的冲突和暴力解决实践有助于促进当地人的团结、归属感与和平建设。传统的冲突与暴力解决实践的核心是和解,注重悔罪、补偿与关系修复。具体的方法是举行一场传统仪式(mato oput),即在杀戮之后,由享有威望的酋长来主持该仪式,犯罪者公开承认恶行并悔罪,随后与受害者的家庭一起喝下一种由献祭的羊血和苦根调制而成的饮品(drinking the bitter root),以此表示他们将撇开双方之间的仇恨与争端,并且就赔偿达成协议。③ 这远远不同于西方法律体系的惩罚以及对违反国家法律者进行一场正式的赦免。对于所有"上帝抵抗军"指挥官所涉及的暴行,应该在一定程度上考虑通过传统的仪式进行悔罪与和解,以鼓励他们释放儿童,放下武器,结束冲突。考虑到那些从丛林中返回的人缺乏支付赔偿的能力,国

---

① African Press International, "Matsanga: I resigned for the truth," 17 May 2008, http://africanpress.me/2008/05/17/matsanga-i-resigned-for-the-truth/.

② Tim Allen, "Ritual (Ab) use? Problems with Traditional Justice in Northern Uganda," http://mercury.ethz.ch/serviceengine/Files/ISN/58829/ichaptersection _ singledocument/7e946144-0a2d-4821-9124-60fc7a82ae3b/en/7_from + 2008-03_ICC + in + Africa-5. pdf, p. 47.

③ 但是,赔偿安排在地方性战争或者血族复仇(clan feud)之中的杀戮中并不常见。参见 Tim Allen, "Bitter Roots: the 'Invention' of Acholi Traditional Justice," in Tim Allen and Koen Vlassenroot, eds., *The Lord's Resistance Army: Myth and Reality*, London and New York: Zed Books, 2010, p. 245。

际社会应该设立相应援助资金项目,用来支付赔偿,安置复员的战斗员,避免他们重返丛林。①

第二,重视武装冲突解决的和平进程,增强制度的参与性、公平性和效率性。自朱巴和谈破裂以及乌干达政府的"雷电行动"后,没有迹象表明乌干达政府、联合国、非洲联盟等愿意与"上帝抵抗军"进行直接的接触、对话、谈判和合作。相反,各行为体为打击"上帝抵抗军"提供了舆论、军事、援助和法律等支持。② 出于保护儿童的考虑,国际社会各行为体可以尝试通过协商、合作和确立共识的方式,解决"上帝抵抗军"问题与北乌干达冲突。这需要国际组织(联合国、国际刑事法院、非政府组织)、乌干达政府、北乌干达的部落长老与民众、"上帝抵抗军"的共同参与。重新开展的和谈要优先考虑儿童权益的保护,解决科尼等"上帝抵抗军"领导人的安全、权力等核心、敏感问题,并为其参与和谈提供相关的保证。一方面,乌干达政府和"上帝抵抗军"应该停止冲突,重回谈判桌,各方就科尼等人的安全,儿童兵(不仅是乌干达的儿童,还应包括南苏丹共和国、刚果民主共和国、中非共和国的儿童)解除武装、复员和重返社会进程,北乌干达的经济、政治与社会重建等核心问题开展对话和谈判,最后缔结和平协议,结束武装冲突。另一方面,为保护受"上帝抵抗军"影响的儿童,联合国等国际组织也应积极寻求同"上帝抵抗军"开展有效的对话,进而说服其放弃招募和使用儿童兵,接受和遵守国际规范。最后,国际社会也应为"上帝抵抗军"参与国际、国内和平进程提供相应支持和鼓励。

---

① 但是有人也对传统的司法正义提出了异议。一是传统的结构和司法正义太虚弱且被撕成碎片;许多"长老"也不确定如何来举行传统的仪式;人们对谁是真正传统的领导人存在广泛的分歧。参见 Chris Dolan, *Social Torture*: *The Case of Northern Uganda*, New York & Oxford: Berghahn Books, 2009, pp. 219–251。

② 截至 2013 年 11 月,联合国大会及安全理事会在有关儿童与武装冲突问题的报告中,严重关注和强烈谴责"上帝抵抗军"侵害儿童权利行为。目前,非洲联盟主导了打击"上帝抵抗军"的区域合作倡议,美国和欧盟也为此提供了政治、经济与军事支持。参见 http://www.un.org/chinese/children/conflict/reports.html。

第三，促进北乌干达地区的经济建设和发展。要彻底地解决"上帝抵抗军"问题，促进北乌干达地区的和平与稳定，仅仅考虑实现和维护正义是不够的。在伸张正义的同时，还需要重视北乌干达地区的经济建设和发展，解决北乌干达民众与穆塞韦尼政权之间存在的种族冲突，以及当地民众对穆塞韦尼政权打压阿乔利人的强烈不满和怨恨。朱巴和平进程注定会失败，因为它既没有解决科尼等人的安全关切，更无法消除阿乔利人被边缘化、当做牺牲品的心理怨恨。在穆塞韦尼统治期间，阿乔利人在政府中担任的职务和职位受到限制，并且在经济、社会等层面遭到打压。可以说，穆塞韦尼和平解决北乌干达冲突的政治意愿、经济投入以及司法建设程度都是很低的。即便科尼走出丛林、签署和平协议，也无法彻底地消除北乌干达民众的心理怨恨、避免出现新的叛乱。在一定意义上，科尼签署和平协议对解决北乌干达冲突的意义不大。[①] 2011年2月，穆塞韦尼在乌干达大选中赢得了68.38%的选票，成功地实现了连任，但是绝大多数的阿乔利人将选票投给了其竞争对手。只要阿乔利人仍对穆塞韦尼政权心怀怨恨，那么"上帝抵抗军"或者其他的武装组织仍可能成为他们发泄沮丧、绝望情绪的一种渠道。冲突的根本原因和全面解决办法，需要特别关注和重视北乌干达的经济重建与复苏、阿乔利人在乌干达政府中的职位以及设立专项赔偿资金。

第四，加强对非洲地区的和平建设。在当代非洲，没有一起国内冲突或者维和行动能够被限制在一个国家的边界之内，冲突形成之前或之后都有一些跨国或跨边界的地区因素。目前，乌干达周边的安全形势不容乐观。苏丹一分为二，苏丹政府和南苏丹政府为争夺石油而武装冲突不断，南苏丹近期也因种族与权力斗争而引发内战，中非共和国国内政治与安全局势动荡，而刚果共和国境内的武装组织占地为王，为了开采

[①] International Crisis Group, "Northern Uganda: The Road to Peace, with or without Kony," *Africa Report* No. 146, Nairobi/Brussels: ICG, 10 December 2008, pp. i – ii, http://www.crisis-group.org/en/regions/africa/horn-of-africa/uganda/146-northern-uganda-the-road-to-peace-with-or-without-kony.aspx.

钻石等矿产资源频繁爆发冲突。在该地区，各种武装势力、政府之间的关系错综复杂、势力盘根错节。乌干达政府军与"上帝抵抗军"也在不同程度上卷入了刚果共和国、中非共和国、南北苏丹的内战与武装冲突。例如，"上帝抵抗军"就曾经得到苏丹政府的支持，甚至与刚果共和国、中非共和国、苏丹南部的武装派系形成了某种默契与合作，联手对付共同的敌人。因此，要想彻底地解决"上帝抵抗军"问题，需要重视该地区的和平建设，以促进国家间与非国家行为体一起创造一个"新"安全联盟或共同体，以推进可持续的人的发展和安全。

| 结语 |

放下武器，走向和平

儿童沦为武装冲突与战争的受害者。作为武装冲突方之一，武装组织大量招募和使用儿童兵，杀戮、残害和强奸儿童。这些暴行严重地挑战和威胁了人类的良心、责任和文明。保护受武装冲突影响的儿童，规范和治理武装组织的不人道行为和非法行为已成为主权国家政府、国际组织乃至人类社会的重要责任。武力打击、法律威慑与处罚、间接的政治施压与经济制裁等强硬措施有一定的作用，但是更容易激起武装组织的报复和反抗。因此，需要改变传统思维，采取柔性的措施，说服武装组织放下武器、释放儿童兵、重建和平。在总结和分析儿童兵问题的治理经验与不足的基础上，本书提出了以"参与进程"为核心的理论解释框架。

从学理意义上说，"参与进程"拓展了规范传播理论的研究层次、研究对象，强调了规范传播的参与性、进程性。现有规范传播理论的研究对象主要是国家，尤其强调社会化非西方国家，研究层次也基本上停留在国家或地区层面。有部分研究涉及非国家行为体，但主要是强调公民社会与全球倡议网络在规范传播中的积极作用，却忽视了武装组织等暴力型非国家行为体对国际规范的挑战。从规范传播的效果来看，国家接受、内化国际规范，但这并不意味着武装组织等非国家行为体会愿意接受和遵守国际规范。"参与进程"认为，在研究规范传播过程中，需要重视参与实践、参与过程。一方面，"参与进程"强调武装组织参与实践的社会意义。"参与进程"认为,武装组织等非国家行为体是重要的参与者、对话者,其参与实践对规范的兴起、发展和传播有着重要意义。武装组织的参与实践主要是与联合国等国际组织、主权国家政府进行对话、沟通、交流与合作。通过参与国际、国内和平进程,武装组织逐渐了解基本的国际规范、国际规则、国际人道法,进而做出相关承诺,接受和遵守基本的国际规范与国际法。另一方面,"参与进程"重视进程。国际规范是在一定的国际社会环境和国内政治环境中产生、发展、传播的,而规范的兴起、发展和传播不是一蹴而就的,而是经历了较长时期的发展和互动过程。离开了对进程的观察和思考,就难以深刻地了解规范兴起、社会化的社会环境要素,也难以理解规范传播者与规范接受者关系的互动过程。同样,治理武装组织、结束内战和武装冲突是一项长期而艰巨的任务。说服武装组织接受和遵守规范,需要在互动过程中增进了解、培养信任、重塑认知,进而改变行为。简而言之,强调参与、重视过程,有助于更深入地了解武装组织与国际组织、主权国家政府之间的互动关系与进程,进而促使武装组织接受和遵守规范,保持行为克制。

从政策意义上说,"参与进程"为武装组织的全球治理提供了一种可能的新路径。武装组织暴力反抗政府,强制招募儿童兵,屠杀平民,袭击学校、医院,抢劫国际人道主义援助物资等行为,对国际规范、人的安全、国际安全与和平构成威胁。但是,鉴于其特殊、敏感身份,联合国等国际组织通常无法同武装组织进行直接接触、对话与谈判,而主权国家政府也不愿意与武装组织进行对话和谈判,更倾向于通过暴力手段镇压和消灭武装组织。这虽然打压了武装组织参与国际、国内层面对话的空间,但是也导致国际社会和主权国家政府难以有效地治理武装组织不人道和非法行为,从而在一定程度上使得武装冲突变得更加血腥、残酷和持久。从更广层面来说,儿童兵卷入武装冲突为建立持久的稳定与和平带来了巨大的挑战。和平不是自动降临的,而是各方努力、沟通、互动与合作的结晶。停止在武装冲突局势中侵犯儿童的行为,提供受害者救助方案，与武装组织就儿童保护问题进行对话和接触是关键。"参与进程"强调接触和对话，视武装组织为社会化进程的参与者之一，将其从局外者转变为对话者。与武装组织进行对话并不意味着承认其合法性或国际法律地位。对话的唯一宗旨是确保保护和接近弱势儿童。有些主权国家政府对联合国等国际组织与武装组织进行对话非常敏感，但保护儿童的需要应当超越政治考虑。儿童是弱势群体，应以"破例为儿童考虑"原则为指导，无条件地保护受武装冲突影响的儿童。①各国政府一方面应允许武装组织与联合国进行这类对话，另一方面也需积极同武装组织进行对话和谈判。在接触和对话的过程中，武装组织逐渐了解基本的国际规范、国际人道法等国际规则，从而有助于其做出相关承诺，接受和遵守基本的国际规范与国际法。这些承诺为结束冲突、参与政府、建设和平、改革国内司法体系奠定了互信和基础。从国际层面上说，武装组织的参与，有助于拓展和丰富联合国的全球治理能力与经验，促进国际社会的进步和发展，维护世界和平与安全。从国内层面上说，武装组织参与国内和平进程，有助于解决国内矛盾、结束冲突、重建和平与未来。

"参与进程"还对恐怖组织等非国家行为体的治理提供了一种新思路。本书虽然选取武装组织招募和使用儿童兵为研究案例，但这并不意味着研究视野局限于此。恐怖组织等暴力型非国家行为体的行为同样也可归纳到非国际性武装冲突之中，而且其行为严重地侵害了人的安全、国际社会的和平与稳定。现有政策仍然将恐怖组织视为打压对象，排除了他们参与国际、国内社会进程的可能性，而且忽视了恐怖组织生成的国际与国内政治、经济因素。以保护人的安全为核心考虑，可以通过巧妙的制度设计将恐怖组织纳入社会化进程中。联合国等国际组织、主权国家政府可以尝试将他们视为参与者与对话者，与他们进行直接对话与沟通，向他们传播基本的国际人道规范与规则，这或许能在一定程度上

---

① 联合国：《儿童与武装冲突：特别代表的报告》（A/64/254），2009年8月6日，第5页，http：//www.un.org/zh/documents/view_doc.asp? symbol = A/64/254。

促使他们放下武器，停止恐怖袭击，融入正常的社会经济与政治生活。

  本书还存在不足。文中引用的主要是英文文献，而且多是西方学者的研究成果，而较少引用非洲学者的研究成果。这有可能使本书对儿童兵问题的了解和分析片面化、简单化。其次，"参与进程"对治理武装组织的意义还有待进一步分析和研究。最后，对武装组织的治理和控制不仅涉及规范传播，还需要考虑武装组织向政党转型，以及国家经济、政治、文化、社会与道德的重建等因素。

参考文献

中文文献

（一）专著/编著/译著

贾兵兵：《国际人道法简明教程》，清华大学出版社2008年版。

［美］玛莎·芬尼莫尔，袁正清译：《国际社会中的国家利益》，浙江人民出版社2001年版。

［美］玛莎·芬尼莫尔，袁正清、李欣译：《干涉的目的：武力使用信念的变化》，上海世纪出版集团2009年版。

［美］迈克尔·巴尼特、玛莎·芬尼莫尔，薄燕译：《为世界定规则——全球政治中的国际组织》，上海人民出版社2009年版。

［美］彼得·卡赞斯坦、罗伯特·基欧汉、斯蒂芬·克拉斯纳编，秦亚青等译：《世界政治理论的探索与争鸣》，上海人民出版社2006年版。

［美］彼得·卡赞斯坦编，宋伟译：《国家安全的文化：世界政治中的规范与认同》，北京大学出版社2009年版。

［美］斯蒂芬·范·埃弗拉，陈琪译：《政治学研究方法指南》，北京大学出版社2006年版。

魏宗雷等：《西方"人道主义干预"理论与实践》，时事出版社

2001年版。

［日］星野昭吉：《全球政治学——全球化进程中的变动、冲突、治理与和平》，新华出版社2000版。

熊玉祥：《冷战后全球国家内部武装冲突》，军事科学出版社2007年版。

［美］亚历山大·温特，秦亚青译：《国际政治的社会理论》，北京大学出版社2005年版。

杨成绪：《新挑战——国际关系中的"人道主义干预"》，中国青年出版社2001年版。

于红、吴增田：《卢旺达、布隆迪》，社会科学文献出版社2011年版。

俞可平编：《治理与善治》，社会科学文献出版社2004年版。

朱立群、林民旺等：《奥运会与北京国际化——规范社会化的视角》，世界知识出版社2010年版。

（二）论文、新闻

［瑞士］安德鲁·克拉帕姆，李静译："武装冲突中非国家行为体的人权保护义务"，http://www.icrc.org/Web/chi/sitechi0.nsf/htmlall/review-863-p491/$File/irrc_863_Clapham.pdf。

封永平："安全维度转向：人的安全"，《现代国际关系》2006年第6期。

何志鹏："国际法治视野内的习惯国际人道法"，《东方法学》2009年第1期。

黄超："说服战略与国际规范传播"，《世界经济与政治》2010年第9期。

胡文秀："论冷战后国内武装冲突和平解决的影响因素"，中国社会科学院研究生院博士学位论文，2011年。

李开盛："美好世界原理——世界政治中人的利益及其实现问题研

究"，中国社会科学院研究生院博士学位论文，2008年。

林民旺、朱立群："国际规范的国内化：国内结构的影响及传播机制"，《当代亚太》2011年第1期。

柳思思："从规范进化到规范退化"，《当代亚太》2010年第3期。

刘贞晔："国家的社会化、非政府组织及其理论解释范式"，《世界经济与政治》2005年第1期。

潘忠岐："非传统安全问题的理论冲击与困惑"，《世界经济与政治》2004年第3期。

秦亚青："研究设计与学术创新"，《世界经济与政治》2008年第8期。

秦亚青："关系本位与过程建构：将中国理念植入国际关系理论"，《中国社会科学》2009年第3期。

孙吉胜："语言、身份与国际秩序：后建构主义理论研究"，《世界经济与政治》2008年第5期。

孙吉胜："国际关系理论中的语言研究：回顾与展望"，《外交评论》2009年第1期。

王洪涛："国际政治视角下国际人道法"，《国际关系学院学报》2008年第6期。

袁正清："建构主义与外交政策分析"，《世界经济与政治》2004年第9期。

袁正清："交往行为理论与国际政治研究——以德国国际关系研究视角为中心的一项考察"，《世界经济与政治》2006年第9期。

郑启荣："试论非政府组织与联合国的关系"，《外交学院学报》1999年第1期。

郑启荣："联合国研究在中国——回顾与思考"，《外交学院学报》2002年第2期。

钟龙彪："国家社会化：国际关系的一项研究议程"，《欧洲研究》2009年第2期。

朱立群:"中国参与国际体系的实践解释模式",《外交评论》2011年第 1 期。

朱立群:"中国与国际体系:双向社会化的实践逻辑",《外交评论》2012 年第 1 期。

朱立群、聂文娟:"社会结构的实践演变模式——理解中国与国际体系互动的另一种思路",《世界经济与政治》2012 年第 1 期。

朱文奇:"国际法追究个人刑事责任与管辖豁免问题",《法学》2006 年第 9 期。

朱文奇:"雇佣军问题对国际人道法的冲击及影响",《西安政治学院学报》2008 年第 10 期。

"秘书长特别代表将在首例因募用儿童兵被控战争罪案件的庭审中作证",2010 年 1 月,http://www.un.org/chinese/News/fullstorynews.asp?newsID=12795。

"招募儿童兵受国际审判,卢邦加因证据不足或被开释",2010 年 7 月 15 日,http://www.un.org/chinese/News/fullstorynews.asp?newsID=13779。

"儿童与武装冲突问题秘书长的特别代表办公室的战略计划",http://www.un.org/chinese/children/conflict/strategicplan.html。

"联合国与苏丹达尔富尔主要叛军签署保护儿童协议",http://www.un.org/chinese/News/fullstorynews.asp?newsID=13810。

(三)国际条约、报告、决议

联合国:《1949 年日内瓦四公约》,http://www.un.org/chinese/documents/decl-con/geneva_civilians.htm。

联合国:《1949 年日内瓦四公约关于保护国际性武装冲突受难者的附加议定书(第一议定书)》,http://www.un.org/chinese/documents/decl-con/geneva_protocol_1.htm。

联合国:《1949 年日内瓦四公约关于保护非国际性武装冲突受难者的附加议定书(第二议定书)》,http://www.un.org/chinese/documents/decl-con/geneva_protocol_2. htm。

联合国：《儿童权利公约》，http：//www. un. org/chinese/esa/social/youth/children. htm。

联合国：《国际刑事法院罗马规约》，http：//www. un. org/chinese/work/law/Roma1997. htm。

联合国：《国际劳工组织关于禁止和立即行动消除最恶劣形势的童工劳动的182号公约》，http：//www. ilo. org/ilolex/chinese/docs/conv182. pdf。

联合国：《儿童权利公约关于儿童卷入武装冲突问题的任择议定书》，http：//www. un. org/chinese/hr/issue/docs/26. PDF。

联合国：《适合儿童生长的世界》（S－27/2），2002年，http：//www. un. org/chinese/children/aworldfitforchildren. html。

联合国：《保护受武装冲突影响的儿童》（A/RES/48/157），1994年3月，http：//daccess-dds-ny. un. org/doc/UNDOC/GEN/N94/120/20/IMG/N9412020. pdf？OpenElement。

联合国：《武装冲突对儿童的影响》（A/51/306），1996年8月26日，http：//www. un. org/zh/documents/view＿doc. asp？symbol＝A/51/306。

联合国：《儿童与武装冲突：特别代表的报告》（A/54/430），1999年10月1日，http：//www. un. org/zh/documents/view_doc. asp？symbol＝A/54/430。

联合国：《儿童与武装冲突：秘书长的报告》（A/55/163－S/2000/712），2000年10月3日，http：//www. un. org/zh/documents/view＿doc. asp？symbol＝A/55/163。

联合国：《儿童与武装冲突：特别代表的报告》（A/55/442），2000年10月3日，http：//www. un. org/zh/documents/view_doc. asp？symbol＝A/55/442。

联合国：《1996—2000年马谢尔审查：关于加强保护受战争影响的

儿童方面取得的进展和遇到的障碍的严谨分析》（A/55/749），2001年1月26日，http：//www.un.org/zh/documents/view_doc.asp?symbol=A/55/749。

联合国：《儿童与武装冲突：秘书长的报告》（A/56/342-S/2001/852），2001年9月17日，http：//documents.un.org/mother.asp。

联合国：《儿童与武装冲突：秘书长的报告》（S/2002/1299），2002年11月26日，http：//www.un.org/zh/documents/view_doc.asp?symbol=S/2002/1299。

联合国：《儿童与武装冲突：特别代表的报告》（A/58/328），2003年8月29日，http：//www.un.org/zh/documents/view_doc.asp?symbol=A/58/328。

联合国：《儿童与武装冲突问题：秘书长的报告》（A/58/546-S/2003/1053），2003年10月，http：//www.un.org/zh/documents/view_doc.asp?symbol=A/58/546。

联合国：《儿童与武装冲突：特别代表的报告》（A/59/426），2004年10月8日，http：//www.un.org/zh/documents/view_doc.asp?symbol=A/59/426。

联合国：《儿童与武装冲突：秘书长的报告》（A/59/695-S/2005/72），2005年2月9日，http：//www.un.org/zh/documents/view_doc.asp?symbol=A/59/695。

联合国：《儿童与武装冲突：秘书长的报告》（A/61/529-S/2006/826），2006年10月26日，http：//www.un.org/zh/documents/view_doc.asp?symbol=A/61/529。

联合国：《秘书长关于乌干达境内儿童与武装冲突问题的报告》（S/2007/260），2007年5月7日，http：//www.un.org/zh/documents/view_doc.asp?symbol=S/2007/260。

儿童与武装冲突问题工作组：《通过受"上帝抵抗军"影响地区问题特使向"上帝抵抗军"朱巴和谈代表团团长转达工作组主席发表的

公开声明》（S/AC. 51/2007/12），2007年7月20日，http://www. un. org/zh/documents/view_doc. asp？symbol＝S/AC. 51/2007/12。

联合国：《儿童与武装冲突：特别代表的报告》（A/62/228），2007年8月13日，http://www. un. org/zh/documents/view_doc. asp？symbol＝A/62/228。

联合国：《秘书长关于布隆迪境内儿童与武装冲突问题的报告》（S/2007/686），2007年11月28日，http://www. un. org/zh/documents/view_doc. asp？symbol＝S/2007/686。

联合国：《儿童与武装冲突：秘书长的报告》（A/62/609－S/2007/757），2008年1月28日，http://www. un. org/zh/documents/view_doc. asp？symbol＝A/62/609。

联合国：《秘书长关于乌干达儿童与武装冲突问题的补充报告》（S/2008/409），2008年6月23日，http://www. un. org/zh/documents/view_doc. asp？symbol＝S/2008/409。

联合国：《儿童与武装冲突：秘书长的报告》（A/63/785－S/2009/158），2009年4月26日，http://www. un. org/zh/documents/view_doc. asp？symbol＝A/63/785。

联合国：《儿童与武装冲突：特别代表的报告》（A/64/254），2009年8月6日，http://www. un. org/zh/documents/view_doc. asp？symbol＝A/64/254。

联合国：《秘书长关于布隆迪境内儿童与武装冲突问题的报告》（S/2009/450），2009年9月10日，http://www. un. org/zh/documents/view_doc. asp？symbol＝S/2009/450。

联合国：《儿童与武装冲突：秘书长的报告》（A/64/742－S/2010/181），2010年4月13日，http://www. un. org/zh/documents/view_doc. asp？symbol＝A/64/742。

联合国：《儿童与武装冲突：秘书长的报告》（A/65/820－S/2011/250），2011年4月23日，http://www. un. org/zh/documents/view_ doc. asp? symbol = S/2011/250。

儿童与武装冲突问题工作组：《关于乌干达境内儿童与武装冲突问题的结论》（S/AC. 51/2010/1），2010年6月16日，http：//www. un. org/zh/documents/view_doc. asp? symbol = S/AC. 51/2010/1。

联合国：《解除武装、复员和重返社会：秘书长的报告》（A/65/741），2011年3月21日，http：//documents-dds-ny. un. org/doc/UNDOC/GEN/N11/239/10/pdf/N1123910. pdf? OpenElement。

联合国：《儿童与武装冲突问题：特别代表的报告》（A/66/256），2011年8月3日，http：//www. un. org/zh/documents/view_doc. asp? symbol = A/66/256。

联合国安全理事会第1539（2004）号决议，http：//www. un. org/chinese/aboutun/prinorgs/sc/sres/04/s1539. htm。

联合国安全理事会第1612（2005）号决议，http：//www. un. org/chinese/aboutun/prinorgs/sc/sres/05/s1612. htm。

英文文献

（一）著作

Alcinda Honwana, *Child Soldiers in Africa*, Philadelphia：University of Pennsylvania Press, 2006.

Alexander L. George and Andrew Bennett, *Cases Studies and Theory Development in the Social Science*, MIT Press, 2005.

Amnesty International, *Burundi：Targeting Students, Teachers and Clerics in the Fight for Supremacy*, London：Amnesty International, September 1995, http：//web. amnesty. org.

Amnesty International, *Rape the Hidden Human Rights Abuse*, 2004, http：//web. amnesty. org/library/.

Andrew Clapham, *Human Rights Obligations of Non-State Actors*, Inc., New York: Oxford University Press, 2006.

Anthony Vinci, *Armed Groups and the Balance of Power: the International Relations of Terrorists, Warlords and Insurgents*, London and New York: Routledge, 2009.

Antonio Cassese, ed., *International Law*, Oxford: Oxford University Press, 2005.

Arusha Peace and Reconciliation Agreement on Burundi, 28 August 2000, www.iss.co.za/AF/profiles/Burundi/arusha/pdf.

Athanasia Kanli, *Is the European Union Fighting the War for Children? The EU Policy on the Rights of Children Affected by Armed Conflict*, EU Diplomacy Papers, 8/2010, http://aei.pitt.edu/14896/1/EDP_8_2010_Kanli.pdf.

Benjamin Mokoena, *The Political Economy of Burundi: a History of Conflict and Peace*, Verlag: LAP LAMBERT Academic Publishing, 2010.

Brett Rachel and I. Sprecht, *Young Soldiers: Why They Choose to Fight*, Boulder, CO: Lynne Rienner, 2004.

Catherine Lu, *Just and Unjust Intervention in World Politics*, New York: Palgrave Macmillan, 2006.

Chen Yugang, et al., *Return Childhood to Children! Rescuing Child Soldiers Program United Nations*, http://www.cgg.fudan.edu.cn/2010/attachment/YICGG2009ChampionProposal.pdf.

Chris Coulter, *Bush Wives and Girl Soldiers: Women's Lives through War and Peace in Sierra Leone*, Ithaca, NY: Cornell University Press, 2009.

Chris Dolan, *Social Torture: the Case of Northern Uganda 1986—2006*, New York & Oxford: Berghahn Books, 2009.

Christine Bakker, *Prosecuting International Crimes against Children: the Legal Framework*, 2010, http://www.humansecuritygateway.com/documents/UNICEF _ ProsecutingInternationalCrimesAgainstChildren _ TheLegalFramework. pdf.

Christopher Cramer, *Civil War is not a Stupid Thing*: *Accounting for Violence in Developing Countries*, London: Hurst & Company, 2006.

Coalition to Stop the Use of Child Soldiers, *Global Report*, London: Coalition to Stop the Use of Child Soldiers, 2008.

Coalition to Stop the Use of Child Soldiers, *Global Report on Child Soldiers*, 2001, http://www.child-soldiers.org/library/global-reports? root_id=159&directory_id=165.

Daniel J. Christie, Richard V. Wagner, and Deborah D. Winter, eds., *Peace, Conflict, and Violence*, Upper Saddle River, NJ: Prentice Hall, 2001.

Dan Smith, *The Atlas of War and Peace*, London: Earthscan, 2003.

David M. Rosen, *Armies of the Young*: *Child Soldiers in War and Terrorism*, New Brunswick, New Jersey, and London: Rutgers University Press, 2005.

Fred Greenstein and Nelson Polsby, eds., *Handbook of Political Science*, Reading, Mass.: Addison-Wesley, 1975.

Georger Kassimeris, ed., *Warrior's Dishonour*: *Barbarity, Morality and Torture in Modern Warfare*, Hampshire & Burlington: Ashgete, 2006.

Gilbert M. Khadiagala, ed., *Security Dynamics in Africa's Great Lakes Region*, Boulder & London: Lynne Rienner Publishers, 2006.

Heidelberg Institution for International Conflicts Research, *Conflict Barometer* 2010, http://www.hiik.de/de/konfliktbarometer/pdf/ConflictBarometer_2010.pdf.

Heike Behren, *Alice Lakwena and the Holy Spirits*: *War in Northern Uganda* 1986—1997, Oxford, Kampala, Nairobi and Athens: James Currey/ Fountain Publishers/ EAEP/ Ohio University Press, 1999.

Human Rights Watch, *Abducted and Abused: Renewed Conflict in Northern Uganda*, London, 15 July 2003, http://www.unhcr.org/refworld/publisher, HRW,, UGA, 45dac8872, 0.html.

Human Rights Watch, *A Long Way from Home: FNL Child Soldiers in Burundi*, June 2006.

Human Rights Watch, *Burundi: Neglecting Justice in Making Peace*, 23 March 2000.

Human Rights Watch, *Living in Fear*, New York, 2004.

Idean Salehyan, *Rebels without Borders: Transnational Insurgencies in World Politics*, Ithaca, NY: Cornell University Press, 2009.

Ilene Cohn and Guy Goodwin-Gill, *Children Soldiers: the Role of Children in Armed Conflicts*, New York: Oxford Clarendon Press/Henry Dunant Institution, 1994.

International Labor Office, *Wounded Childhood: the Use of Children in Armed Conflict in Central Africa*, Geneva, 2003.

James D. D. Smith, *Stopping Wars: Defining the Obstacles to Cease-fire*, Boulder: Westview Press, 1995.

Jean-Pierre Chrétien and Richard Banégas, eds., *The Recurring Great Lakes Crisis: Identity, Violence and Power*, London: Hurst & Company Ltd., 2008.

Jeremy Lind and Kathryn Sturman, eds., *Scarcity and Surfeit: the Ecology of Africa's Conflicts*, Pretoria: Institute for Security Studiers, 2002.

Jo Boyden and Jo de Berry, eds., *Children and Youth on the Frontline: Ethnography, Armed Conflict and Displacement*, Studies in Forced Migration 14, New York: Berghahn Books, 2004.

Joel H. Rosenthal, ed., *Ethics & International Affairs: A Reader*, Washington: Georgetown University Press, 1999.

John W. Harbeson and Donald Rothchild, eds., *Africa in World Poli-*

tics: *the African State Symtem in Flux*, Boulder: Westview Press, 2000.

Karel Wellens, ed. , *International Law*: *Theory and Practice*, Hague: Martinus Nijhoff, 1998.

Kristina A. Bentley and Roger Southall, *An African Peace Process*: *Mandela*, *South Africa and Burundi*, Cape Town: Human Sciences Research Council, 2005.

Laetitia Dumas, *Wounded Childhood*: *the Use of Children in Armed Conflict in Central Africa*, Geneva, 2003.

Liesbeth Zegveld, *Accountability of Armed Opposition Groups in International Law*, Cambridge: Cambridge University Press, 2002.

Lyndsay Moir, *The Law of Internal Armed Conflict*, Cambridge: Cambridge University Press, 2002.

Mareike Schomerus, *The Lord's Resistance Army in Sudan*: *A History and Overview*, Geneva: the Small Arms Survey, 2007, http: //www. ecoi. net/file_ upload/1002_ 1257163855_ swp-8-lra. pdf.

Margaret Keck Sikkink, *Activists Beyond Borders*: *Advocacy Networks in International Politics*, Ithaca, NY: Cornell University Press, 1998.

Maria Rost Rublee, *Nonproliferation norms*: *Why States Choose Nuclear Restraint?* Athens & London: The University of Georgia Press, 2009.

Mark Duffield, *Global Governance and the New Wars*: *The Merging of Development and Security*, London and New York: Zed Books, 2001.

Mats Berdal and David M. Malone, eds. , *Greed and Grievance*: *Economic Agenda in Civil Wars*, London: Lynne Reinner Publishers, 2000.

Matthew Green, *The Wizard of the Nile*: *The Hunt for Africa's Most Wanted*, London: Portobello Books Ltd, 2008.

Maurizio Ragazzi, ed. , *International Responsibility Today*: *Essays in Memory of Oscar Schachter*, Marshall Cavendish Corporation, 2005.

Michael G. Wessells, *Children Soldiers*: *From Violence to Protection*,

Cambridge, MA: Harvard University Press, 2006.

Myriam S. Denov, *Child Soldiers: Sierra Leone's Revolutionary United Front*, Cambridge: Cambridge University Press, 2010.

Neil Boothby, Alison Strang and Michael Wessells, eds., *A World Turned Upside Down: Social Ecological Approaches to Children in War Zones*, Inc. New York: Kumarian Press, 2006.

Neil J. Mitchell, *Agents of Atrocity: Leaders, Followers, and the Violation of Human Rights in Civil War*, New York: Palgrave Macmillan, 2004.

Nicholas J. Wheeler, *Saving Strangers: Humanitarian Interventional Society*, Oxford: Oxford University Press, 2000.

OAU, *African Charter on the Rights and Welfare of the Child*, 1990, http://www.africa-union.org/Official_documents/Treaties_%20Conventions_%20Protocols/A.%20C.%20ON%20THE%20RIGHT%20AND%20WELF%20OF%20CHILD.pdf.

Okello Lucima, ed., *Protracted Conflict, Elusive Peace: Initiatives to End the War in Northern Uganda*, London: Conciliation Resources in Collaboration with Kacoke Madit, 2002.

Patricia O. Daley, *Gender & Genocide in Burundi: the Search for Spaces of Peace in the Great Lakes*, Oxford: James Currey, 2008.

Paul R. Pillar, *Negotiating Peace: War Termination as a Bargaining Process*, Princeton: Princeton University Press, 1983.

Peter H. Eichstaedt, *First Kill Your Family: Child Soldiers of Uganda and the Lord's Resistance Army*, Chicago: Lawrence Hill Books, 2009.

Peter Katzenstein, ed., *Between Power and Plenty: Foreign Economic Policies of Advanced Industrial States*, Madison: University of Wisconsin Press, 1978.

Peter Wallensteen, *Understanding Conflict Resolution: War, Peace and the Global System*, London: Sage Publication Ltd., 2007.

Peter W. Singer, *Children at War*, New York: Pantheon Books, 2005.

Philip Alston, ed. , *Non-State Actors and Human Rights*, Oxford: Oxford University Press, http: //www. univie. ac. at/intlaw/reinisch/non_state_actors_alston_ar. pdf.

Phuong Pham, Patrick Vinck, Marieke Wierda, Eric Stover, and Adrian di Giovanni, *Forgotten Voices*, Berkeley, CA: International Center for Transitional Justice and Human Rights Center, 2005.

Rachel Brett, Margaret McCallin, and Quaker United Nations Office, eds. , *Children: The Invisible Soldiers*, Geneva: Radda Barnen, Swedish Save the Children, 1996.

Refugee Law Project, *Whose Justice?* Kampala, 2005.

Rudolf Bernhardt, ed. , *Encyclopedia of Public International Law*, Vol. IV, Elsevier, Amsterdam, 2000.

Simon Chesterman, ed. , *Civilians in War*, Boulder, CO: Rienner, 2001.

Sverker Finnström, *Living with Bad Surroundings: War, History, and Everyday Movements in Northern Uganda*, Durham, NC: Duke University Press, 2008.

The Coalition to Stop the Use of Child Soldiers, *Sexual Exploitation of Child Soldiers: an Exploration and Analysis of Global Dimensions and Trends*, London, 2001.

Theodor Meron, *Human Rights and Humanitarian Norms as Customary Law*, Clarendon, Oxford, 1989.

Theodor Meron, *Human Rights in Internal Strife: Their International Protection*, Cambridge: Grotius Publications, 1987.

The Paris Commitments: to Protect Children from Unlawful Recruitment or Used by Armed Forces or Armed Groups, http: //www. un. org/children/conflict/_documents/pariscommitments/ParisCommitments_EN. pdf.

The Pretoria Protocol on Political, Defense and Security Power Sharing in Burundi, 2 November 2003, www. iss. co. za.

Thomas Risse, et al. , *The Power of Human Rights*: *International Norms and Domestic Change*, New York: Cambridge University Press, 1999.

Tim Allen and Jean Seaton, eds. , *The Media of Conflict*: *War Reporting and Representations of Ethnic Violence*, London and New York: Zed Books, 1999.

Tim Allen and Koen Vlassenroot, eds. , *The Lord's Resistance Army*: *Myth and Reality*, London & New York: Zed Books, 2010.

Tim Allen, *Trial Justice*: *the International Criminal Court and the Lord's Resistance Army*, New York: Palgrave Macmillan, 2006.

Tim Allen, *War and Justice in Northern Uganda*, London: London School of Economics, 2005.

UNICEF, *Cape Town Principles and Best Practices*, April 1997, http: // www. unicef. org/chinese/emerg/files/Cape_Town_Principles (1. pdf.

UNICEF, *Children Affected by Armed Conflict*: *UNICEF Actions*, New York, 2002.

UNICEF, *The Paris Principles*: *Principles and Guidelines on Children Associated with Armed Forces or Armed Groups*, 2007, http: //www. un. org/ children/conflict/_documents/parisprinciples/ParisPrinciples_EN. pdf.

UNICEF, *The State of the World's Children* 2011, http: //www. unicef. org/sowc2011/.

UNOCHA, *Financial Tracking Service*: *Emergency Uganda*, 2009, http: //fts. unocha. org/pageloader. aspx? page = emerg-emergencyDetails & appealID = 831.

Vivi Stavrou, *Breaking the Silence*, Luanda: Christian Children's Fund, 2005.

World Bank, *World Development Indicators Database*, Uganda Data

Profile, 2010, http://ddp-ext.worldbank.org/ext/ddpreports/ViewSharedReport? REPORT _ ID = 9147&REQUEST _ TYPE = VIEWADVANCED&DIMENSIONS = 213.

Yves C. Sandoz, Christophe Swinarski and Bruno Zimmerman, eds., *Commentary on the Additional Protocols of* 8 *June* 1977 *to the Geneva Conventions of* 12 *August* 1949, Geneva/Dordrecht: ICRC/Nijhoff, 1987.

Yvonne E. Keairns, *The Voices of Girl Child Soldiers*, Quaker UN Office, October 2002.

Yvonne Keairns, *The Voice of Girl Child Soldiers: Philippines*, New York: Quaker United Nations Office, 2003.

Yvonne Kemper, *Youth in War to Peace Transitions*, Berlin: Berghof Research Center for Constructive Management, 2005.

(二) 论文

African Press International, "Matsanga: I resigned for the truth," 17 May 2008, http://africanpress.me/2008/05/17/matsanga-i-resigned-for-the-truth/.

Alastair Iain Johnston, "Treating International Institutions as Social Environments," *International Studies Quarterly*, Vol. 45, 2001.

Alexandra Gheciu, "Security Institutions as Agents of Socialization? NATO and the 'New Europe'," *International Organization*, Vol. 59, No. 4, 2005.

Alison Dilworth, "Burundi: the CNDD – FDD, Nkurunziza and the Use of Child Soldiers," *Forum on Armed Groups and the Involvement of Children in Armed Conflict*, Coalition to Stop the Use of Child Soldiers, Switzerland: Chateau de Bossey, 4 to 7 July 2006.

Amitav Acharya, "How Ideas Spread: Whose Norms Matter? Norm Localization and Institutional Change in Asia Regionalism," *International Or-*

ganization, Vol. 58, No. 2, 2004.

Amnesty International, "Uganda, Breaking God's Commands: the Destruction of Childhood by the Lord's Resistance Army," *AFR* 59/01/97, 18 September 1997, www. amnesty. org/en/library/. . . /afr590011997en. pdf.

Andrew P. Cortell and James W. Davis, "Understanding the Domestic Impact of International Norms: A Research Agenda," *International Studies Review*, Vol. 2, No. 1, 2000.

Antonio Cassese, "The Status of Rebels under the 1977 Geneva Protocol on Non-International Armed Conflicts," *International and Comparative Law Quarterly*, Vol. 30, 1981.

"Burundi: Army arrests scores of child soldiers," *IRIN*, July 1, 2005, http: //www. irinnews. org/print. asp? ReportID = 47925.

Center for Defense Information (CDI), "The Invisible Soldiers: Child Combatants," *Defense Monitor*, Vol. 26, No. 4, 1997, http: //www. cdi. org/dm/1997/issue4.

Charles. King, "Ending Civil Wars," *International Institute for Strategic Studies*, New York: Oxford University Press, 1997.

"Child Soldiers," *Radio Netherlands*, 21 January 2000, http: //www. rnw. nl/humanrights/index. html.

Christopher Blattman, "The Consequences of Child Soldiering," http: //emlab. berkeley. edu/users/webfac/bardhan/e271_f06/blattman. pdf.

David Sobek and Caroline L. Payne, "A Tale of Two Types: Rebel Goals and the Onset of Civil Wars," *International Studies Quarterly*, Vol. 54, No. 1, 2010.

Edward Newman, "The 'New Wars' Debate: A Historical Perspective is Needed," *Security Dialogue*, Vol. 35, No. 2, 2004.

Emilie M. Hafner-Burton, "Sticks and Stones: Naming and Shaming the Human Rights Enforcement Problem," *International Organization*, Vol. 62,

No. 4, 2008.

EURAC, "Great Lakes Echoes: Synthesis of Events in April," *European Network for Central Africa*, No. 9, 2005, www. eurac-network. org.

Filip Reyntjens, "Again at the Crossroads-Rwanda and Burundi, 2000—2001," *the Nordic Africa Institute*, *Current Africa*, Issue No. 24, 2001, www. 130. 238. 24. 99/webbshop/epubl/cai/cai024. pdf.

Filip Reyntjens, "Burundi: Breaking the Cycle of Violence," *Minority Rights Group International*, London, 1995.

Filip Reyntjens, "Burundi: Prospects for Peace," *Minority Rights Group International*, 2000, www. minorityrights. org/admin/Downlad/Pdf/BURUNDI12. PDF.

Filip Reyntjens, "The Proof of the Pudding is in the Eating: the June 1993 Elections in Burundi," *The Journal of Modern African Studies*, Vol. 31, No. 4, 1993.

Harry Eckstein, "Case Studies in Political Science," in Fred Greenstein and Nelson Polsby, eds., *Handbook of Political Science*, Vol. 7, Reading, Mass.: Addison-Wesley, 1975.

Idean Salehyan, Kristian Skrde Gleditsch and David E. Cunnigham, "Explaining External Support for Insurgent Groups," *International Organization*, Vol. 65, Fall 2011.

Ilene Cohn, "Progress and Hurdles on the Road to Preventing the Use of Children as Soldiers and Ensuring Their Rehabilitation and Reintegration," *Cornell International Law Journal*, Vol. 37, No. 3, 2004.

Indra de Soysa, "The Resource Curse: are Civil War Driven by Rapacity or Paucity?" in Mats Berdal and David M. Malone, eds., *Greed and Grievance: Economic Agenda in Civil Wars*, London: Lynne Reinner Publishers, 2000.

International Crisis Group, "A Framework for Responsible Aid to Burundi," *African Briefing* No. 57, Nairobi/Brussels: ICG, 21 February, 2003, www. crisisweb. org/library/documents/report _ archievel/A400901 _ 2102 2003. pdf.

International Crisis Group, "Burundi: Neither War Nor Peace," *Africa Report* No. 25, Nairobi/Brussels: ICG, 1 December 2000, www. crisisweb. org/library/documents/report_archieve/A40026_0112 2000. pdf.

International Crisis Group, "Burundi Refugees in Tanzania: The Key Factor to the Burundi Peace Process," *Africa* Report No. 12, Nairobi/Brussels: ICG, 30 November 1999, http://www. crisisgroup. org/en/regions/africa/central-africa/burundi/012-burundian-refugees-in-tanzania-the-key-factor-to-the-burundi-peace-process. aspx.

International Crisis Group, "Burundi's Peace Process: the Road from Arusha," *African Briefing* No. 2, Nairobi/Brussels: ICG, 20 July 1998, www. 129. 194. 252. 80/catfiles/0529. pdf.

International Crisis Group, "Burundi Under Siege: Lift the Sanctions & Re-launch thePeace Process," *Africa Report* No. 1, Nairobi/Brussels: ICG, 28 April 1998, http://www. crisisgroup. org/en/regions/africa/central-africa/burundi/001-burundi-under-seige. aspx.

International Crisis Group, "Elections in Burundi: A Radical Shake-up of the Political Landscape," *Africa Briefing* No. 31, Nairobi/Brussels: ICG, 25 August 2005, http://www. crisisgroup. org/en/regions/africa/central-africa/burundi/B031-elections-in-burundi-a-radical-shake-up-of-the-political-landscape. aspx.

International Crisis Group, "Garang's Death: Implications for Peace in Sudan," *African Briefing* No. 30, Nairobi/Brussels: ICG, 2005, http://www. crisisgroup. org/en/regions/africa/horn-of-africa/sudan/B030-garangs-death-implications-for-peace-in-sudan. aspx.

International Crisis Group, "Northern Uganda: The Road to Peace, with or without Kony," *Africa Report* No. 146, Nairobi/Brussels: ICG, 10 December 2008, http://www.crisisgroup.org/en/regions/africa/horn-of-africa/uganda/146-northern-uganda-the-road-to-peace-with-or-without-kony.aspx.

International Crisis Group, "Peace in Northern Uganda?" *African Briefing* No. 41, Nairobi/Brussels: ICG, 2006, http://www.crisisgroup.org/en/regions/africa/horn-of-africa/uganda/B041-peace-in-northern-uganda.aspx.

International Crisis Group, "The Burundi Rebellion and the Ceasefire Negotiations," *Africa Briefing* No. 9, 6 August 2002, Nairobi/Brussels: ICG, http://www.crisisgroup.org/en/regions/africa/central-africa/burundi/B009-the-burundi-rebellion-and-the-ceasefire-negotiations.aspx.

International Crisis Group, "The Lord's Resistance Army: End Game?" *Africa Report* No. 182, Nairobi/Brussels: ICG, 17 November 2011, http://www.crisisgroup.org/en/regions/africa/horn-of-africa/uganda/182-the-lords-resistance-army-end-game.aspx.

International Labour Office, "Democratic Republic of the Congo Survey," *Wounded Childhood: the Use of Children in Armed Conflict in Central Africa*, Geneva, 2003.

Jan Van Eck, "Burundi Report: Relative Success of Transitional Government Essential for the Next Phase of the Burundi Peace Process," *Centre for International Political Studies*, No. 2, 2001, p. 8, www.nilebasin.com/documents/burundireport.html.

Janvier D. Nkurunziza and F. Ngaruko, "Why has Burundi Grown so Slowly?" *Weatherhead Centre for International Affairs*, Harvard University, 2005, www.wcfia.havard.edu/conferences/batesafrica/PapersPDF/Nkurunziza.pdf.

Jean-Pierre Chrétien, "Burundi: the Obsession with Genocide," *Current History*, May, 1996.

Jeffrey Checkle, "International Institutions and Socialization in Europe:

Introduction and Framework," *International Organization*, Vol. 59, No. 4, 2005.

Jeffrey T. Checkel, "International Norms and Domestic Politics: Bridging the Rationalist-Constructivist Divide," *European Journal of International Relations*, Vol. 3, No. 4, 1997.

Jessiaca Schafer, "The Use of Patriarchal Imagery in the Civil War in Mozambique and its Implication for the Reintegration of Child Soldiers," in Jo Boyden and Jo de Berry, eds. , *Children and Youth on the Front Line*, New York: Berghahn, 2005.

Jo Boyden, and Deborah Levinson, "Children as Economic and Social Actors in the Development Process," *Working Paper* 1, Stockholm: Expert Group on Developmental Issues, 2000.

John Otis, "Rebel Held: Child Soldiers," *Houston Chronicle*, 3 August 2001.

John Stremlau, "Ending Africa's Wars," *Foreign Affairs*, July/August, 2000.

Julie Mertus, "Considering Nonstate Actors in the New Millennium: toward Expanded Participation in Norm Generation and Norm Application," *International Law and Politics*, Vol. 32, No. 1, 1999.

Kathryn C. Troyer, "The Mental Health Needs of Child Soldiers in Uganda: a Case Study of Structural Violence," *The Applied Anthropologist*, Vol. 25, No. 2, 2005.

Kathy Vandergrift, "Preventative Strategies for Children and Armed Conflict: Implementation of Security Council Resolution 1612 and Other Policies," March 2008, http://www.humansecuritygateway.com/documents/PEACEBUILD_ChildrenAndArmedConflict_PreventativeStrategies.pdf.

Kofi A. Anan, "Report of the Secretary-General on Burundi," *United Nations Security Council* (S/2004/210), 16 March 2004, www.iss.org.za/

AF/current/2004/burundiun. pdf.

Lennart Wohlgemuth, "NGO's and Conflict Prevention in Burundi," *The Collaborative for Development Action*, Reflecting on Peace Practice Project (RPP) Case Study, 2000, www. cdainc. com/rpp/pubications/casestudies/Case14Burundi. pdf.

Léonce Ndikumana, "Towards a Solution to Violence in Burundi: a Case for Politicaland Economic Liberalization," *The Journal of Modern African Studies*, Vol. 38, No. 3, 2000.

Liesbet Hooghe, "Several Roads to International Norms, but few via International Socialization: A Case of the European Commission," *International Organization*, Vol. 59, No. 4, 2005.

Lotta Harbom and Peter Wallensteen, "Armed Conflicts, 1946—2008," *Journal of Peace Research*, Vol. 46, No. 4, July 2009.

Mark Duffield, "Africa's Military Time Bomb," *Johannesburg Financial Mail*, 11 December 1998.

Markus Kornprobst, "Argumentation and Compromise: Ireland's Selection of the Territorial Status Quo Norm," *International Organization*, Vol. 61, No. 1, 2007.

Mary Jane Fox, "Girl Soldiers: Human Security and Gendered Insecurity," *Security Dialogue*, December 2004, Vol. 35, No. 4.

Myra Khan, "International Laws Concerning the Recruitment and Use of Child Soldiers and the Case of Omar Khadr," January 27, 2011, http://www. sju. ca/library/Khan_headley_essay. pdf.

Nelson Alusala, "Disarmament and the Transition in Burundi: How Soon?" *Institute for Security Studies*, *Occasional Paper* 97, January 2005, www. iss. co. za/pubs/papers/97/Paper97. htm.

OCHA, "LRA Regional Overview & Update: Jan. – Dec. 2010," 17 February 2011, http://reliefweb. int/node/19263.

OCHA, "LRA Regional Update: DRC, CAR and South Sudan: January-December 2011," 25 January 2012, http://reliefweb.int/node/480668.

OCHA, "Sudan: Counties Affected by LRA," 9 January 2010, http://reliefweb.int/node/16316.

Olara Otunnu, "Innocent Victims: Protecting Children in Times of Armed Conflict," *United Nations* 2000, London: Agenda Publishing, 2000.

Paul Collier and Anke Hoeffler, "Greed and Grievance in Civil War," *Oxford Economic Papers*, Vol. 56, No. 4, 2004.

Peter Katzenstein, "International Relations and Domestic Structures: Foreign Economics Policies of Advanced Industrial States," *International Organization*, Vol. 30, No. 1, Winter 1976.

Peter Uvin, "Ethnicity and Power in Burundi and Rwanda: Different Paths to Mass Violence," *Comparative Politics*, Vol. 31, Issue. 3, April, 1999.

Päivi Lujala, "The Spoils of Nature: Armed Conflict and Rebel Access to Natural Resources," *Journal of Peace Research*, Vol. 47, No. 1, 2010.

Qin Yaqing, "Relationality and Processual Construction: Bringing Chinese Ideas into International Relations Theory", *Social Sciences in China*, Vol. XXX, No. 3, August 2009.

Refugee Law ProjectWorking Paper, "Behind the Violence: Causes, Consequences, and the Search for Solution to the War in Northern Uganda," No. 11, Kampala, 2004, p. 6, http://www.refugeelawproject.org/working_papers/RLP.WP11.pdf.

René Lemarchand, "Ethnicity as Myth: the View from Central Africa," *Centre of African Studies*, *Occasional Paper*, University of Copenhagen, 1999, www.teol.ku.dk/cas.

Richard Cornwell and Hannelie De Beer, "Africa Watch Burundi: the

Politics of Intolerance," *African Security Review*, Vol. 8, No. 6, 1999.

Richard Price, "Reversing the Gun Sights: Transnational Civil Society Targets Land Mines," *International Organization*, Vol. 52, No. 3, 1998.

Robert Neild, "Expose the Unsavory Business Behind Cruel Wars," *International Herald Tribune*, 17 February 2000.

Rockfeler P. Herisse, "Development on a Theatre: Democary, Governmence and the Political Conflict in Burundi," *Peace, Conflict and Development*, Vol. 1, No. 1, June 2002, www.peacestudiesjournal.org.uk/docs/Burundi.pdf.

Ruddy Doom and Koen Vlassenroot, "Kony's Message: A New Koine? The Lord's Resistance Army in Northern Uganda," *African Affairs*, Vol. 98, No. 390, 1999.

Ryder Mckeowm, "Norm Regress: US Revisionism and the Slow Death of the Torture Norm," *International Relations*, Vol. 23, No. 1, 2009.

"The Paris Commitments: to Protect Children from Unlawful Recruitment or Used by Armed Forces or Armed Groups," http://www.un.org/children/conflict/_documents/pariscommitments/ParisCommitments_EN.pdf.

Tim Cocks, "Uganda Resumes Peace Talk with LRA Rebels in Sudan," 14 December 2006, http://reliefweb.int/node/221344.

USAID, "Burundi: Complex Emergency Situation Report," *US Agency for International Development*, 2004, www.reliefweb.int.

Virginia Haufler, "Corporations in Zones of Conflict: Issues, Actors, and Institutions," *Who Governs the Globe?* eds. Deborah D. Avant, Martha Finnemore, and Susan K. Sell, Cambridge: Cambridge University Press, 2010.

网站

英国艾塞克斯大学——儿童与武装冲突: http://www.essex. ac. uk/armedcon/。

大赦国际：http：//www. amnesty. org。

儿童与武装冲突秘书长特别代表办公室：http：//www. un. org/chinese/children/conflict/index. html。

儿童兵国际联盟：http：//www. child-soldiers. org/。

国际红十字委员会：http：//www. icrc. org/。

国际危机集团：http：//www. crisisgroup. org/。

监察名单/儿童和武装冲突：http：//watchlist. org/。

联合国儿童基金会：http：//www. unicef. org/chinese/。

欧洲儿童事务监察员网：http：//www. crin. org/enoc/。

人权观察——儿童权利：http：//www. hrw. org/campaigns/crp/index. htm。

战争中的儿童：http：//www. childreninwar. com/。

拯救儿童联盟：http：//www. savethechildren. net/alliance/。

中国外交部网站：http：//www. fmprc. gov. cn/chn/pds/gjhdq/。

后 记

时光荏苒，从攻读博士学位、论文写作到工作、论文修改，我日益领悟到学习与研究是一个寻找意义与目的的过程。曾经天真地认为攻读博士学位意味着考试的终结，博士学位是一种荣耀、光环和骄傲。可是，历经多年的学习与工作，我日益感受到学术研究帮助我发现和感受知识的理性和美感、人文精神的光辉与梦想。

首先，诚挚地感谢导师秦亚青教授。秦老师系统、严格的学术思维训练，开放、求真的学术精神与学术梦想，让我明白了学术积累与创新的艰辛和喜悦。秦老师渊博的学识、严谨的治学、敏锐的洞察力，为我论文的选题、设计和写作提供了关键的启发和帮助。在工作后，秦老师的鼓励、指点和帮助让我感动！

第二，感谢朱立群教授、郑启荣教授、江瑞平教授、袁正清教授、李开盛教授、周方银研究员，他们在百忙之中对论文的写作和修改提出了诸多有益而宝贵的建议。曾有幸在外交学院国际关系研究所实习，这让我有机会与王帆教授、卢静教授等许多优秀的老师和学者进行接触和交流！感谢陈志瑞教授和田文林研究员，他们专业的理论素养、深刻的学术见解令我受益良多！感谢同门师姐、师兄们对我学习、工作与生活方面的帮助和指点！感谢湖南师范大学王敏教授、陈晓红教授、陈婧副教授等对论文出版、工作与研究提供的指导和帮助！

第三，感谢诸多同学与朋友对我的关心、支持和帮助。我们一起度过和分享了学习、工作与生活的喜怒哀乐，相互讨论、鼓励和支持。

最后，我要感谢我的家人。你们对我的支持、鼓励和包容是我前进的动力。你们让我更加勇敢、平和地面对学习、工作与生活的种种难题。

囿于时间与能力，书中还存在诸多疏漏与错误，恳请各位专家、学者和读者不吝赐教。

颜琳

2017 年 10 月 21 日于长沙

图书在版编目（CIP）数据

武装组织规范学习的动力与进程/颜琳著. —北京：时事出版社，2018.5
ISBN 978-7-5195-0179-2

Ⅰ.①武…　Ⅱ.①颜…　Ⅲ.①武装力量建设　Ⅳ.①E08

中国版本图书馆 CIP 数据核字（2017）第 310419 号

出 版 发 行：	时事出版社
地　　　　址：	北京市海淀区万寿寺甲 2 号
邮　　　　编：	100081
发 行 热 线：	（010）88547590　88547591
读者服务部：	（010）88547595
传　　　　真：	（010）88547592
电 子 邮 箱：	shishichubanshe@sina.com
网　　　　址：	www.shishishe.com
印　　　　刷：	北京朝阳印刷厂有限责任公司

开本：787×1092　1/16　印张：16.25　字数：240 千字
2018 年 5 月第 1 版　2018 年 5 月第 1 次印刷
定价：98.00 元

（如有印装质量问题，请与本社发行部联系调换）